U0884343

热作产业发展报告（2019年）

◎孙　娟　郑红裕　钟　鑫　马晨雨　主编

中国农业科学技术出版社

图书在版编目（CIP）数据

热作产业发展报告 . 2019 年 / 孙娟等主编 . —北京：中国农业科学技术出版社，2020.10
ISBN 978-7-5116-5066-5

Ⅰ . ①热… Ⅱ . ①孙… Ⅲ . ①热带作物—产业发展—研究报告—中国— 2019 Ⅳ . ① F326.12

中国版本图书馆 CIP 数据核字（2020）第 191451 号

责任编辑 徐定娜 李 雪
责任校对 贾海霞

出 版 者 中国农业科学技术出版社
北京市中关村南大街 12 号 邮编：100081
电 话 （010）82105169（编辑室）（010）82109702（发行部）
（010）82109709（读者服务部）
传 真 （010）82109707
网 址 http://www.castp.cn
发 行 各地新华书店
印 刷 者 北京建宏印刷有限公司
开 本 787 mm × 1 092 mm 1 /16
印 张 10.5
字 数 233 千字
版 次 2020 年 10 月第 1 版 2020 年 10 月第 1 次印刷
定 价 68.00 元

《热作产业发展报告（2019年）》

编写人员

主　　编　孙　娟　郑红裕　钟　鑫　马晨雨

副 主 编　（按姓氏拼音顺序排序）

陈河龙　丛　洋　高爱平　贺梅英

贺熙勇　罗心平　莫业勇　吴　湾

张慧坚　庄丽娟

编写人员　（按姓氏拼音排序）

陈诗雅　黄浩伦　黄家雄　李玉萍

刘海清　罗睿雄　齐文娥　谭施北

陶　亮　杨　琳　易克贤　左艳秀

编写单位　（排名不分先后）

中国农垦经济发展中心（农业农村部南亚热带作物中心）

中国热带农业科学院热带作物品种资源研究所

中国热带农业科学院橡胶研究所

中国热带农业科学院环境与植物保护研究所

中国热带农业科学院科技信息研究所

华南农业大学经济管理学院

云南省农业科学院热带亚热带经济作物研究所

云南省热带作物科学研究所

前　言

热作产业是我国农业的重要组成部分，也是促进我国热区农民增收、农村经济发展的支柱产业。2019年，全国主要热作种植面积6 799.9万亩，总产量3 203.8万吨，总产值1 828.1亿元，产业结构进一步优化、技术水平不断提升、绿色发展进入新阶段，有力服务了热区脱贫攻坚，满足了市场多元化消费需求，为推进与东南亚、非洲等“一带一路”沿线国家和地区的技术交流与产业合作，提升我国农业国际竞争力和影响力发挥了重要作用。但与此同时，热作产业发展仍面临着诸多问题和挑战，土地等自然资源约束收紧，市场竞争加剧，国际环境错综复杂，各区域发展不充分不平衡。我国热作产业科技实力不强、组织化程度不高、产业链不完善等结构性问题依然存在，热作产品生产和供给难以完全适应不断变化的市场形势和人民日益增长的美好生活需要，推动热作产业高质量发展任务艰巨。因此，对国内外热作产业进行长期跟踪调研，积极开展具有宏观性、战略性和前瞻性问题的研究，具有很强的现实意义。

《热作产业发展报告（2019年）》按照农业高质量发展要求，围绕全面建成小康社会目标和乡村振兴战略实施，加强系统研究，组织各方面力量，完成了天然橡胶、荔枝、龙眼、香蕉、木薯、芒果、澳洲坚果、咖啡、剑麻9个产业发展报告和热作产业形势分析总报告。报告以国际视野、全局观念，站在全产业链的角度，着眼生产、加工、贸易、消费、价格、科技和政策等关键环节，全面总结分析我国热作产业面临的新成效、新形势、新问题，研究了下一步促进热作产业提质增效的重点任务，提出了针对性强、切实可行的产业政策建议。本书凝聚着热作管理人员和产业专家的智慧和思考，内容全面、数据详实可靠，具有较强的学术性和指导性。

本书的出版发行得到了农业农村部农垦局、中国农垦经济发展中心（农业农村部南亚热带作物中心）及热区各科研单位的大力支持，在此表示诚挚谢意。希望本书能够为有关部门、研究人员及热作从业者提供第一手宝贵研究资料，共享热作产业研究成果。不足之处，还请读者批评指正。

编　者

2020年9月

目　　录

2019 年热作产业发展报告

一、世界热作产业概况

（一）生产情况

近年来，世界热作种植规模总体上保持稳定发展态势，但各作物间产业发展存在一定的差异。与上一年度相比，天然橡胶种植面积基本稳定，澳洲坚果种植面积同比增长，芒果、香蕉、剑麻收获面积同比增长，龙眼、荔枝、木薯种植面积同比下降。综合天然橡胶生产国联合会（ANRPC）报告和生产国信息测算，2019 年全球天然橡胶种植面积为 23 101.5 万亩（1 公顷 =15 亩，全书同）。据世界粮农组织（FAO）统计，2018 年全球芒果收获面积为 9 610.6 万亩，同比增长 12.8 %。据南非澳洲坚果协会（SAMAC）、澳大利亚澳洲坚果协会（AMS）、美国农业部（USDA）和中国农业农村部农垦局的统计数据，澳洲坚果种植面积为 607.6 万亩，同比增长 8.8%。据 FAO 统计，2018 年，世界香（大）蕉收获面积 1.7 亿亩，同比增长 2.4%；木薯种植面积为 3.7 亿亩，同比下降 6.6%；剑麻收获面积 363.4 万亩，比 2017 年增加 0.7%。据主产国官方统计数据和相关文献估算，2019 年世界龙眼种植面积 821.1 万亩，同比减少 4.6%，荔枝总面积约 1 066.0 万亩，同比下降 4.8%。

受自然灾害、物候条件、市场波动等因素的影响，各类热作产量年份之间波动较大。与上一年度相比，芒果、香（大）蕉、澳洲坚果产量小幅增长，荔枝、龙眼、剑麻、咖啡、木薯产量同比下降。2019 年全球天然橡胶产量为 1 392.1 万吨，同比持平；澳洲坚果（果仁）产量为 6.0 万吨，同比增长 1.3%；荔枝总产量约 331.7 万吨，同比减少 22.2%；龙眼产量 331.0 万吨，同比减少 8.0%。2019—2020 年，咖啡产量 1 016.0 万吨，同比减少 3.0%。2018 年世界芒果产量为 6 037.6 万吨，同比增长 19.2%；香（大）蕉总产量 1.6 亿吨，同比增长 1.3%；剑麻纤维产量

19.8 万吨，比 2017 年减少 1.9%；木薯产量为 27 780.9 万吨，同比减少 4.9%。

（二）贸易情况

世界主要热带作物进出口总体呈现稳中有增的趋势。贸易总量在千万吨级以上的有香（大）蕉、天然橡胶、咖啡、木薯等。初步测算，2019 年，全球天然橡胶出口量为 1 144.3 万吨，进口量为 1 182.9 万吨，分别同比减少 4.8%、4.4%。2018 年，世界芒果进口量为 175.3 万吨，出口总量为 199.2 万吨，分别同比增长 12.9%、19.1%。2019/2020 年，世界咖啡出口量为 810.1 万吨，进口量为 789.6 万吨，分别同比减少 4.0% 和 2.6%。2018 年，木薯产品进口量为 1 113.3 万吨，出口量为 784.1 万吨。2018 年，世界香（大）蕉出口总量为 2 664.1 万吨，进口总量为 2 698.0 万吨，分别同比增长 22.3%、18.5%。2018 年世界各国进口澳洲坚果（果仁）3.7 万吨，同比增长 15.6%；出口澳洲坚果（果仁）3.7 万吨，同比增长 15.0%。据相关数据统计测算，2019 年龙眼贸易量约为 100 万吨，约占总产量的 30%。剑麻贸易量为 10.9 万吨，同比下降 4.8%。荔枝鲜果国际贸易量约 16.5 万吨，同比增长 26.9%。

（三）价格情况

受主产区气候、市场供需关系等的影响，2019 年世界主要热作产品的价格波动较大。天然橡胶价格持续低迷但小幅上扬，据中国农业农村部农垦局监测，2019 年国际市场天然橡胶印度尼西亚 20 号标准胶（SIR20）年平均价格为 1 420.1 美元 / 吨，同比上涨 2.4%；泰国 3 号烟片胶年平均价格为 1 627.3 美元 / 吨，同比上涨 1.1%。巴西剑麻纤维离岸价小幅回落至 1 520.4 美元 / 吨，年降幅 1.5%。咖啡市场价格持续下降，2019 年 ICO 综合平均价为 2.2 美元 / 千克，同比下跌 7.8%。2019 年中国木薯淀粉平均价格为 3 900.0 元 / 吨，泰国为 3 047.5 元 / 吨，越南为 3 220.4 元 / 吨，分别同比下跌 3.0%、7.1%、9.2%；中国木薯干平均价格为 1 762.8 元 / 吨，泰国为 1 533.7 元 / 吨，越南为 1 659.7 元 / 吨，分别同比下跌 1.1%、0.04%、1.1%。据 AMS 统计，2019 年澳大利亚、美国、南非的澳洲坚果壳果（含水量 10%）的农场地头价分别为 5.4 美元 / 千克、3.0 美元 / 千克、69.1 兰特 / 千克，同比分别上涨 3.9%、8.2%、3.5%。

（四）各国产业动态

天然橡胶方面。由泰国、马来西亚、印度尼西亚组成的国际三方橡胶理事会（ITRC）公布协定出口吨位计划（AETS），在协议期间，三国天然橡胶主要生产商将会缩减橡胶出口配额 30 万吨，以提振全球天然橡胶价格；马来西亚和印度尼西亚 4 月 1 日开始实施 AETS，泰国自 5 月 20 日起开始限制出口，并在 9 月完成。泰国内阁同意通过泰国橡胶局制定的橡胶 20 年战略计划，为整个橡胶系统的发展与解决问题创建框架，促进橡胶产业发展，开拓国内外橡胶市场分销渠道，使胶农获得稳定收入；该战略计划设定了在 2036 年之前需实现的目标，主要为以下 5 点：一是将橡胶种植面积从 2016 年的 2 330 万莱减少到 1 840 万莱，二是将平均单位面积产量从2016年的224千克/莱提高至360千克/莱，三是将橡胶种植收入从11 984泰铢/莱提高至19 800泰铢/莱，四是将橡胶出口总值从2 500亿泰铢/年提高至8 000亿泰铢/年，五是将国内橡胶使用比例从2016年的13.6%提高至35%。此外，泰国内阁还批准了农民橡胶收入第一阶段保险项目，该项目覆盖了140万种植橡胶的农民，种植总面积达1 700万莱，计划将投入240亿泰铢的总预算作为补贴；在农民橡胶收入第一阶段保险项目中，将保证三种橡胶种植收入，分别为：优质橡胶为每千克60泰铢，新鲜橡胶为每千克57泰铢，橡胶块为每千克23泰铢。在泰国国际橡胶博览会上，泰国国家橡胶局共签署9份谅解备忘录，其中5份是橡胶局与私企签订，还有4份是橡胶园基金会组织与私企签署，此次谅解备忘录签订促进泰国橡胶出口约计14万吨，总价值约80.70亿泰铢。马来西亚橡胶局与依斯干达特区发展局签署谅解备忘录，呼吁在依斯干达特区巴士专用道路使用橡胶改性沥青铺路，并配装绿色环保巴士轮胎。

香蕉方面。包括危地马拉、厄瓜多尔、哥伦比亚、哥斯达黎加、巴拿马和伯利兹等国家的多个香蕉协会的代表在哥斯达黎加集会，分析了欧盟降低最高残留限量（MRL）决定的影响并联合签署声明反对欧盟这一新规。希腊将Bana Natural的完全集成化专利支架系统应用在销售点收集、运输、分发和展示香蕉串上，这一环保型钢架可重复使用，钢架上香蕉从储存到销售一直附着在香蕉柄上，以防止天然果汁的损失并延长保质期，也可以减少所需杀菌剂的数量。

咖啡方面。日本丸红株式会社预计将为位于越南巴地头顿省工业区的速溶咖啡加工厂兴建项目提供127亿日元（约合1.18亿美元）投资资金，这将是日本丸红株式会社的第二家咖啡加工厂，另一家位于巴西，该厂预计于2020年动工兴建。哥伦比亚总统在2019年Agroexpo开幕时宣布设立咖啡价格稳定基金，旨在帮助稳定哥伦比亚咖啡生产者的收入，该基金将由哥伦比亚国家咖啡生产者协会（FNC）来管理，每个咖啡种植者都将成为受益者，并最多将覆盖其咖啡产量的70%。秘鲁政府将为无法纳入金融系统的小型农业生产者提供贷款，将其生产的咖啡产品推向国际市场。越南各部门机构、行业协会积极开展措施，通过咖啡日、咖啡节等活动，助推企业塑造品牌与升级产品价值。

芒果方面。越南芒果获得美国动植物卫生检验局授予的植物检疫证书，成为该国第六种获批进入美国市场的水果。澳大利亚昆士兰大学打造了世界上第一台芒果自动收割机，并在Yeppoon进行了第一次原型试验，结果显示，该机器在自动识别和采摘水果方面的效率提升了75%。由于厄尔尼诺现象造成菲律宾吕宋岛芒果大丰收，该国农业部将启动贷款计划，以确保芒果果农有足够资金用于下一季的投资，并帮助其支付仓储费用。

木薯方面。印度尼西亚生产出用木薯根做成的可降解塑料袋，受到大众欢迎，该木薯袋使用完后就可以直接吃掉，或者溶解在水里变为美味饮料。

龙眼方面。越南山萝省人委会在马江县举行马江龙眼节暨2019年山萝龙眼出口计划公布仪式，以加大贸易促进力度，并向国内外市场推介包括龙眼在内的山萝省农产品。

荔枝方面。5月29日，2019年越南北江省荔枝生产销售论坛暨北江文化、旅游、农产推介会在该省北江市召开，以促进中越农产品贸易。经过一年的检疫，6种中国台湾地区的荔枝树在澳大利亚昆士兰中部的耶蓬成功种植，为世界上第一个种植中国台湾地区荔枝品种的区域性试验。

二、中国热作产业概况

（一）生产情况

中国热作种植规模和效益总体呈现波动增长的态势。据农业农村部农垦局统计，2019年全国热作种植面积6 799.9万亩，同比减少0.9%。其中，云南1 826.3万亩，广西1 805.3万亩，广东1 352.1万亩，海南1 314.5万亩，福建220.7万亩，四川192.8万亩，贵州63.4万亩，湖南11.5万亩，西藏自治区0.1万亩。从作物种类来看，天然橡胶种植面积为1 718.0万亩，同比持平；木薯为422.9万亩，同比减少3.6%；荔枝为713.6万亩，同比减少7.3%；香（大）蕉为495.6万亩，同比减少4.7%；龙眼为419.7万亩，同比减少10.1%；剑麻为28.0万亩，同比减少12.1%；澳洲坚果为367.5万亩，同比增长3.0%；芒果为484.2万亩，同比增长16.0%；咖啡为140.3万亩，同比减少23.8%（表1）。

表1　我国主要热带作物面积、产量、单产在世界各国的位置

序号	作物名称	种植面积情况		产量情况		单产情况	
		种植面积（万亩）	世界排名	产量（万吨）	世界排名	单产（千克/亩）	世界排名
1	天然橡胶	1 718.0	3	81.0	4	71.6	9
2	荔枝	713.6	1	201.6	1	350.9	1
3	八角	550.5	1	22.3	1	42.8	
4	芒果	484.2	3	278.2	3	855.2	7
5	香（大）蕉	495.6	6	1 165.6	2	2 464.9	2
6	龙眼	419.7	1	177.2	1	513.5	1
7	木薯	422.9	15	259.8	15	631.6	24
8	澳洲坚果	367.5	1	4.9	3	52.7	—

（续表）

序号	作物名称	种植面积情况		产量情况		单产情况	
		种植面积（万亩）	世界排名	产量（万吨）	世界排名	单产（千克/亩）	世界排名
9	肉桂	387.1	1	10.0	1	37.1	1
10	柚子	317.1	1	458.4	1	1 847.3	2
11	槟榔	164.9	5	27.2	3	231.0	4
12	咖啡	140.3	34	14.5	14	133.1	2
13	菠萝	94.3	4	173.3	5	2 529.6	—
14	火龙果	86.5	2	129.7	2	1 848.8	—
15	椰子	51.8	23	23.2	15	546.5	9
16	剑麻	28.0	9	7.2	2	283.4	1

2019年，全年总产量3 203.8万吨，同比增长0.7%。其中，广东1 061.3万吨，广西853.5万吨，云南421.6万吨，海南391.5万吨，福建370.2万吨，四川65.7万吨，贵州29.0万吨，湖南7.8万吨，西藏自治区（以下简称西藏，全书同）0.02万吨。从作物种类来看，澳洲坚果（未去壳果）年产量为4.9万吨，同比增长11.4%；芒果为278.2万吨，同比增长22.7%；剑麻（纤维）年产量为7.2万吨，同比减少12.3%；木薯（干）为259.8万吨，同比增长3.4%；香（大）蕉为1 165.6万吨，同比增长0.7%；荔枝为201.6万吨，同比减少22.7%；龙眼为177.2万吨，同比减少12.8%；咖啡（生豆）为14.5万吨，同比减少5.5%；天然橡胶（干胶）为81.0万吨，同比减少1.2%（表1）。

2019年，全国热作总产值1 828.1亿元，同比增长22.4%。其中，广东603.0亿元，海南298.4亿元，广西457.4亿元，云南251.9亿元，福建141.1亿元，四川53.5亿元，贵州17.7亿元，湖南1.5亿元，西藏0.01亿元。从作物种类来看，澳洲坚果产值15.2亿元，同比增长12.8%；木薯产值68.1亿元，同比减少10.5%；香（大）蕉产值411.2亿元，同比增长36.7%；龙眼产值146.3亿元，同比增长39.9%；芒果产值190.3亿元，同比增长80.8%；天然橡胶总产值81.9亿元，同比减少6.8%；咖啡产值22.4亿元，同比增长9.5%；荔枝产值283.1亿元，同比增长111.3%；剑麻产值6.5亿元，同比减少16.9%。

（二）贸易情况

据海关统计，2019年中国热作产品贸易保持平稳增长态势。其中，木薯类、橡胶类、棕榈油类和热带水果类是主要的进口产品，其进口量分别为521.3万吨、519.6万吨、848.1万吨和439.4万吨，合计占总进口量的95.3%。热作产品的总出口量为78.8万吨，同比增长25.9%。

其中，热带水果类和咖啡类是主要的出口产品，其出口量分别为36.6万吨和7.8万吨，合计占总出口量的56.3%。

中国作为热作产品净进口国，2019年进口总额为220.4亿美元，同比增长10.3%；出口总额为11.9亿美元，同比增长6.3%。贸易逆差为208.5亿美元，比上年增长10.5%（表2）。

表2 2019年中国热带作物进出口情况

热作类型	进口数量（吨）	进口金额（万美元）	出口数量（吨）	出口金额（万美元）
天然橡胶类	2 453 756.9	337 281.6	13 785.6	2 100.4
复合橡胶类	83 285.6	32 334.9	20 022.1	5 546.9
混合橡胶类	2 658 932.9	370 469.3	298.4	67.6
棕榈油类	8 481 003.7	474 914.3	215 667.5	13 728.6
热带水果类	4 394 275.3	508 417.5	366 403.5	39 353.2
香料类	14 416.2	4 327.9	60 178.2	17 582.3
槟榔果	781.8	101.9	14.0	6.3
剑麻类	48 757.4	7 454.8	30.4	6.4
椰子类	673 218.8	30 488.2	655.3	61.4
坚果类	179 234.4	191 829.8	8 048.0	12 594.6
木薯类	5 213 064.1	167 284.8	686.6	53.8
咖啡类	103 279.6	44 962.1	77 785.6	21 291.0
可可类	120 948.3	34 050.1	24 476.8	6 960.2
合计	24 424 955.4	2 203 917.3	788 052.1	119 352.8

（三）价格情况

2019年，中国主要热作产品的市场价格涨跌不一，同一作物的不同品种间价格差异较大，市场波动剧烈。2019年，国内主销区天然橡胶价格小幅上涨，国产标准胶（SCRWF）上海主销区的平均价格为11 216.0元/吨，天津主销区的平均价格为11 169.7元/吨，青岛主销区的平均价格为11 192.8元/吨，同比分别上涨4.1%、4.1%和4.1%。2019年，全国农产品批发市场的芒果均价为12.4元/千克，同比上涨2.5%。澳洲坚果壳果（含水量约10%）的平均地头收购价为32.3元/千克，同比上涨15.0%。广东和广西地头剑麻纤维均价（鲜叶折算价，干纤维抽出率按鲜叶4.5%计）为10元/千克，同比持平。龙眼价格同比出现较大幅度上升，综合地头价为11.4元/千克，综合收购价为10.90元/千克，综合批发价为13.4元/千克，综合零售价为24.20元/千克，同比分别上涨97.9%、91.4%、73.7%、49.6%。荔枝价格同比出现较大幅度上涨，综合地头价为18.4元/千克，综合收购价为12.9元/千克，综合批发价为21.1元/千克，综合零售价为34.9元/千克，同比分别上升了140.8%、200.0%、100.8%和116.1%。香蕉全国农产品批发市场平均价格5.1元/千克，同比下降2.1%；产地综合平均价格3.1元/千克，同比上涨3.4%。国内市场鲜木薯主产区收购价为580~800元/吨，同比上升9.5%；木薯干平均价格为1 762.8元/吨，同比下跌1.1%。云南咖啡市场综合平均价14.7元/千克，同比下跌7.0%。

（四）热作产业简要动态

天然橡胶方面。20号胶在上海期货交易所上市，这有利于国内贸易商的套期保值，规避橡胶价格涨跌带来的生产风险。在第二届"一带一路"国际合作高峰论坛上，斯里兰卡种植业部与海南省政府签署了关于热带农业发展暨提高种业附加值的谅解备忘录，双方拟共同推动亚洲综合橡胶中心建设。海南省万宁市率先完成了建档立卡贫困户天然橡胶价格（收入）保险全覆盖，惠及全市51个行政村、1 464户贫困胶农，投保天然橡胶面积6 426.8亩，保费总收入69.4万元。

香蕉方面。自2018年中国与柬埔寨签订了香蕉进口检验检疫要求协议后，海关总署公布了首批5家柬埔寨香蕉种植园和7家包装厂名单。5月，中国与墨西哥签署了向中国出口墨西哥香蕉及其植物检疫议定书的协议。

木薯方面。湖南邵阳市农科院在位于双清区的东烨农场举行木薯引种栽培示范牌挂牌仪式，该农场种植的木薯是邵阳市农科院首次引种特色粮食作物。

三、中国热作产业发展特点

（一）标准化生产水平提高

各主管部门集中力量支持建设了一批优质高效热作标准化生产示范园，促进示范园产业转型升级，示范推广绿色标准化生产技术，推动三次产业融合，培育新型经营主体，增强示范带动作用。加快标准转化应用，推动标准化技术转化应用，加大技术指导和现场培训力度，建立贯穿生产全程的标准化生产技术体系。

（二）产业发展平台逐步完善

地方主管部门及产销单位通过参加国际展会、农产品博览会、农交会、海南冬交会等大型展销活动，大力推广新型营销模式和商业业态，促进电子商务平台与产区对接。通过热作产业网站、微信平台，发布市场动态，提供产销信息。加强中央和地方媒体沟通协调力度，深度挖掘报道热作产业文化，促进热作产品消费转型升级。

（三）科技含量不断提升

近年来，中国热作科研创新研究成果丰硕，指导热作单产提高、品种改良和种植技术不断完善。针对制约产业发展的瓶颈问题，如香蕉枯萎病、天然橡胶省工高效采胶技术等，加大创新研究和联合攻关力度，促进优良品种、保鲜技术、减药减肥、精深加工综合利用、劳动节约型机械化技术等的研究开发，为产业夯实科技支撑。

四、存在的主要问题和瓶颈

（一）标准化生产水平整体不高

近年来，热区各地通过政策引导和财政奖补等方式，鼓励经营主体按照标准化种植的要求开展生产管理，新植基地标准化程度明显提高，但热带作物很多都是长期作物，标准化改造难度大，因此大量老基地仍存在种植过密、土地不平整、田间道路狭小等问题，且短期内难以改变。除荔枝、龙眼、木薯等作物外，热作主栽品种以国外引进品种居多，自主培育品种少。荔枝、芒果等热带水果中熟品种多，早熟和晚熟品种少。菠萝、番木瓜等作物鲜食品种多，专用加工型品种少。增产技术推广应用多，“两减”技术少。为了达到调节产期、提高单产的目标，部分产区滥用多效唑、膨大剂等生长调节剂，化肥和农药减施增效技术研究不够、推广不足，难以实现绿色生产。部分作物尚未建立起完整的标准化生产技术体系，标准建设尚不能满足生产的实际需求；部分技术标准宣传贯彻工作落实不到位，生产管理粗放，产品品质良莠不齐。

（二）先进设施设备配套落后

中国热区以山地丘陵地形为主，种植基地投入成本高，部分还处于边远山区或少数民族地区，经济发展水平不高，因此，基地道路、水利、电网等基础设施建设普遍滞后，抵御灾害能力弱。机械化基础设施和条件较差，不具备农机通行和作业条件，“宜机化”改造滞后。适应小农生产、丘陵山区作业的小型农机以及适应特色作物生产需要的高效专用农机研发不足，农机农艺结合不够紧密，推广普及水平总体偏低，如割胶仍以人工为主，机械采胶设备研发和推广不足。物联网、大数据、移动互联网、智能控制、卫星定位等新信息技术在热作生产经营中渗透率不高，生产效率提升作用难以有效发挥。部分热作产品上市期较集中，采后预冷处理、果品包装、保鲜、贮运、加工和销售等产后配套设施不足，制约产业健康稳定发展。

（三）产业融合程度不深

中国热作产业发展仍以种植、初加工等产业链低端环节为主，精深加工、综合开发利用、休闲旅游等二三产业拓展不够，三产融合深度不足，产业短板明显，附加值不高，产业重心处于“微笑曲线”中部。长途保鲜运输仍是制约热带水果销售的瓶颈，产区冷库、气调库等保鲜贮运设施少，全程冷链物流建设滞后，规模难以满足生产实际需要，市场销售半径有限。热作产业服务体系发展水平依然相对滞后，尚未形成公益性服务和经营性服务相结合，专项服务和综合服务相协调，能够提供产前、产中、产后全过程综合配套服务的新型社会化服务体系。金融机构支持热作产业发展的服务不够到位，热作企业、合作组织和生产者等融资较为困难；农业政策性保险等绿箱政策的创新应用不足、推广力度不够、覆盖面不广，热作产业风险防范机制尚未建立。

（四）产品市场营销不足

总体来看，中国热作产品多而不优、品牌杂而不亮，行业整体竞争力不强，找不出媲美蓝山咖啡、DOLE香蕉、7D芒果干的拳头产品和品牌，受国际贸易冲击严重。中高端市场开发不足，“大路货”产品缺乏竞争力，产品销售分级包装少，“网红”和“爆款”产品不多，产品溢价能力弱，大年丰产不丰收、优质不优价现象依然突出。宣传推介乏力，市场营销水平低，文化和品牌价值没有充分挖掘，消费者习惯培养不够，黄皮、余甘子、香兰草等很多热作产品还不为人熟知，市场有待开拓，消费亟待升级。例如，部分南药产品具有养生、降压等特有功效，但消费者不了解，市场不认可。再如，对荔枝吃多了“上火”等传闻进行专家辟谣或科普宣传的力度不够。澳洲坚果、火龙果、荔枝等具有竞争优势的作物海外市场开拓不足，在国际市场上知名度低，缺乏新西兰奇异果、智利车厘子等叫得响的国际品牌。

（五）热作组织人才体系尚不完善

中国热作产业仍以农户自主分散经营为主，种植规模化程度低，小农户与大市场衔接不畅，抵御市场风险的能力较差。龙头企业、专业合作社、家庭农场等新型经营主体发展参差不齐，真正能发挥示范带动作用的少，缺乏具有行业影响力和市场带动力的领军企业和领军人物。热作生产经营型人才、技术服务型人才和新型职业农民的培养培训体系不健全，返乡创业大学生、退休干部、企业家等群体规模仍不大，难以有效满足热区农村对人才的需求。领军型科研人才匮乏，缺乏一支高水平、稳定的技术推广队伍。越来越多年轻人不愿从事农业工作，后备力量不足。

五、热作产业发展思路

（一）主要思路

以习近平新时代中国特色社会主义思想为指导，全面贯彻党的十九大和十九届二中、三中、四中全会精神，牢固树立新发展理念，立足热区资源禀赋及发展实际，以推动热带农业高质量发展为导向，以保障战略资源安全基本需求和提升热作产业综合生产能力为目标，依托新型经营主体示范带动，加快转变农业发展方式，构建现代农业产业体系、生产体系、经营体系。坚持差异化竞争思路，推动产业结构调整，重点发展竞争力强、潜力大、效益高的优势特色产业，补齐科技、物流、营销等产业链发展短板，促进一二三产融合，全面提升中国热作产业综合生产能力、市场竞争力和可持续发展能力，助力实现乡村振兴。

（二）基本原则

1. 坚持政府引导与市场导向相结合

发挥政府扶持引导作用，加强统筹协调，健全完善强热惠农政策支撑体系，营造良好环境。充分发挥市场在资源配置中的决定性作用，以农业企业为主体，引导更多资源要素向热作产业汇聚，培育特色产业，构筑发展高地。

2. 坚持创新驱动与产业发展相结合

利用现代农业科技进步成果和智能化、信息化技术，改造提升热作产业。推进科技与产业深度融合，创新科技成果转化利用机制，培育一批创新机制与业态模式，打造一批带动能力强、特色鲜明的优势特色产业集群。

3. 坚持绿色生产与可持续发展相结合

大力推广绿色生产方式，减少农业化学品投入，提高产品品质，增加绿色热作农产品供给。强化生态环境保护，根据资源禀赋、生态条件和产业基础，构建与资源环境相匹配的生产布局，提高热作产业可持续发展能力。

4. 坚持全面推进与突出重点相结合

按照全产业链建设思路，推动生产、加工、流通一体化发展，促进一二三产业深度融合，提升产业整体效益和竞争力。聚焦热作重点产业、重点区域和重点环节，精准施策，加快补齐短板，找准发力方向，推动热作优势特色产业做大做强。

（三）发展重点

1. 调优产业结构

根据资源禀赋、产业发展基础和国内外市场需求，进一步优化热作产业结构。一是打造优势产业带。发挥区域和资源比较优势，进一步优化中国主要热带作物产业布局，建设完善资源高效利用、与区域环境相适应、实现更高质量效益的热带作物产业带，提升产业聚集度。二是优化产品结构。根据市场多元化、个性化消费需求，优化多元的品种结构、合理的熟期结构，增加更加丰富多样、优质安全、营养健康的绿色优质产品供给。三是补齐产业链短板。统筹发展热作农产品初加工、精深加工和综合利用，推进热作产品多元化开发、多层次利用和多环节增值，打造一批热作优势特色产业集群。

2. 强化科技装备建设

利用现代化设施、装备、技术手段夯实热作产业高质量发展基础，提高良种化、机械化、科技化、标准化水平。一是完善基础设施建设。围绕推进名特优新稀热作产业带建设，巩固和建设一批建设质量高、科技支撑强、示范作用好的热作标准化生产示范基地。支持规模化良种苗木繁育基地建设，强化热作生产基地农田水利等基础设施建设，加大采后处理和冷库设施建设力度，完善防灾减灾基础设施。二是提升热带农业技术水平。加快优良新品种推广应用，加强果树高接换种、间套作、滴灌喷灌、测土配方施肥、专业化统防统治等技术的集成应用，推广适宜山地作业的小型机械装备，发展农用航空，促进热区农业机械化提档升级。整合热作科技创新资源，构建产学研紧密衔接的科技创新体系。三是加快热作信息技术改造。大力推动精准作业、智能控制、远程诊断、遥感监测、灾害预警、地理信息服务及物联网等现代信息技术在热作领域的推广和应用，强化智能化装备水平，利用现代化信息手段服务热作产业。

3. 构建新型经营体系

培育新型热作经营主体，建立和完善利益联结机制，提升社会化服务水平，推进家庭经营、集体经营、合作经营、企业经营等热作经营方式共同发展。一是强化新型热作经营主体队伍建设。重点发展热作农民专业合作社、家庭农场，加大对新型经营主体带头人的培训力度，鼓励其参加职业教育，加强政策扶持。二是提升热作社会化服务能力。以政府为主导，以新型经营主体为重点，加大对技术服务中心、试验示范培训基地、良种繁育中心、病虫害统防统治平台、代耕代收等社会化服务基础设施投入力度，提升社会化服务能力。三是建立和完善利益联结机制。强化国有农场及有实力的龙头企业联农带农激励机制，鼓励新型经营主体组织开展形式多样、竞争充分的社会化服务，推动合作式、订单式、托管式等服务模式，实现小农户与大市场的有效衔接。

4. 推进产业深度融合

依托现有热作资源和经营基础，以重点企业的示范带动为抓手，以拓展二三产业为重点，延伸热作产业链、价值链，提升热作产业附加值。一是做强热作产品加工流通体系。整合热作生产优势区布局加工厂、物流配送中心、仓储保鲜仓库、产地批发市场、交易中心等要素，打造现代化的热作产业园区，增强后端加工流通能力，提升产业链掌控力，让产业增值收益更多地留在热区、留给农民。二是发展热作新产业新业态。加快发展热作产品电子商务，推动创建热作农产品区域公共品牌和知名商标，建立营销体系，推动产业增值增效。推动创意农业、景观农业、定制农业、智慧农业发展。三是拓展热带农业多种功能。充分利用热区生态环境优势，大力发展休闲观光农业，创新投融资机制与模式，强化对热区重要农业文化遗产的挖掘、保护、传承与利用，建立美丽热带风光小镇。

5. 促进热作绿色发展

牢固树立绿水青山就是金山银山的理念，推进热作农业发展绿色化、资源利用高效化、产品质量安全化发展。一是开展绿色生产技术体系联合攻关。加大绿色生产技术研发投入力度，力争在投入品减量增效、病虫害综合防控、废弃物资源化利用和绿色保鲜贮运加工等关键实用技术上取得重大突破。二是大力推进热作绿色生产。继续开展化肥农药使用量零增长行动，集成应用推广水肥一体化、机械深耕等绿色技术模式，推动全程化肥农药减量增效技术的集成应用。在具有地方特色、节肥潜力大的热带园艺作物优先开展高效施肥技术试点，提升有机肥的使用比例，示范带动全国热区化肥减量增效。三是提升农产品质量安全水平。强化源头控制能力，继续建立电子追溯码监管制度，严格投入品质量安全管理。进一步推进天然橡胶、荔枝、龙眼等热作标准的创建工作，实现热作产品生产过程标准化、规范化管理。在生鲜热带水果领域完善农产品追溯制度，对接国家农产品质量安全监管追溯管理信息平台，全面提升热作质量安全管理水平。

6. 深化热作对外合作

抓住“一带一路”倡议实施的重大机遇，充分发挥中国热作产业特色和优势，强化双边和多边交流合作，服务国家外交大局，提升产业国际竞争力和影响力。一是优化热作对外合作布局。统筹考虑农业资源禀赋、投资政策环境等有关因素，以“一带一路”沿线国家为重点，支持有条件的企业走出去开展跨国经营，推进以天然橡胶、木薯、油棕等为重点的境外生产、加工、物流、贸易等领域合作，进一步拓展热作产业发展空间。二是推动热作对外科技合作。引导支持热作科教机构开展对外交流合作，加大引进国外新品种、先进技术和管理经验的力度，促进成果分享和技术出口。积极参与国际标准规则制定，增强国际话语权。加强对中国—东盟自贸区等经贸合作的研究，完善信息服务平台，强化国际热作产品市场的监测、研判和预警能力。三是培育具有国际竞争力的热作跨国企业。以国有控股企业为重点，鼓励抱团发展，建立和完善资源共享、利益联结、共同发展的合作机制。在天然橡胶、糖料等重点领域培育一批具有国际竞争力的生产商、流通商和跨国企业集团，扩大中国优势热作产品出口，积极拓展国际市场。

六、热作产业发展建议

（一）强化规划指导

热区各级农业农村部门提高对热作产业发展的重视程度，编制好本地区热作产业发展计划和年度工作重点，并纳入本地国民经济与社会发展规划，认真组织实施。加强热作产业发展有关项目的计划、实施和管理，提高资金使用效益和建设水平。深入调查研究，及时总结经验，研究热作产业发展中的新情况、新问题。切实加强对热作产业发展的指导和服务，统筹推进本地区热作产业相关工作。同时，热作产业发展涉及农业、科技、工商、财政、金融、保险、基础设施建设等多个领域、多个部门、多个环节，建议热作主管部门主动加强与相关部门协调与沟通，把国家相关扶持政策措施落到实处。

（二）强化政策扶持

加强对热作产业发展的宏观指导，切实落实好各项惠农政策，加大对相关产业的引导和扶持力度。建议将天然橡胶非生产期抚育纳入中央财政补贴范围。研究争取天然橡胶生产保护区精准支持政策，制定实施天然橡胶生态效益补偿政策，建立和完善战略收储、保护性收储和商业收储相协调的机制。进一步完善天然橡胶保险制度，推动中央财政对天然橡胶产品价格保险、收入保险试点，对价格保险、收入保险、“保险＋期货”等新型保险进行保费补贴支持。针对荔枝、芒果、龙眼等热带水果主产区，建议加大对产地预冷、预选分级、加工配送、冷藏冷冻、包装仓储设施设备建设的支持力度。

（三）强化长效机制

发挥中央资金的撬动作用，集中投向产业链条关键环节和重点区域，通过贷款贴息、以奖代补等方式，发挥政府财政杠杆作用和乘数效应，撬动社会资本和金融资本投入。积极开展相关涉农资金整合，支持热作产业发展。吸引金融资本投入，鼓励金融机构把热作产业发展作为信贷投放的重点。支持具有国际竞争力的热作企业联合金融机构、社会资本发起成立热作产业发展基金，并积极引导资金向优势产区、重点环境倾斜，推动热作产业发展。加强建立灵活多样、多险种、多结构的保险新机制和信贷扶持制度，加大启动热带农业保险补贴政策支持，扩大保险补贴范围，提高热区农民生产收益和积极性。

（四）强化人才支撑

强化人才培养，依托中国热带农业科学院、海南大学、华南农业大学等热作科研院所、高等院校等，加强热作领域科研创新、生产技术、企业管理等方面的人才队伍建设，完善产业人才队伍结构，加大科技创新力度，推进成果转化进程。强化人才引进，落实落户政策、住房补贴、安家费用和购车支持等人才引进政策；设立“候鸟”人才工作站，支持有关国企、事业单位的专业技术和管理人才投身热作事业，优化完善人才管理和薪酬分配机制，激化工作积极性。大力开展“双创”，支持创新创业载体建设，对经认定的国家级和省级科技企业孵化器、众创空间给予奖励。依托职业院校和龙头企业，建设一批高技能人才培训基地。

（五）强化宣传引导

以提高各部门对热作产业的关注支持度和广大消费者对热作产品的认知度为目标，建议将热作产业宣传作为各级部门公共服务的重要内容。通过举办荔枝、龙眼、香蕉、辣木等产业大会，组织协调各级新闻媒体进行广泛宣传，提升热作产品的美誉度和热作产业的影响力。加强与媒体沟通联系，及时向其提供有关热作产品宣传的材料和线索，完善、畅通与新闻媒体的沟通联系渠道，共同建立健全长效宣传机制，开辟相关的专栏和专题，为宣传推介热作产品提供保障。各级财政应支持热作产品生产、加工和流通企业举办博览会、展销会、推介会，促进销售，提高产值和效益。同时要办好主管的期刊和热作网站，发挥宣传政策、技术指导、传达信息的作用。

2019 年天然橡胶产业发展报告

一、世界天然橡胶产业概况

（一）生产情况

1. 种植面积略有减少

天然橡胶价格长期持续低迷，泰国、越南等主产国鼓励胶农改种其他经济作物，全球橡胶种植面积略有减少。综合天然橡胶生产国联合会（ANRPC）报告和生产国信息测算，2019 年全球橡胶种植面积为 23 120 万亩，比上年减少 24.8 万亩，其中，亚洲国家的橡胶种植面积 19 943 万亩，比上年减少 54 万亩，占全球橡胶种植面积的 86.3%（图 1）。ANRPC 成员国的橡胶种植面积为 19 372.5 万亩，比上年减少 70.5 万亩，占全球橡胶种植面积的 83.9%。

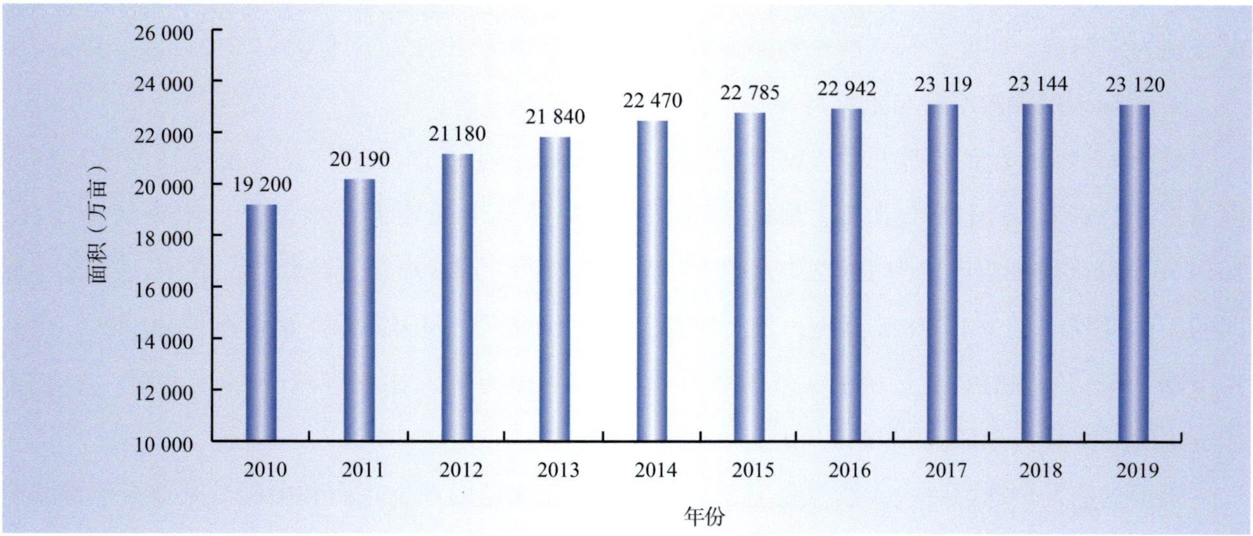

图 1　全球天然橡胶种植面积趋势

数据来源：ANRPC，热科院橡胶所

根据种植面积排名，前十大植胶国家依次为泰国、印度尼西亚、中国、马来西亚、越南、印度、缅甸、科特迪瓦、柬埔寨和尼日利亚（表1）。老挝、菲律宾、巴西和利比里亚紧随其后，种植面积分别为529.5万亩、346.5万亩、343.5万亩和340.5万亩。

表1 主要植胶国家橡胶种植面积

（单位：万亩）

排名	1	2	3	4	5	6	7	8	9	10
国家	泰国	印度尼西亚	中国	马来西亚	越南	印度	缅甸	科特迪瓦	柬埔寨	尼日利亚
种植面积	5 545.5	5 514.0	1 718.0	1 626.0	1 419.0	1 239.0	987.0	976.5	655.5	571.5
与上年比较增减	−51	+7.5	−1.0	+4.5	−30	+6	+1.5	+6	0.0	4.5

数据来源：ANRPC，热科院橡胶所

2. 开割面积小幅增加

2010—2012年，胶价高位时大量扩种的橡胶树开始陆续进入开割期，全球天然橡胶割胶面积增加。以ANRPC数据为基础进行测算，发现2019年全球割胶面积为17 415万亩，比上年增加75.0万亩，增长0.43%。其中，ANRPC成员国割胶面积共14 707.5万亩，比上年增加453万亩，增幅3.2%。前三大植胶国泰国、印度尼西亚和中国的割胶面积分别为4 590.0万亩、4 915.5万亩和1 130.7万亩，占ANRPC成员国的72.3%。割胶面积增长速度最快的4个国家分别为柬埔寨、印度、马来西亚和菲律宾，增长率分别为26.1%、15.6%、7.2%和4.9%。

3. 全球天然橡胶产量与上年持平

受2019年上半年亚洲主要产胶国家气候偏旱和部分主产国发生拟盘多毛孢真菌落叶病等因素影响，泰国等国家产量未达预期，印度尼西亚甚至出现较大幅度减产。根据初步统计，2019年全球天然橡胶产量为1 392.1万吨（图2），与上年的1 392.2万吨相当。其中，2019年亚洲的天然橡胶产量为1 258.8万吨，较上年减产8.2万吨。亚洲国家总产量占全球90.4%，比上年下降0.6%。ANRPC成员国的天然橡胶产量为1 244.0万吨，比上年减产10.1万吨。ANRPC成员国的总产量占全球的89.4%，比上年下降0.7%。

泰国仍然是全球第一大天然橡胶生产国，其次是印度尼西亚、越南和中国。全球天然橡胶产量居前10名的国家见表2。天然橡胶产量大于或等于10万吨的国家还有老挝、菲律宾、尼日利亚和危地马拉。

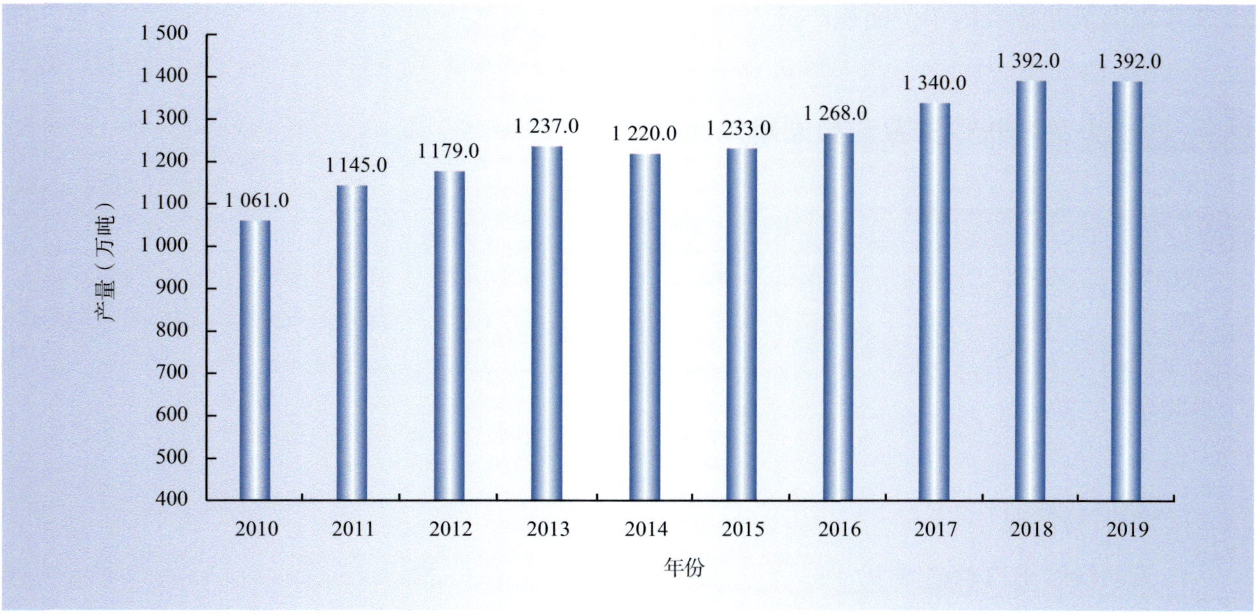

图2 全球天然橡胶产量趋势

数据来源：ANRPC，热科院橡胶所

表2 主要天然橡胶生产国天然橡胶产量

（单位：万吨）

排名	1	2	3	4	5	6	7	8	9	10
国家	泰国	印度尼西亚	越南	中国	印度	马来西亚	科特迪瓦	缅甸	柬埔寨	巴西
产量	498.2	330.1	117.3	81.0	70.2	65.0	58.7	30.5	28.8	22.1
增减	+0.9	−23.9	+3.5	−0.2	+5.3	+4.7	+4.9	+2.5	+6.8	+0.6

数据来源：ANRPC，热科院橡胶所

非洲2019年天然橡胶产量为99.0万吨，占全球天然橡胶产量的7.1%，比上年增长0.7%。除科特迪瓦外，其他主要产胶国尼日利亚、利比里亚和喀麦隆的天然橡胶产量分别为9.8万吨、8.0万吨和7.8万吨，4个国家共占非洲总产量的84.9%。

中南美洲2019年天然橡胶产量为34.3万吨，占全球天然橡胶产量的2.5%，其中巴西、危地马拉的天然橡胶产量分别为22.1万吨和9.9万吨。

4. 单位面积产量下降

据测算，2019年全球天然橡胶单产为80.1千克/亩，比上年减少0.4千克，单产已连续4年徘徊在80千克左右的低位水平。ANRPC主要成员国（不含孟加拉国和巴布亚新几内亚，下同）2019年的平均单产为79.4千克/亩，比上年减少0.9千克/亩。科特迪瓦天然橡胶种植面积在2011年后快速扩大并在近3年进入开割期，导致近年来单位面积产量出现下滑，据测算，

2019 年该国天然橡胶的单位面积产量为 98.6 千克 / 亩（表 3）。

表 3 ANRPC 主要成员国单位面积产量

（单位：千克 / 亩）

排名	1	2	3	4	5	6	7	8	9	10
国家	越南	泰国	马来西亚	印度	柬埔寨	印度尼西亚	中国	缅甸	斯里兰卡	菲律宾
单产	108.6	102	96.7	96.1	75.3	71.9	71.6	62.7	50.1	43.4
比上年增减	−1.4	−0.7	+1.3	−2.1	+3.1	−5.5	+0.3	+4.9	−1.5	−0.1

数据来源：ANRPC

（二）贸易情况

1. 天然橡胶出口总量减少

全球有 80 多个国家和地区出口或间接出口天然橡胶。初步测算，2019 年全球天然橡胶出口量为 1 161.1 万吨，同比减少 4.0%（图 3）。全球前五大天然橡胶出口国泰国、印度尼西亚、越南、马来西亚和科特迪瓦的天然橡胶出口量分别为 396.3 万吨、258.8 万吨、159.7 万吨、105.4 万吨和 70.9 万吨，共 991.1 万吨，占全球出口总量的 86.7%。

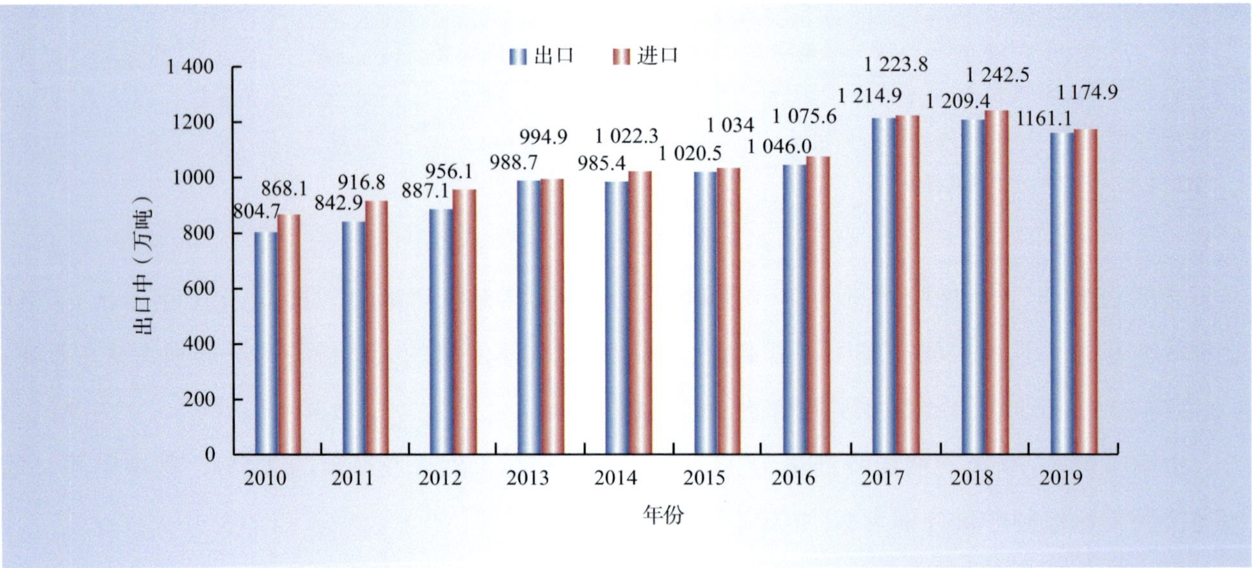

图 3 全球天然橡胶进出口贸易趋势

数据来源：IRSG，ANRPC，热科院橡胶所

2019 年，ANRPC 成员国出口天然橡胶 972.2 万吨，比上年的 1 043.2 万吨减少 6.8%。其中泰国、印度尼西亚的出口量分别比上年减少 10.4%、12.4%，马来西亚的出口量减少 5.9%。

2. 天然橡胶进口量减少

全球有130个国家和地区进口或间接进口天然橡胶。据测算，2019年全球天然橡胶进口量为1 174.9万吨，比上年减少5.4%。ANRPC主要成员国2019年共进口天然橡胶738.4万吨，比上年减少7.4%。其中，中国进口各种天然橡胶共519.6万吨（未折干），同比减少8.3%。其中，混合橡胶减少9.8%；天然橡胶税目下进口浓缩胶乳55.4万吨，比上年59.1万吨减少6.1%。主要国家天然橡胶进口量及变化见表4。

表4 2019年主要国家天然橡胶进口量

（单位：万吨）

排名	1	2	3	4	5	6	7	8	9	10
国家	中国	欧盟	美国	马来西亚	日本	越南	印度	韩国	德国	巴西
进口量	496.2	156.5	101.1	99.7	71.5	59.2	50.0	37.2	27.3	21.2
比上一年增减	-44.8	-3.2	+1.4	-1.8	+2.1	+0.9	-10.1	0.4	-1.9	+0.1

注：胶乳已折干胶。数据来源：ANRPC，热科院橡胶所

（三）价格情况

1—6月天然橡胶价格振荡小幅上扬。受泰国、印度尼西亚和马来西亚组成的三方橡胶委员会（ITRC）决定4—9月共削减20万~30万吨天然橡胶出口量；国内外天然橡胶产区出现旱情，割胶期推迟；中国海关严格执行混合橡胶认定方法，国外进口受阻等利好因素影响，1—6月天然橡胶价格振荡上扬，上涨幅度曾经达到约1 000元/吨。

7—8月天然橡胶价格震荡下跌。美国政府宣布5月10日起对2 000亿美元中国输美商品加征关税的税率从10%上调至25%；8月开始，又连续宣布对约3 000亿、5 500亿美元的中国输美商品加征10%关税，影响了消费信心。加上6月后，国内外天然橡胶主产区旱情结束，原料胶供应增加。7—8月天然橡胶价格震荡下跌。

9—12月天然橡胶价格明显回升。一是9月20日，美方宣布升级对伊朗的制裁，市场担忧加剧，伴随石油供应减少和石油航运安全保险费增加助推石油价格上涨。二是11月中美贸易谈判取得进展，并将签署第一阶段贸易协议，市场预期中国的天然橡胶需求转向增加。三是12月6日，欧佩克大会达成减产协议，石油石油产量下降，而非价格减产。四是欧洲央行在9月12日宣布实行负利率并决定重新实行量化宽松政策，美联储9月18日将利率再下调了25个基点，美国金融政策由紧缩转向宽松，推动了天然橡胶价格反弹。

根据农业农村部农垦局监测统计，2019年国际市场天然橡胶印度尼西亚20号标准胶（SIR20）年平均价格为1 420.1美元/吨，同比上涨2.4%；泰国3号烟片胶年平均价格为

1 627.3 美元 / 吨，同比上涨 1.1%（图 4）。

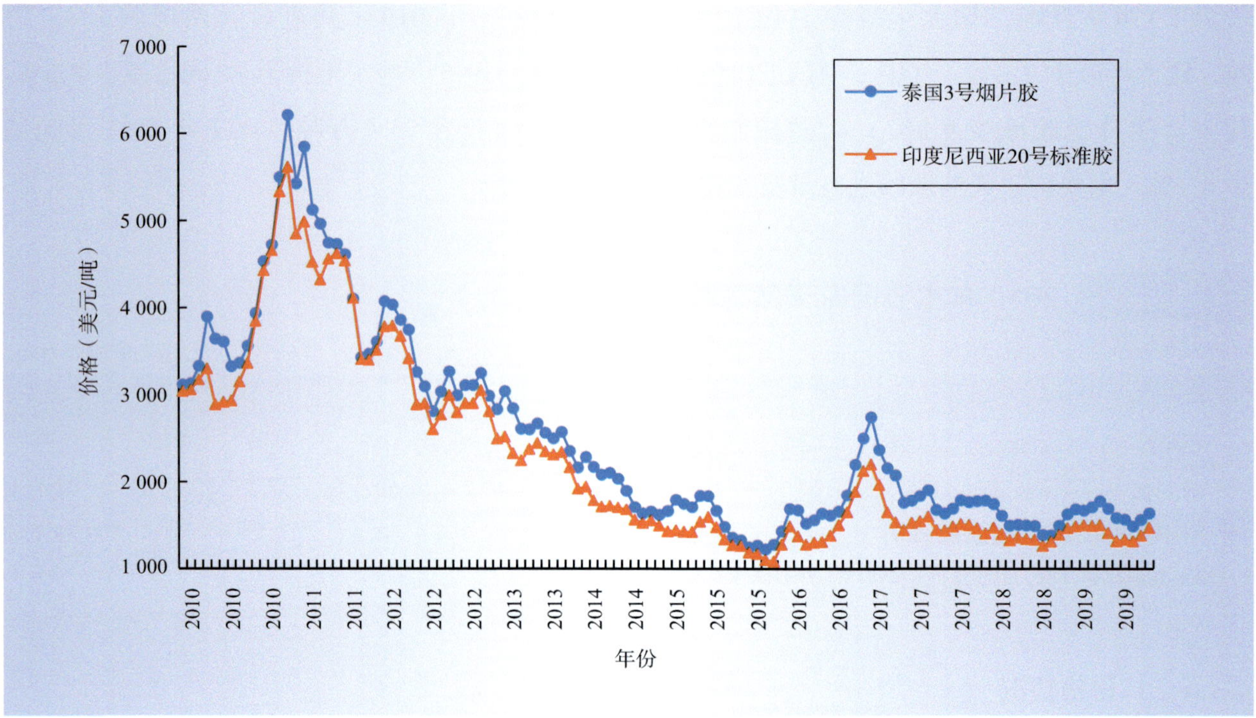

图 4　2010—2019 年国外天然橡胶价格变化趋势

数据来源：农业农村部农垦局

（四）消费情况

据国际货币基金组织（IMF）预测，世界经济增长速度从 2018 年的 3.6% 下滑到 2019 年的 2.9%；2019 年全球汽车产销减少 2%~4%。这些因素共同促使全球天然橡胶消费量减少。据 ANRPC 测算，2019 年全球天然橡胶消费量为 1 372.1 万吨，比 2018 年的 1 387.2 万吨减少 15.1 万吨，下降 1.1%（表 5）。

表 5　2015—2019 年世界天然橡胶消费量变化情况

（单位：万吨）

国家	2015 年	2016 年	2017 年	2018 年	2019 年
中国	490.8	509.0	542.2	574.2	573.3
印度	99.3	103.3	108.2	122.1	114.4
美国	93.7	93.2	95.8	98.7	100.8
日本	69.1	67.6	67.9	70.6	70.7
泰国	60.1	64.9	65.3	62.7	70.2

（续表）

国家	2015年	2016年	2017年	2018年	2019年
印度尼西亚	54.1	60.1	61.9	63.9	64.0
马来西亚	48.7	50.6	51.8	54.2	52.8
巴西	40.5	42.8	39.8	40.0	41.5
韩国	38.8	38.1	38.4	36.7	35.4
越南	17.6	19.4	21.4	22.5	23.0
土耳其	15.6	15.7	17.6	20.3	19.6
俄罗斯	8.9	10.5	11.8	12.5	12.7
加拿大	12.9	11.9	126	13.9	14.0
斯里兰卡	12.7	14.2	12.8	13.5	11.6
欧盟28国	115.9	118.6	123.6	123.1	118.2
其余国家合计	48.5	54.1	–53.4	58.3	49.9
全球合计	1 227.2	1 274.0	1 331.1	1 387.2	1 372.1
增长（%）	0.3	3.8	4.5	4.2	-1.1

数据来源：ANRPC，IRSG

（五）科研进展

1. 育种领域

在种质资源方面，马来西亚、越南、印度尼西亚、斯里兰卡和中国等6个国家对橡胶树1981’IRRDB野生种质保存和鉴定进行了研究。越南橡胶研究所通过品种比较试验，评价了IRCA130、RRIV106、RRIIV114、RRIV115、RRIV124和RRIV209 6个品种的抗旱性，发现RRIV106和RRIV114有较好的干旱适应性。印度橡胶研究所进行了PB255、PB280、PB312和PB314的品种区域试验，结果表明，PB280产量最高，但这几个品种受季风性落叶病影响均较严重。此外，印度橡胶研究所还开展了种间杂交、种内魏克汉与野生种质杂交选育抗病育种材料的工作。

在橡胶树产排胶机制研究方面，泰国学者证明了茉莉酸和油菜素类酯对次生乳管的分化作用；马来西亚和泰国学者发现MPKKK5等基因参与了乳管分化；印度学者在橡胶生物合成的MVA途径和MEP途径中鉴定到1 314个SNP，可为今后分子标记辅助育种提供思路；日本科学家将橡胶生物合成关键酶REF和SRPP在酵母中过表达，发现阳性菌株中大量积累甾酯和三酰甘油，表明橡胶树外源蛋白可以调控酵母内源代谢，这为将酵母构建成生产橡胶的生物反应器提供依据。

2. 栽培领域

目前国际上橡胶树栽培方面的研究主要集中于抗逆栽培和生理、死皮机理、高产高效栽培技术及遥感大数据应用等方面。

抗逆栽培研究方面，主要方向为橡胶树抗寒和抗旱机理研究。耐寒机理方面，学者分析发现，10℃低温胁迫下RRIM600和GT1橡胶树叶片基因存在表达差异，证明RRIM600为抗寒基因型，而GT1为耐寒基因型，受到寒冷胁迫时RRIM600采用了气孔关闭快、光合活性下降、CO_2同化抑制的“回避”策略，而GT1在低温条件下仍具有一定的光合生产能力。研究人员以热研7-33-97的5月龄幼苗为材料，证明外施茉莉酸甲酯可以显著增强橡胶树的抗寒性。在抗旱机理方面，有学者系统分析和鉴定了与橡胶树干旱胁迫相关的脱水蛋白；有的学者证明HbNCED3在过表达转基因植株根系抗旱中起着一定作用。

橡胶树死皮研究方面，主要方向为死皮相关基因的克隆与鉴定。经研究发现，橡胶树HbMC1基因的表达随着死皮程度增加而升高，通过转基因烟草和在酵母中过表达证明HbMC1能与胶乳合成、细胞死亡及胁迫应答等途径蛋白互作，促进氧化胁迫下细胞的死亡，推测HbMC1通过抑制胶乳生物合成、诱发细胞死亡等调控橡胶树死皮发生。有的研究从橡胶树中分离了一个HbSRGRX1基因，发现该基因在死皮树中显著下调表达，同时受伤害、过氧化氢及多种激素调节可能与橡胶树死皮发生密切相关。

高产高效栽培研究方面，主要方向为土壤肥料和间作等研究。巴西、印度和法国学者对植胶初期土壤研究后认为，采用等高开垦、种植覆盖等方法取代全面砍烧清光林地更有利于维护土壤。法国、泰国等科学家联合研发了综合土壤碳转化、养分循环和结构维持等12个指标的胶园土壤质量评价指标体系，可靠性强、灵敏高且评价费用低。法国学者根据胶园肥料效用、土壤管理措施、胶树营养特性等开发出胶园养分平衡综合管理新方法。间作方面，国外幼龄胶园开展间作比较普遍，如加纳在常规幼龄胶园间作大蕉和可可，斯里兰卡通过橡胶—蓖麻—胡椒间作提高收入，马来西亚学者研究发现木鳖果和洋姜也可间作。有研究表明，橡胶与药用草本植物（砂仁、肾茶等）间作具有显著的生态效益和经济效益，橡胶树与药用草本植物土壤水分获取方式存在互补现象，可以增加旱季深土层土壤水分的利用。

高效采胶研究方面，斯里兰卡研发了一款产量刺激剂，初步观测可确保稳定产胶和树皮健康。柬埔寨比较d3、d4、d5、d6割制，结果表明，S/2 d6采用3.3%乙烯利年刺激10次，产胶量可达S/2 d3的89%，胶乳各项生理指标没有明显差异。印度推出了一款BH-RT-2000便携式电动胶刀，但由于下刀、收刀不到位，产胶量在一定程度上受到影响。

信息技术应用研究方面，近年来现代信息技术广泛应用于橡胶林测绘和灾害的预防与评估。2019年，国外学者利用卫星信息绘制了缅甸地区包括橡胶林等多种森林类型的空间分布信息，估算了印度尼西亚西爪哇地区橡胶林的生物量。有学者使用移动激光雷达技术分别获取了海南儋州3个株系的橡胶林林段数据，为比较不同品种的风载荷和抗风性提供了基础。

3. 病虫害防治

2019年，马来西亚报道一种新病害——短毛芽孢杆菌引起橡胶树茎干隆起病。德国研究人员利用热点成像技术推断橡胶树南美叶疫病在赤道10度范围以外区域暴发的风险较低。泰国研究人员发现，疫霉菌中3个诱导细胞坏死的激发子有利于南美叶疫病病原菌的侵染；褐藻的提取物可增加细胞对季风性落叶病病原菌的抵抗力。法国研究人员证实毒素蛋白Cassiicolin是多主棒孢的死体营养型效应子，证实信息素Matsuone对橡副珠蜡蚧有较好的诱捕效果，为病虫害防控提供了新的切入点。

4. 橡胶加工和机械化研究

各天然橡胶生产国积极拓展天然橡胶的应用领域，扩大使用量，开发了橡胶铺路砖、乳胶医学模型教具、橡胶地板、床上用品和衣服等产品。同时，积极研发优质高效天然橡胶加工技术，斯里兰卡研发了烟片胶“一天干燥”技术，尼日利亚也改造了烟片胶的干燥设备，使烟片胶的干燥时间缩短到36小时，同时还探索用木薯提取液凝固鲜胶乳。在天然橡胶性能研究方面，科特迪瓦、泰国和越南等产胶国合作启动了RUBBex国际合作项目，致力于研究和确定天然橡胶中的主要生化组分以及结构化的机理，以便优化生胶性能。泰国和印度等国家的学者开展了环氧化天然橡胶在环氧树脂/硫化天然橡胶的增容、ENR/ CNCs复合材料的研究。在橡胶木加工方面，印度尼西亚开发了“固雅木”，销售价格每立方米超过1万元；泰国生产橡胶木胶合板，用于生产集装箱地板。

（六）产业扶持政策

1. 泰国

2019年，泰国继续执行更新种植补贴和割胶生产补贴政策，并实施了一项总预算为240亿泰铢的橡胶综合保价措施计划。计划第一阶段为2019年10月—2020年3月，保证优质胶片按60泰铢/千克、100%胶乳按57泰铢/千克，杯胶块为23泰铢/千克收购。每莱（1莱=2.4亩，下同）保价上限为240千克，或者每莱每月不超过20千克。享受该措施的胶农必须2019年8月12日前在泰国橡胶局登记备案，每户最高可申报面积为25莱，橡胶树树龄在7年以上。另外，泰国按照和国际三方橡胶委员会达成的协议，实施第6次“出口吨位计划”，减少天然橡胶出口量12.6万吨。

2. 马来西亚

2019年，马来西亚继续实施更新种植补贴和橡胶生产激励机制（IPG）政策，并再次提高了IPG的触发基准价格：20号标胶（SMR20）基准价格为6.1林吉特/千克（1林吉特≈1.7元人民币，下同），杯凝胶基准价格为2.2林吉特/千克。当月市场平均价低于基准价时，政府将市场均价与基准价的差额部分直接补贴给胶农。冬季马来西亚再次拨款 1.64 亿林吉特，向胶农提供季节性援助补助，并于 2019 年 12 月和 2020 年 1 月分 2 次向小胶农支付每人共 600 林吉特的补助。此外，按照和国际三方橡胶委员会达成的协议，实施“出口吨位计划”，马来西亚减少天然橡胶出口量 1.6 万吨。

3. 印度尼西亚

2019 年，印度尼西亚联合泰国和马来西亚，实施了“出口吨位计划”，减少天然橡胶出口量 9.8 万吨。

4. 斯里兰卡

2019 年，斯里兰卡政府通过预算提案，自 2019 年 1 月 1 日起将更新和新种橡胶补贴分别由原来的 17.5 万卢比 / 公顷、15 万卢比 / 公顷提高到 35 万卢比 / 公顷、30 万卢比 / 公顷（1 卢比 ≈ 0.1 元人民币）。

二、中国天然橡胶产业基本情况

（一）生产情况

1. 植胶面积基本稳定

中国天然橡胶主产区各级政府积极贯彻执行 2019 年中央一号文件精神，深入推进天然橡胶生产保护区划定和建设工作（2010—2019 年我国天然橡胶种植面积见图 5），并在上海期货交易

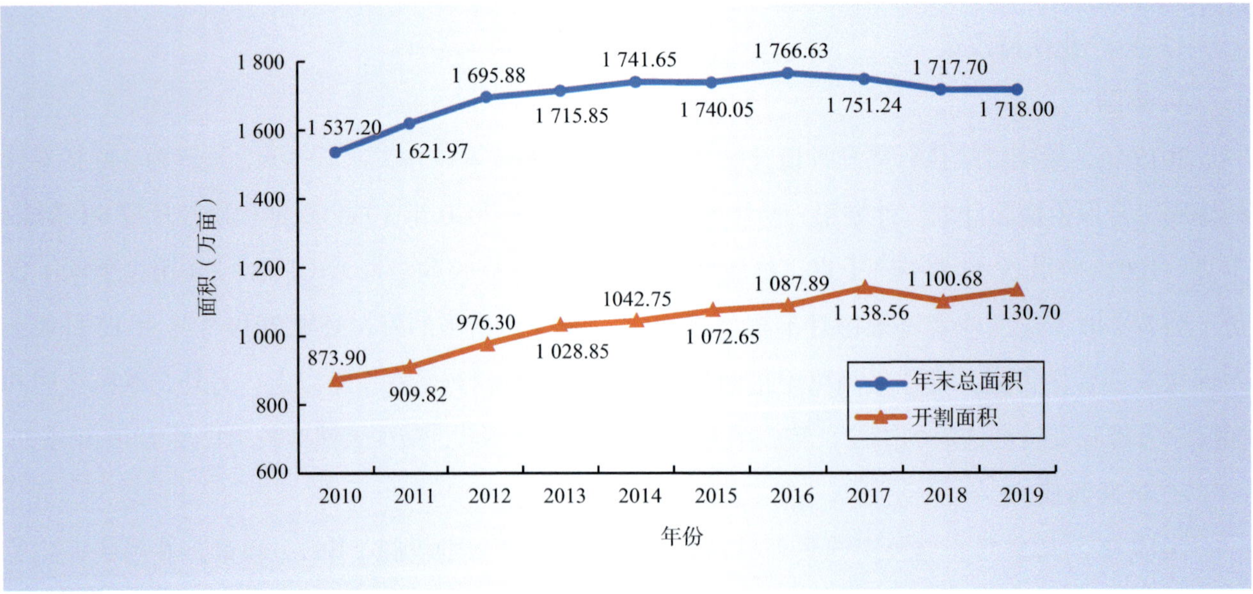

图 5　2010—2019 年我国天然橡胶种植面积情况

数据来源：农业农村部农垦局

所开展“保险＋期货”精准扶贫项目的基础上出台天然橡胶价格（收入）保险等扶持政策，胶农砍橡胶改种槟榔和其他作物的现象基本消失，2018年较大面积倒树待更新的胶园在2019年完成种植，橡胶面积得以稳定。据农业农村部农垦局统计，截至2019年年底，全国天然橡胶种植面积为1 718.0万亩，同比基本持平；其中，云南、海南、广东的种植面积分别为857.0万亩、790.4万亩、69.3万亩。全国开割面积共1 130.7万亩，同比上升2.7%。

2. 天然橡胶产量与上年相当

2019年春末夏初，云南植胶区遭遇严重干旱天气，开割时间比2018年推迟50多天。海南植胶区比一般年份提前5天开割，但4月下旬出现偏旱天气，西部局部胶园暂停割胶6~7天。5—11月，全国植胶区没有持续性降雨天气或灾害性台风天气，生产形势较好，产量增加。12月，北方冷空气快速到达我国植胶区，部分胶园提前停止割胶。另外，在海南，政府大力推行天然橡胶价格（收入）保险和部分转向槟榔产业的胶农回来割胶促使实际割胶面积明显增加，弃割现象显著缓解。因此，2019年全国天然橡胶产量与上年基本相当。据统计，2019年中国天然橡胶产量为81.0万吨，同比减少1.2%（图6）。其中，云南、海南、广东产量分别为45.8万吨、33.1万吨、2.1万吨。农垦自有胶园产量为28.8万吨，占全国产量的35.6%。

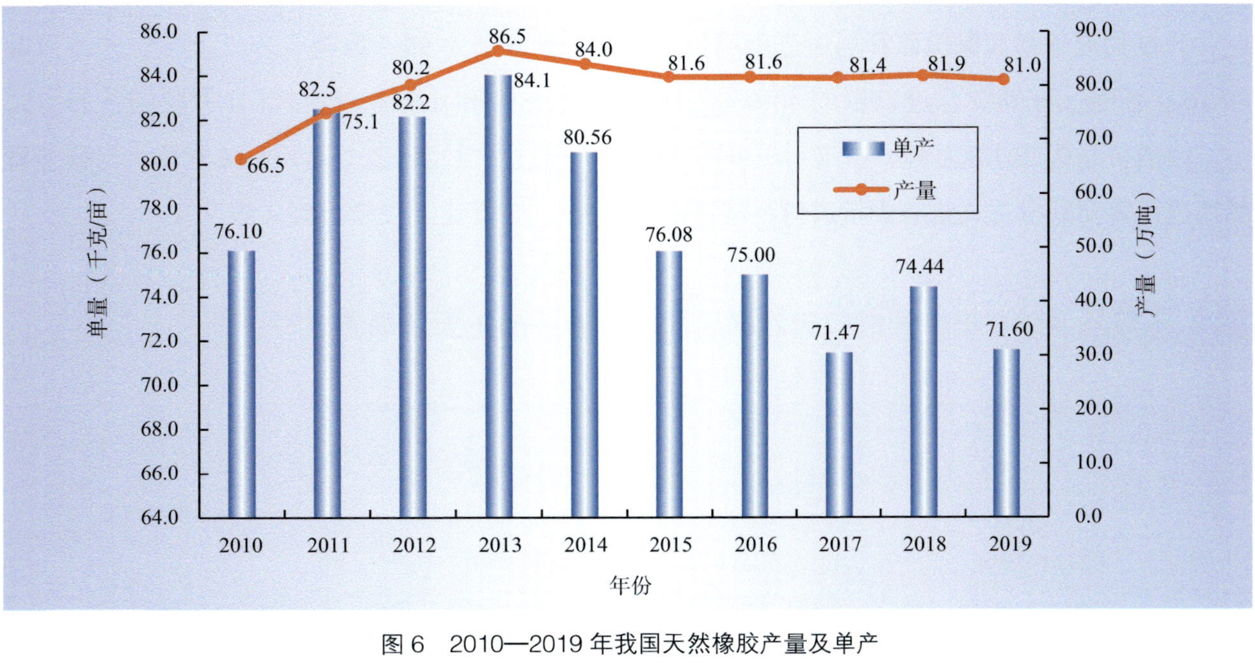

图6 2010—2019年我国天然橡胶产量及单产

数据来源：农业农村部农垦局

（二）贸易情况

1. 天然橡胶进口情况

中国是世界最大的天然橡胶进口国。据中国海关统计，2019年中国天然橡胶进口量为 245.4 万吨，同比下降 5.4%，进口额为 33.7 亿美元，同比下降 6.5%，进口均价为 1 374.6 美元 / 吨，同比下降 1.1%；混合橡胶（天胶含量 95% 以上，下同）进口量为 265.9 万吨，同比下降 9.9%，进口金额为 37.1 亿美元，同比下降 12.8%，进口均价为 1 393.3 美元 / 吨，同比下降 3.2%（表 6）。

表 6　2015—2019 年中国天然橡胶进口情况

年份	天然橡胶		复合橡胶		混合橡胶	
	进口量（万吨）	进口额（亿美元）	进口量（万吨）	进口额（亿美元）	进口量（万吨）	进口额（亿美元）
2015	273.6	39.2	101.1	17.6	53.8	7.4
2016	250.1	33.5	15.9	4.4	181.8	24.5
2017	279.3	49.2	12.1	4.1	275.2	48.3
2018	259.6	36.1	11.4	3.9	295.0	42.5
2019	245.4	33.7	8.3	3.2	265.9	37.1

数据来源：中国海关

2019 年，中国进口天然橡胶的进口贸易方式主要为一般贸易、进料加工贸易、海关特殊监管区域物流货物和保税监管场所进出境货物，进口量分别为 99.5 万吨、77.2 万吨、50.5 万吨和 16.9 万吨，分别占总进口量的 40.6%、31.5%、20.6% 和 6.9%。进口混合橡胶的贸易方式中，一般贸易为 227.3 万吨，占进口总量的 85.5%，通过海关特殊监管区域物流货物、保税监管场所进出境货物等方式也有少量进口，进口量分别为 25.2 万吨、12.7 万吨（表 7）。

表 7　2019 年中国进口天然橡胶和混合橡胶的主要贸易方式

贸易方式	天然橡胶		混合橡胶	
	进口量（万吨）	占比（%）	进口量（万吨）	占比（%）
一般贸易	99.5	40.6	227.3	85.5
来料加工贸易	0.9	0.4	0.0	0.0
进料加工贸易	77.2	31.5	0.8	0.3
保税监管场所进出境货物	16.9	6.9	12.7	4.8
海关特殊监管区域物流货物	50.5	20.6	25.2	9.5
边境小额贸易	0.3	0.1	0.0	0.0
其他	0.01	0.0	0.01	0.0
合计	245.31	—	266.01	—

数据来源：中国海关

据测算，2019 年中国天然橡胶自给率约为 13.7%，连续 7 年自给率不足 20%。中国天然橡胶进口来源国有 40 多个国家，但高度集中于泰国、越南、印度尼西亚和马来西亚四国。2019 年，中国天然橡胶从上述国家的进口量分别为 123.5 万吨、25.5 万吨、22.5 万吨和 32.9 万吨，合计占比达 83.3%；混合橡胶从上述国家的进口量分别为 110.0 万吨、90.3 万吨、26.2 万吨和 32.0 万吨，合计占比达 97.2%（表 8）。另外，由于东南亚替代种植免税进口指标加大，科特迪瓦橡胶出口快速增加，近两年，4001 税目下从老挝、缅甸和科特迪瓦进口的天然橡胶较快增长。

表 8　2019 年天然橡胶和混合橡胶主要进口来源国

排序	天然橡胶			混合橡胶		
	国别	进口量（万吨）	占比（%）	国别	进口量（万吨）	占比（%）
1	泰国	123.5	50.3	泰国	110.0	41.4
2	越南	25.5	10.4	越南	90.3	34.0
3	印度尼西亚	22.5	9.2	印度尼西亚	26.2	9.9
4	马来西亚	32.9	13.4	马来西亚	32.0	12.0

数据来源：中国海关

2. 天然橡胶出口情况

中国生产的天然橡胶原料以自用为主，出口规模不大。2019 年出口各类天然橡胶共 3.4 万吨，出口额约 2 100.4 万美元。中国天然橡胶主要出口目的国有朝鲜、伊朗和巴基斯坦等。

3. 国内主销区价格小幅上涨

2019 年，上海主销区的平均价格为 11 216.0 元 / 吨，天津主销区的平均价格为 11 169.7 元 / 吨，青岛主销区的平均价格为 11 192.8 元 / 吨，同比分别上涨 4.1%、4.1% 和 4.1%。上半年，受气候因素影响导致原料供应偏紧、海关严查混合胶进口，三国橡胶联盟实行“橡胶出口限制措施”，随着房地产、基建等项目开工拉动重卡销售和替换胎需求等诸多利好因素影响，国内主销区市场价格震荡上扬；7—8 月，受轮胎消费进入传统淡季、中美贸易争端升级等因素影响，国内主销区价格震荡下跌；9—12 月，国内主销区因中美贸易谈判释放积极信号、泰国发布橡胶减产计划、国内重卡销量连续保持增长等因素影响，天然橡胶价格持续上涨，最高可达 1.2 万元 / 吨左右（图 7）。

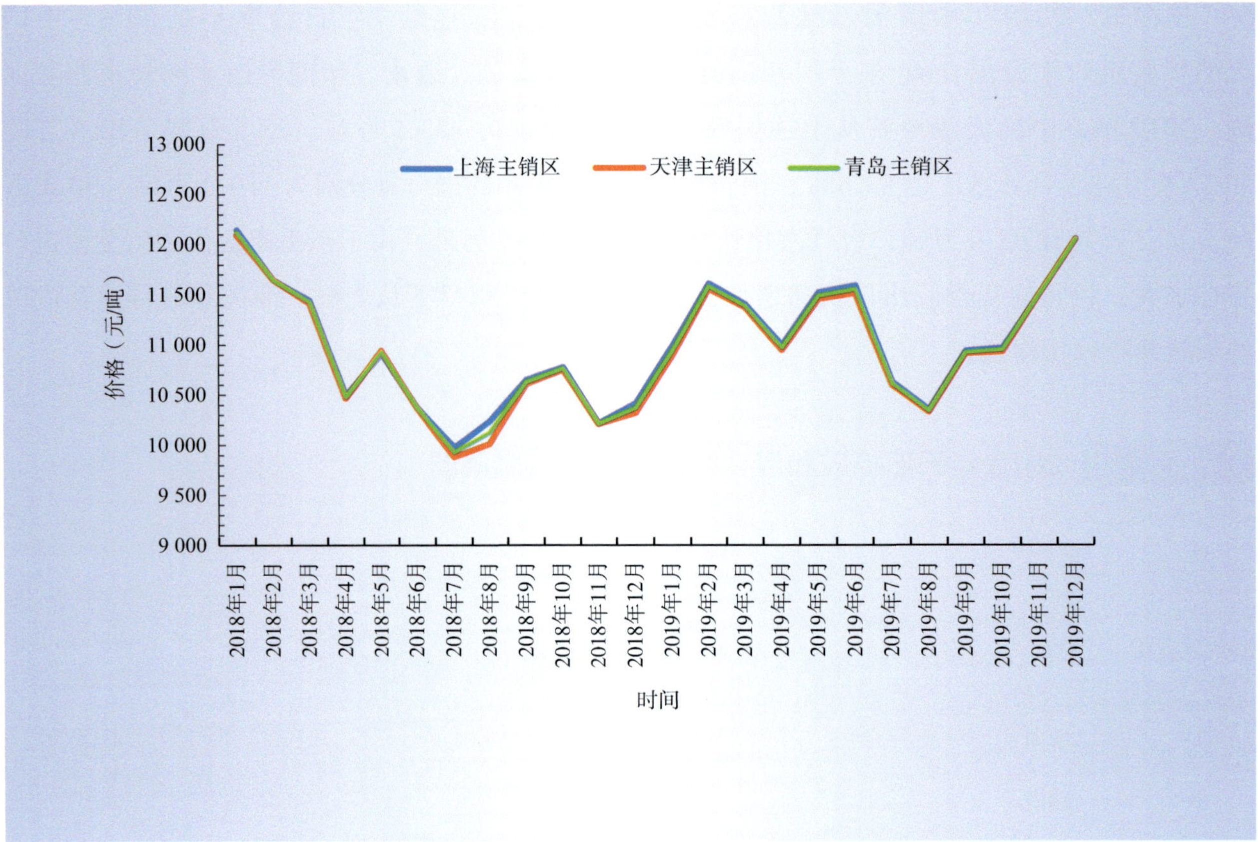

图 7　2018 年 1 月—2019 年 12 月国内主销区天然橡胶价格走势

数据来源：中国海关信息网

4. 天然橡胶消费量有所下降

2019 年，中国天然橡胶主要消费领域轮胎行业仍然承受着较大压力。一是我国汽车产销分别下降 7.5% 和 8.2%，配套轮胎需求减少；二是运输结构调整，公路货运比例下降，卡客车替换胎需求减少；三是我国轮胎出口继续受到“双反”和贸易战影响。除执行轮胎“双反”惩罚性关税外，美国还在贸易战中对中国几乎所有橡胶制品加征 10% 的关税；印度对原产于或进口自中国的卡客车轮胎用 16 英寸以上的全新充气子午线卡客车轮胎征收为期 5 年的反补贴税，税率从 9.1%~17.6% 不等；巴西继续对中国轮胎征收为期 5 年的反倾销税；埃及对来自中国的卡客车轮胎启动反倾销调查。此外，合成橡胶价格竞争压制天然橡胶消费。到 2019 年 3 月中旬，合成橡胶价格已经低于天然橡胶。随后，天然橡胶与合成橡胶的价差不断扩大，部分用于替代合成橡胶的天然橡胶的消费量逐渐减小。这些因素制约了中国对天然橡胶的消费需求，据测算，2019 年，中国天然橡胶表观消费量为 590.7 万吨，同比下降 6.9%；基本消费量为 407.2 万吨，同比下降 5.1%（图 8）。

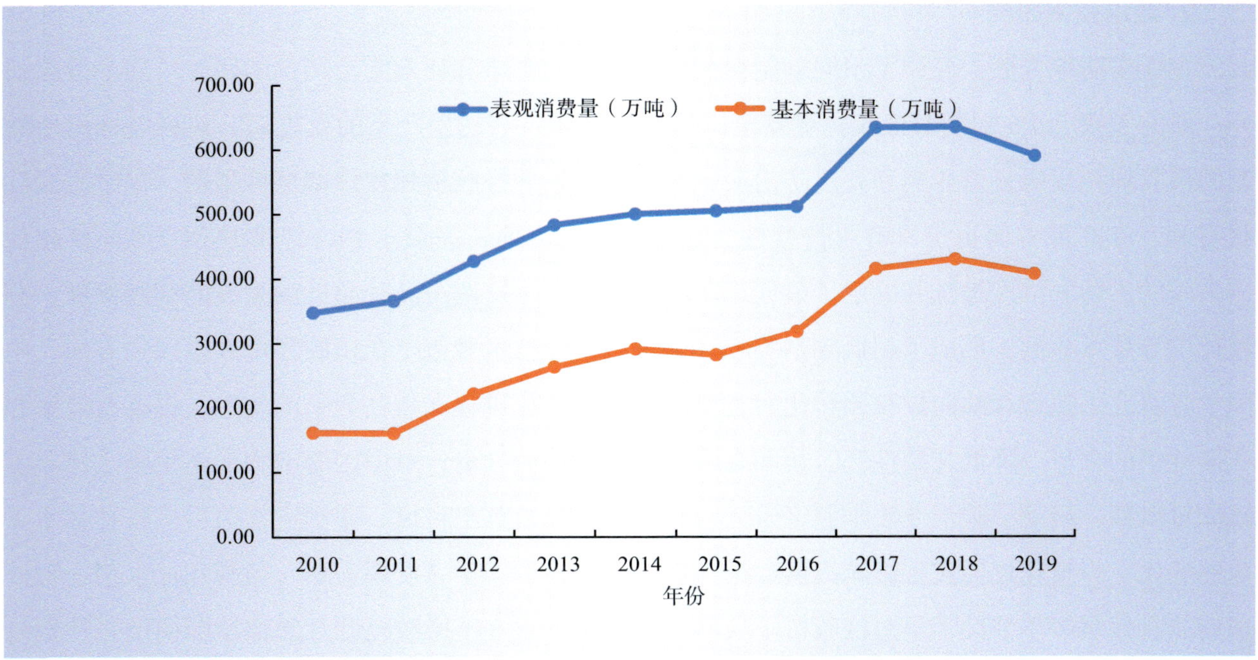

图 8　2010—2019 年表观消费量与基本消费量变化趋势

（三）加工情况

据不完全统计，2019 年，中国初级产品加工厂约 250 余家，年加工能力 260 余万吨，其中，农垦 70 座，年加工能力 100 万吨（云南 54 座、海南 13 座、广东 3 座）。全国实际加工量为 80 余万吨，其中，农垦 45 万吨，约占全国的 55%。初加工产品主要有标准胶、轮胎胶、恒粘胶、浓缩乳胶及烟片胶、褐绉片等。近年来，产品结构有了较大的调整，部分全乳胶生产能力调转为生产浓缩胶乳，海南农垦浓缩胶乳的产量已占一半。云南省西双版纳开始生产浓缩胶乳，当年装机生产能力达到 5 万吨。初步统计测算，2019 年中国国产天然橡胶产品结构为：全乳标准胶 22 万吨，其他标准胶 35 万吨，浓缩乳胶（折干）23 万吨。

（四）科研进展

1. 选育种研究

在种质资源方面，中国学者以 IAN873、天任 31-45、热研 8-79、野生种质 168 等为亲本杂交授粉，杂交后代试割鉴定出产量与热研 8-79 相当的优良单株 3 株；利用流式细胞仪对 5 729 份橡胶树种质材料进行倍性鉴定，共发现三倍体材料 20 份、四倍体 3 份和嵌合体 14 份；对热垦 628 和云研 77-4 等开展了品种区域性试验。在产排胶机制研究方面，中国获得了一个染色体级别的高质量参考基因组，组装了橡胶树品种 GT1 基因组；通过小橡胶粒子蛋白质组分析，大量的橡胶合成上游途径的相关酶类被鉴定。在功能基因鉴定方面，挖掘了一批与死皮、低温、橡胶生物合成途径和乳管分化等相关的靶标基因和调控基因，发现了蛋白质网形成是乳管堵塞的关键。

2. 栽培技术研究

在死皮防控方面，开展了不同割制对死皮发生率的影响和死皮防治药剂的研发与防治效果研究。研究发现，d/6 割制对橡胶树更安全，但过度刺激后会诱发严重的死皮病。热科院橡胶所研制的橡胶树死皮康复营养剂和死皮防治涂施剂能明显降低橡胶树死皮停割植株指数、促进割线症状得利，在产胶方面也更具有可持续性。在采胶技术方面，完成了 PR107 和热研 7-33-97 超低频采胶的乙烯利浓度筛选并确定了最佳涂药时间，确立了这两个品种超低频采胶的割胶深度、割胶耗皮等技术参数，形成了超低频割胶和气刺短线割胶技术规范。在植胶环境效应评估方面，中国学者研究了热带森林向橡胶园转化后，会加剧土壤酸化进程和盐基离子的流失，提高有效铜和交换性铝的含量，降低交换性钙、镁和有效锌、锰、铁的含量；对中国海南和云南植胶区建立了碳储量模型，启动了碳汇方法学制定研究；通过计算机估算出台风、寒潮灾害前后橡胶林林木参数的变化，为量化评估灾害影响提供数据支持。此外，中国学者发现盖草、盖膜和保水剂 3 种处理均能有效缓解季节性干旱对橡胶树生长的不利影响；建立了橡胶树叶片光谱诊断模型，特别是对氮素的估测，能够较准确识别目标，实现叶片氮素含量的快速无损检测。

3. 病虫害防控研究

国内报道了 *Alternaria yunnanensis*7 种感染橡胶树的新记录病害菌；证实炭疽菌有 3 个优势种，即 *C. siamense*、*C. fructicola* 和 *C. wanningense*；发现中国棒孢霉落叶病仅存在 Cas2 和 Cas5 这 2 种毒素类型，其中 Cas5 为优势基因型，棒孢霉落叶病对相关产业的综合风险值 R 为 2.30，属于高度危险；开展了红根病的生物学特性及室内毒力测定，显示戊唑醇、嘧菌酯、十三吗啉等对红根病药效较好；筛选出 1 株对橡胶树褐根病具有较强抑制作用的放线菌，并优化了发酵条件；开展了六点始叶螨室内药效试验，25% 阿维菌素 · 螺螨酯悬浮剂最为高效，4 天防效达 99.5% 以上；开展了橡副珠蜡蚧田间防效试验，结果表明，爱本悬浮剂 1 500~2 500 倍、毒死蜱 800 倍可作为防治药剂；除日本食蚧蚜小蜂外，优雅岐脉跳小蜂也被证实是橡副珠蜡蚧的有效寄主。

4. 加工和机械研究

在橡胶制品加工方面，浓缩胶乳低氨及无氨保存技术成功应用于乳胶寝具生产；完成了无氨浓缩胶乳制备探空气球的生产试验，调整了低氨浓缩胶乳生产家用手套的工艺配方；建立了 GPC—黏度—光散射联用技术测试天然橡胶分子枝化的方法、红外二向异性色法表征天然橡胶拉伸结晶的方法，优化了脂肪酸含量的 GC 方法；研究了硫化配方对天然橡胶疲劳性能的影响，发现蒙脱土能够显著提高压缩疲劳性能；筛选出高活性的生物菌种，通过厌氧（嗜糖）及好氧（嗜氮）微生物的组合，实现了对天然橡胶非胶组分的调控；通过开展环氧化天然橡胶对白炭黑的接枝改性以及阻尼特性研究，为开发绿色轮胎胎面胶及高分子阻尼新材料奠定了基础。在自动化割胶工具方面，宁波中创瀚维科技有限公司研发了全自动橡胶割胶系统，海胶集团联合北京理工华汇智能科技有限公司研发出最新一代林间智能割胶机器人，中国热带农业科学院橡胶研究所研发并定型生产了旋切式和往复式2种采胶机。在田间管理机械方面，中国完成了成套胶园田间管理机械，包括开沟施肥机、胶园除草机和胶园喷药等设备的研制；中国热带农业科学院橡胶所完成了高性能胶片自动化生产线的设计与建造。

（五）产业扶持政策

1. 中央支持政策

随着2017年国务院《关于建立粮食生产功能区和重要农产品保护区的指导意见》的出台，天然橡胶保护区划定工作持续推进，2019年全面完成1 800万亩划定工作。农业农村部安排财政资金用于在海南农垦进行高标准胶园建设，改善基础设施、加快更新老龄残次胶园；在广东、海南、云南等宜胶区支持天然橡胶标准化抚育示范片推广示范，探索生态胶园、特种胶园的建设模式和标准；支持国家天然橡胶产业技术体系开展省工高效割胶及配套技术集成、新品种区域试验及配套技术集成、体胚无性系繁育与示范应用、便携式电动割胶刀研发与示范、浓缩天然胶乳加工新技术研发等工作。

2. 海南省

海南省目前主要以天然橡胶价格（收入）保险和“保险+期货”两种项目方式来扶持产业发展、保证植胶者收入。2019年，海南省将天然橡胶价格（收入）保险扩大到全省18个橡胶种植市县实施，实现了建档立卡贫困胶农参保全覆盖。截至6月底，全省年内参保受益胶农4.88万户，面积54.43万亩，其中，建档立卡贫困胶农4.34万户，面积41.82万亩。此外，上海期货交易所通过推行橡胶“保险+期货”扶贫项目，2019年在海南投入3 060万元，挂钩天然橡胶现货产量3.4万吨，实现白沙和保亭两个县的橡胶现货全覆盖，并持续向建档立卡贫困户倾斜；投入800万元专项资金，支持海胶集团开展场外期权产业扶贫试点。白沙县政府也根据本地实际情况出台《白沙黎族自治县振兴橡胶产业十条措施（2018—2020）》，从组织管理、资金支持、建立胶农组织、发展林下种养经济、技术人才引进等方面多措共举，助推胶农增收、产业增效，并设立橡胶产业发展专项资金，每年投入不少于5 000万元。

3. 云南省

上海期货交易所在云南贫困植胶市县也开展了橡胶“保险+期货”扶贫项目，2019年覆盖云南19个贫困区县（含14个国家级贫困县），其中有两个县区的现货产量全覆盖。云南省工业和信息化厅于2019年4月印发《云南省支持橡胶产业发展实施方案》，对云南省天然橡胶产业的发展提出了目标、任务和保障措施，提出要从加强组织协调、加大财政补贴政策力度、进一步完善天然橡胶保险制度、建立橡胶产业发展投融资机制、降低企业融资成本、强化企业“走出去”政策和资金支持、全面建设良好市场运营环境、提升中介市场服务能力八个方面，促进云南全省天然橡胶产业全面发展壮大。

三、中国天然橡胶产业发展特点

（一）种植面积和产量相对稳定

随着三部委《关于做好粮食生产功能区和重要农产品生产保护区划定工作的通知》的出台与工作的推进，各省市压实主体责任，积极开展培训、外业调查等工作，天然橡胶种植区域逐步固定，且受胶农种植习惯等因素的影响，天然橡胶的种植面积保持稳定，且逐步向优势区域集中。胶园基础设施建设水平逐步提升，老龄残次胶园更新稳步推进。价格高企期间更新的橡胶树进入开割期，树龄结构日趋合理，随着收入指数保险试点工作的铺开，胶农割胶意愿提高，又因为短期内难有替代作物等因素，中国天然橡胶产量相对稳定，但割胶人口老龄化趋势明显，未来可能会制约产业的发展。

（二）产品结构调整和加工改造升级

为适应下游市场橡胶发泡制品快速增长的需要，应对 20 号标准胶在上海期货交易所交割上市而带来全乳胶溢价减少的困境，2019 年海胶集团等企业积极调整产品结构，增加天然橡胶浓缩胶乳产量。为满足高端用胶需求，推动特种胶加快国产化，特种胶园生产建设标准探讨持续进行，高端胶自主生产得到支持。

环保要求趋严、用工成本上升等因素致使天然橡胶初加工厂关停并转，产能趋于规模化、集中化，企业改造加工流水线和废弃物设施设备的意愿增强，初加工工艺水平提升，低氨和无氨浓缩胶乳进入试用阶段，炭黑湿法混炼技术开始规模应用。

（三）科技进步正逐步推动产业革新

在橡胶高产抗逆品种改良、高效栽培技术、重要病虫害综合防控技术、割胶设备机械化智能化、初加工等领域开展科技创新与技术示范推广，示范推广超低频割胶、气刺短线割胶等省工高效割胶配套技术，对热垦 628、热垦 525 等新品种区域试验进行持续跟踪分析，优化体胚苗工厂化生产工艺，持续跟进新型死皮康复防治药剂产品的控制效果，完善病虫害绿色防控技术，研发便携、易操作的 4GXJ 二代电动胶刀，为天然橡胶产业转型升级、绿色高质量发展提供技术支撑。

四、存在的主要问题和瓶颈

（一）综合生产管理能力亟须增强

因胶价持续低迷，植胶企业和胶农对胶园投入积极性不高，天然橡胶种植产业基础建设停滞不前，制约了生产能力的提高和潜力的发挥，影响了产业发展水平的提升。一是基础设施依然薄弱。长期以来，国家对天然橡胶基地建设投入标准和覆盖范围偏低，植胶者自身投入有限，导致胶园基础设施投入历史欠账太多，水土保持工程、防护工程、胶园道路、管护用房及其他配套基础设施严重滞后，影响了生产发展。二是胶园更新改造滞后。近年来，老龄残次胶园和低产低质胶园更新改造缓慢，导致橡胶树品种和树龄结构调整不及时不到位，据专家测算，这两类胶园已占到中国种植总面积的30%以上，严重影响了中国天然橡胶未来产能。三是胶园抚育管理水平下降。受胶价低迷影响，橡胶树非生产期抚育和开割胶园管理投入严重不足、管理措施不到位，严重影响胶园生长质量，导致部分胶园投产期推迟、大多数开割胶园单产偏低，制约了天然橡胶生产能力的发挥。四是胶园生态效益有待提升。胶园生态系统结构单一、肥料投入不足不科学、保水保土措施不到位，导致部分胶园出现了生态环境恶化、水土流失、土壤肥力下降等问题。

（二）科技支撑能力不足

一是国家高精尖端领域用胶材料研发水平不高。中国相关研究起步晚，特种胶园建设仍在探索阶段，基础研究较为薄弱，没有能进行产业化应用的生产工艺、装备与标准，缺乏国产胶在相关高端领域的应用研究与示范，国内航空航天、国防、新材料等高精尖端领域用胶供给能力有限，依赖进口的局面短期内难以扭转。二是高效采收胶机械研发推广不足。目前胶水采集仍未突破传统的手工割胶方法，电动割胶刀、智能采收胶机械因成本过高、可操作性不强等原因未大面积推广应用，橡胶生产劳动强度大，生产成本难以降低，割胶工流失严重。三是橡胶树先进大型育苗平台缺乏。中国天然橡胶产区缺乏集约化、规模化、专业化的天然橡胶良种繁育中心，大筒苗及小苗芽接、籽苗芽接、组织培养等先进育苗技术推广应用不足。四是现代化病虫害防控体系建设滞后。橡胶树病虫害监测仍以人工踏查、分析的传统方式为主，现代化监测设施设备不足。病虫害防治设施设备落后，以背负式人工喷药机为主，农药使用效率低，无人机、大型喷药机等新型植保机械应用推广滞后，难以满足生产实际。

（三）三产融合发展亟待补强

中国天然橡胶产业近几十年发展未有大的突破和革新，原有产品生产工艺和技术已难以满足实际要求，亟待升级改造，提升综合效益。具体表现在：一是产业整体附加值偏低。中国天然橡胶产业以种植、初加工为主，产品结构单一，中低端产品偏多，特种橡胶、乳胶制品等高附加值、高效益的精深加工产品开发不足，新材料研发及其产业化力度小。原料综合利用水平不高，产业整体附加值不高。二是三产开发应用还处于探索起步阶段。目前橡胶产业链主要覆盖到一产二产，仓储、物流、贸易、金融等现代服务业和割胶机器、智能加工等高新技术产业发展方面有待提高。三是加工布局有待整合优化。目前国内橡胶初加工厂产能严重过剩，同质化竞争激烈，且加工厂小而散，大多设备简陋，管理不规范，环评不达标，影响橡胶加工质量和环保要求。四是胶园综合开发利用不足。当前胶园土地利用率低下，单位土地产出值不高，林下种养、林下旅游等因地制宜的综合开发模式未能大面积推广，橡胶公园、科普基地等三产融合项目建设不足。

（四）政策支撑体系有待完善

总体而言，中国涉及天然橡胶的支持政策不多，财政经费也较为有限，与天然橡胶的战略性地位不相匹配。一是现有政策覆盖面有限。与其他重要农产品相比，无论是基础设施建设方面，还是林业补贴、保险补贴等财政补贴方面，天然橡胶的项目数量偏少、资金规模偏小、扶持范围偏窄，据测算，每年中央财政支持天然橡胶的资金不到总产值的4%。另外，橡胶收入保险未纳入中央财政补贴范围，电动割胶刀等机械设备未能纳入农机补助目录。二是混合橡胶国家标准缺乏。由于缺乏国家标准，混合橡胶在2019年大量避税进口，严重冲击国内天然橡胶产业。三是产业支持政策力度不足。天然橡胶生产保护区划定后，相关支持政策还未制定出台。生态胶园、特种胶园等重点支持发展的胶园缺乏完善的政策和财政保障，建设工作推进缓慢。在橡胶产业长期低迷的背景下，中央层面缺乏天然橡胶产业发展基金，支持企业完成升级改造，支持企业开展全球产业链布局，提升市场掌控力，打造具有国际竞争力的现代天然橡胶企业集团。

五、中国天然橡胶产业发展展望

（一）生产情况

1. 植胶面积基本稳定

受天然橡胶价格持续低迷的影响，农户扩大种植橡胶的积极性不高，但天然橡胶属于长期作物，一旦砍伐短期内很难恢复生产，农户砍胶意愿不强，加之国家已完成天然橡胶生产保护区划定工作，相关支持政策即将出台，海南、云南等地陆续出台实施天然橡胶价格（收入）保险政策，对稳定橡胶生产、增加胶农收入起到了一定保障作用，因此，近年来中国植胶面积将基本维持稳定。

2. 天然橡胶产量有所减少

2019年春夏季干旱，导致橡胶树生长物候向后推移，预计2020年物候紊乱，橡胶树白粉病严重。此外，胶园连续几年缺肥少管，抗病性弱，导致橡胶树重复落叶，常年开割时间无法达到开割标准，据专家测算，2020年中国天然橡胶产量预计减产15%~20%。

（二）价格情况

2020年，全球天然橡胶库存高企，市场仍呈现供大于求的状况。再加上我国经济增长速度放慢，欧美经济持续低迷，轮胎的消费可能减少。同时，受到原油和合成橡胶价格持续下滑，部分天然橡胶将被合成橡胶替代等多重因素的影响，天然橡胶供大于求的矛盾可能进一步加剧，对天然橡胶市场价格形成较大压制，预计2020年世界天然橡胶价格将维持低位震荡走势。

（三）消费情况

随着中美经贸谈判取得阶段性成果，预计国内橡胶制品业生产和出口趋向好转，天然橡胶消费增加。国三及以下柴油货车淘汰更新政策和国家加大治理车辆超限超载力度等刺激重卡需求，重卡销售有望保持良好态势，促进国内轮胎等橡胶制品消费。我国的天然橡胶消费对全球天然橡胶价格将有一定的支撑作用。

六、中国天然橡胶产业发展建议

（一）夯实天然橡胶生产能力基础

根据《国务院关于建立粮食生产功能区和重要农产品生产保护区的指导意见》，在完成1 800万亩保护区范围内，协调推进“建、管、护”等后续工作，巩固提升天然橡胶生产能力。有序开展胶园道路、防护林、水利等基础设施建设，提升胶园建设水平，加强对老龄残次和低产低质胶园的更新改造，优化胶园树龄结构。加强非生产期胶园的标准化抚育管理。通过测土配方施肥、营养诊断施肥、绿植覆盖等技术，改良胶园土壤，提升土地肥力。完善病虫害监测和防控体系，加强专业监测站、点建设，扩大监测覆盖网络，完善设施装备，应用航空植保等先进技术，实现病虫害防治规模化、自动化，提升专业化统防统治水平，改善或增强病虫害防控效果。

（二）加快实施科技兴胶战略

一是鼓励联合攻关。科研机构、高校与企业通过共同设立研发基金、实验室、成果推广工作站等方式，开展高效栽培、绿色防控、新型采胶、环保与资源综合利用等关键技术联合攻关。二是加强关键技术研究及应用。重点加大自动化采收胶技术及电动割胶刀研发力度，加快橡胶树种质资源引进、保存、评价与利用，推广应用先进育苗技术、抗逆高产新品种以及化肥农药减施增效、无氨浓缩胶乳等适用技术。三是加快构建天然橡胶科技推广体系。建设一批良种良法试验示范基地，全方位开展技术培训，提高整体生产技术水平。创新人才引进机制，搭建专业技术人才创新创业平台，遴选和培养一批天然橡胶高水平领军人才和行业短缺的实用型人才。

（三）推动产业结构调整

一是优化加工产能。淘汰、改造落后产能，提升废弃物环保处理水平，推广先进的加工工艺和管理模式，合理调整初加工产品结构，提高20号标准胶和浓缩乳胶的比重，推动初加工布局的优化升级。适度发展下游橡胶制品，积极拓展橡胶新材料品种，适时开发乳胶制品、胎面胶、纳米黏土胶、橡胶木改性产品、白坚木皮醇等橡胶产品深加工项目，提升产业附加值。二是加强仓储物流设施建设。加强核心地区仓储能力建设，整合建设一批仓储基地，形成天然橡胶仓储基地网络化布局，优化物流节点布局，完善物流通道，降低全产业链物流成本。三是打造胶园经济综合体。探索立体农业在胶园的实现形式，总结推广技术成熟、经济效益较好的全周期胶林间作模式，因地制宜发展间套种和林下养殖，重点发展椰子、魔芋、南药及特种家禽家畜等热带特色高效农业。鼓励发展天然橡胶产业观光、文化展示等新业态，提升产业整体效益。四是加快推动高端用胶产业化发展。通过新建和对原有加工生产线升级改造，加快建设高端用胶加工基地，满足特种用途的高性能橡胶材料等高端用胶需求。

（四）强化政策支持与财政保障

建立健全与事权和责任相适应的资金投入保障机制，整合中央和省级安排的“支农”专项资金，集中力量支持天然橡胶产业发展的关键领域、关键环节、关键区域。加快天然橡胶生产保护区政策创设和出台，强化分类分级指导管理，进一步扩大中央财政林业补贴、公益林补贴和自然灾害保险保费补贴等政策覆盖范围、提高补贴标准，争取将橡胶收入保险纳入中央财政补贴范围。推动混合橡胶标准出台。成立产业发展基金，支持培育具有国际竞争力的现代天然橡胶企业集团，发挥龙头企业在产业发展中的骨干引领作用，鼓励龙头企业与农户建立紧密型利益联结机制，示范带动胶农提升经营水平、实现持续增收。

2019 年荔枝产业发展报告

一、世界荔枝产业概况

（一）生产情况

荔枝是原产于中国的珍稀果品，分布范围从北纬 18° 至北纬 28°。中国荔枝在 10 世纪前后传入印度，17 世纪传入越南、马来西亚半岛、尼泊尔和缅甸等国家。引入荔枝栽种的国家有美国佛罗里达州及加利福尼亚州、澳大利亚的昆士兰、南非、马达加斯加、以色列和墨西哥等。目前，种植面积 20 万亩以上的有中国、印度、越南、泰国和马达加斯加 5 个国家，其中，中国、印度、越南 3 个国家占世界种植面积的 92% 以上，产量的 93% 以上。

据主产国官方统计数据和相关文献估算，2019 年世界荔枝总面积约 1 066 万亩，同比下降 4.8%。其中，中国种植面积 713.6 万亩，印度 142.5 万亩，越南 125.1 万亩，泰国 25.3 万亩，马达加斯加 20 万亩，分别占世界的 66.9%、13.4%、11.7%、2.4%、1.9%，其他国家占 3.7%。

2019 年，世界荔枝总产量约 331.7 万吨，同比减少 22.2%。荔枝主产国家产量情况（图 1）分别为：中国 201.6 万吨，印度 72.7 万吨，越南 35.0 万吨，马达加斯加约 10.0 万吨，泰国 2.3 万吨，墨西哥约 2.0 万吨，南非约 1.1 万吨，其他国家合计约 7.0 万吨。其中产量居于前 5 位国家分别占世界总产量的情况为中国 60.8%，印度 21.9%，越南 10.6%，马达加斯加 3.0%，泰国 0.7%，其他国家 3.0%。

以色列、印度、越南等国家单产水平超过 400 千克 / 亩。中国平均单产为 350.9 千克 / 亩，同比下降 6.2%。

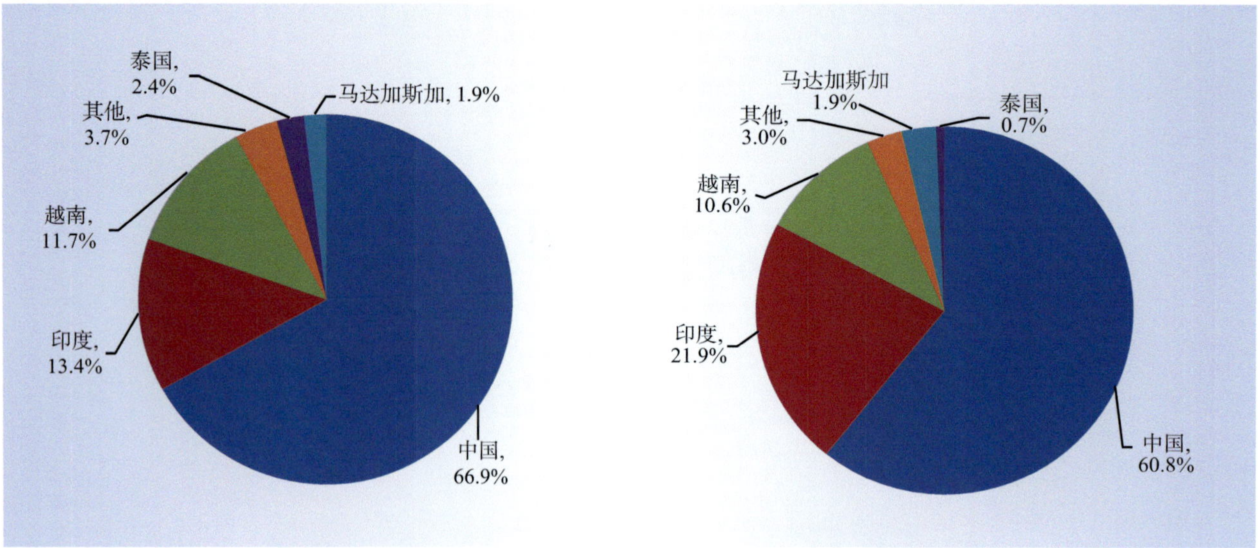

图 1 2019 年世界荔枝主产国种植面积和产量构成情况

根据目前能系统收集到的荔枝主产国数据，具体分析中国、印度、越南和泰国 2010—2019 年荔枝产量的变动趋势见图 2。中国荔枝年产量除个别年份自然灾害造成较大幅度波动外，总体上呈逐年平稳增长趋势，年均增长率为 1.4%。印度 2005—2013 年荔枝产量呈逐年上升趋势，但 2014 年同比下降 9.7%，2015 年后逐渐回升，年均增长率为 4.3%，2019 年荔枝产量为历史

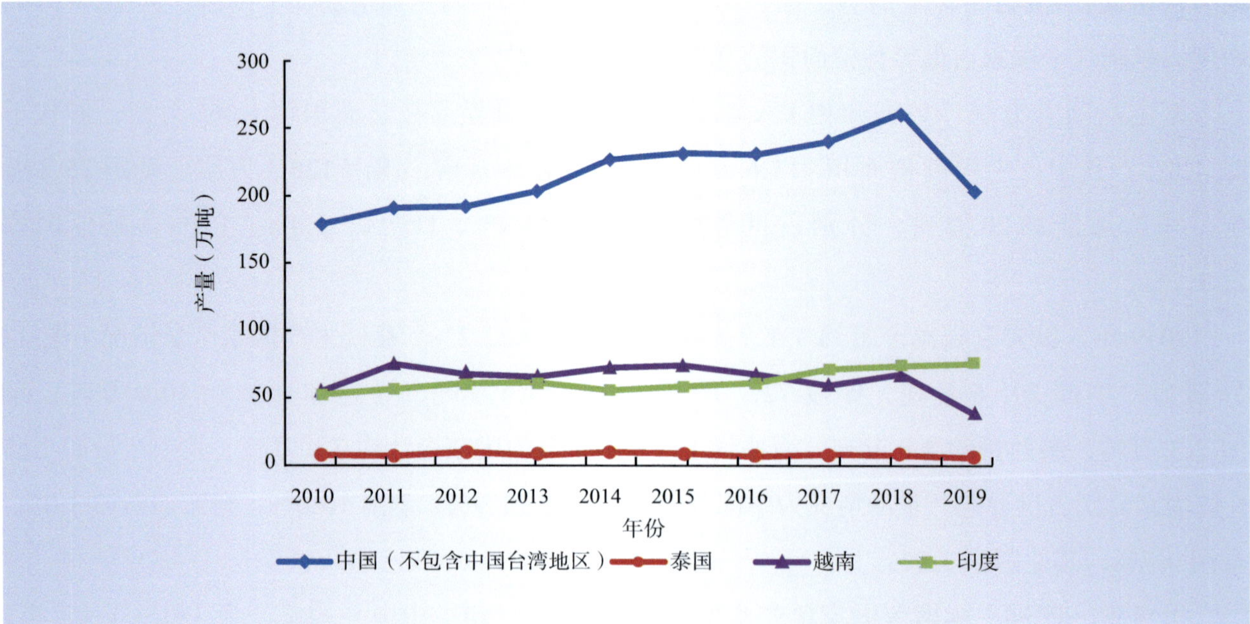

图 2 2010—2019 年中国、泰国、越南和印度荔枝产量情况

数据来源：泰国农业合作部；印度国家园艺协会；越南总统办公室统计处；中国国家统计局（2017—2019 年数据为农业农村部农垦局统计数据）

新高；越南 2010—2018 年荔枝产量总体上呈现稳步增长趋势，2019 年同比下降 46.1%，年均增长率为 –4.4%；泰国荔枝产量较少，总体上呈小幅下滑趋势，年均增长率为 –6.9%，2019 年同比下降 44.7%。

（二）贸易情况

世界荔枝主要以鲜果进入销售市场，加工比例较小。荔枝作为热带亚热带水果受上市期集中、保鲜难度大、货架期极短以及消费偏好等影响，消费以本地市场为主，国际贸易量很小。据估算，2019 年鲜果国际贸易量约 16.5 万吨，占总产量的 5.0% 左右。

以鲜荔枝出口为例，2019 年越南出口约 8 万吨，马达加斯加出口 7.0 万吨，中国出口 0.8 万吨，南非出口 0.6 万吨，泰国出口 0.1 万吨，印度出口 0.02 万吨。

通过对 2010—2019 年部分荔枝主产国家和地区的年出口量变化情况监测分析（图 3），泰国和印度荔枝的出口量波动幅度均较大，且呈周期性波动下滑趋势，年均增长率分别为 –15.4% 和 –10%。中国 2010—2018 年出口总体呈逐年上升趋势，2019 年由于大幅减产，出口量也随之下滑。

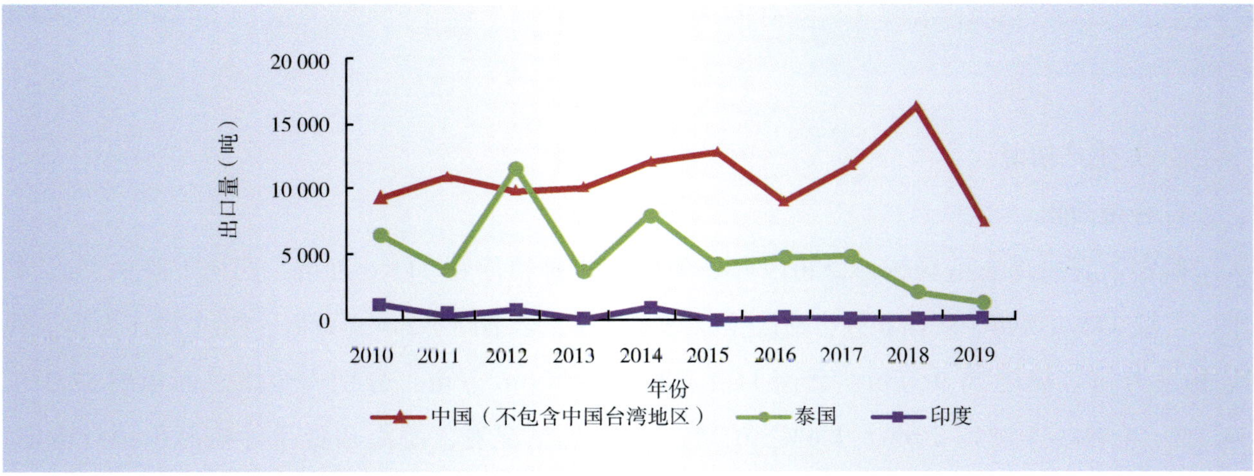

图 3　2010—2019 年泰国、印度、中国大陆荔枝出口量情况

数据来源：泰国农业经济办公室；中国海关统计网；印度经济与贸易部

（三）生产国产业扶持政策

1. 重视荔枝生产技术研发和应用推广

荔枝生产国政府重视科技在产业发展中的作用。越南、泰国、澳大利亚、南非等国逐步加大荔枝生产技术研发投入，鼓励荔枝主产区科研院所开展荔枝优质品种培育、荔枝果园综合管理技术集成研发和推广应用。例如，印度农业与加工食品出口发展管理局资助西孟加拉邦开展选育优良荔枝品种延长货架期以及加强荔枝果园管理。南非启动了果园管理计划，开发“Litchi

Production Planner”软件，能对物候、肥料分布、施肥、灌溉和病虫害等环节都实施精准管理。越南建立了良好农业操作 VIETGAP 和 GAP[①] 良好农业规范等认证体系，并培训农户按照认证体系标准进行荔枝的安全生产。

2. 采取多种举措提升荔枝出口竞争力

越南建立了一批获得食品安全卫生证书和种植区编码的优质水果种植区，让国际客户顺利追溯产品原产地。泰国通过“Q 政府计划”，使用 Q 徽标来认证所有农产品以确保从农场到餐桌的食品安全；鉴于进口国大都要求水果和蔬菜必须获得 GAP 的注册和认证，泰国把 GAP 列入国家战略计划。印度政府在荔枝主产区比哈尔、特里普拉和阿萨姆等地采取建立出口生产基地、推广有机荔枝种植技术、完善荔枝冷链储运系统和分销渠道等措施，增强荔枝出口竞争力。

3. 着力推动信息平台建设

荔枝主产国澳大利亚、南非、以色列、泰国等大都建立了较为完善的线上价格信息和销售网络。印度国家信息中心牵头农业开发、信息技术、市场管理等部门与地方政府合作建立了共同管理的农产品供销信息库，协同运作水果（包括荔枝）供销市场的各类信息。

二、中国荔枝产业基本情况

（一）生产情况

1. 种植面积

据农业农村部农垦局统计，2019 年，全国荔枝种植面积 713.6 万亩，同比下降 7.3%。其中，广东 373.1 万亩、广西壮族自治区（以下称广西，全书同）244.7 万亩、四川 32.1 万亩、海南 30.7 万亩、福建 20.9 万亩、云南 11.2 万亩、贵州 0.6 万亩，分别占全国总面积的 52.3%、34.3%、4.5%、4.3%、2.9%、1.6%、0.1%。从同比情况看，海南和贵州种植面积相对稳定，广东增加 1.1%，云南增加 17.1%，其他荔枝产区种植面积同比均有不同程度的下滑，其中，广西下降 19.1%，福建下降 9.6%，四川下降 6.8%。全国荔枝收获面积 574.4 万亩，同比下降 17.5%。

2. 总产量

据统计，2019 年，全国荔枝总产量为 201.6 万吨，同比下降 22.7%。其中，广东 109.2 万吨、广西 58.3 万吨、海南 17.3 万吨、福建 9.1 万吨、云南 3.0 万吨、四川 4.5 万吨、贵州

---

① GAP（Good Agriculture Practice）即良好农业规范，是应用现代农业知识，科学规范农业生产的各个环节，在保证农产品质量安全的同时，促进环境、经济和社会可持续发展

0.1 万吨，分别占全国总产的 54.2%、28.9%、8.6%、4.5%、1.5%、2.2%、0.1%（图 4）。

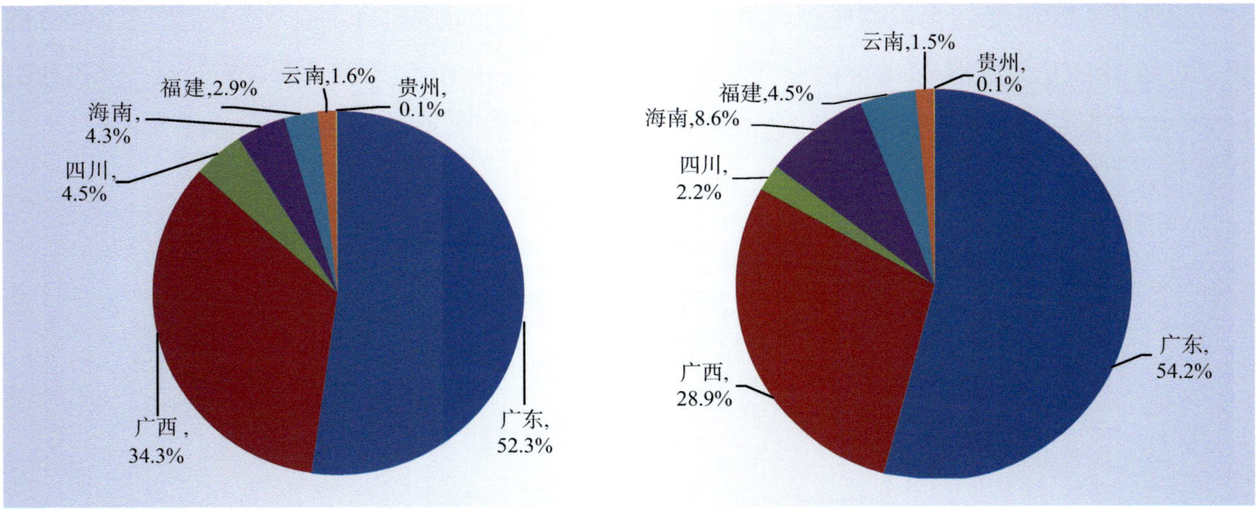

图 4　2019 年中国荔枝各产区面积和产量构成情况

从产量同比情况看，四川增产幅度较大，为 91.5%，云南增加 11.5%，其他荔枝产区均有较大幅度的减产，其中广东下降 22.0%，广西下降 29.2%，海南下降 8.7%，福建下降 36.0%，贵州下降 50.0%。

全国平均单产为 350.9 千克 / 亩，同比下降 6.2%。其中，海南 641.4 千克 / 亩，福建 479.7 千克 / 亩，广东 370.2 千克 / 亩，云南 330.7 千克 / 亩，广西 282.8 千克 / 亩，四川 252.5 千克 / 亩（图 5）。

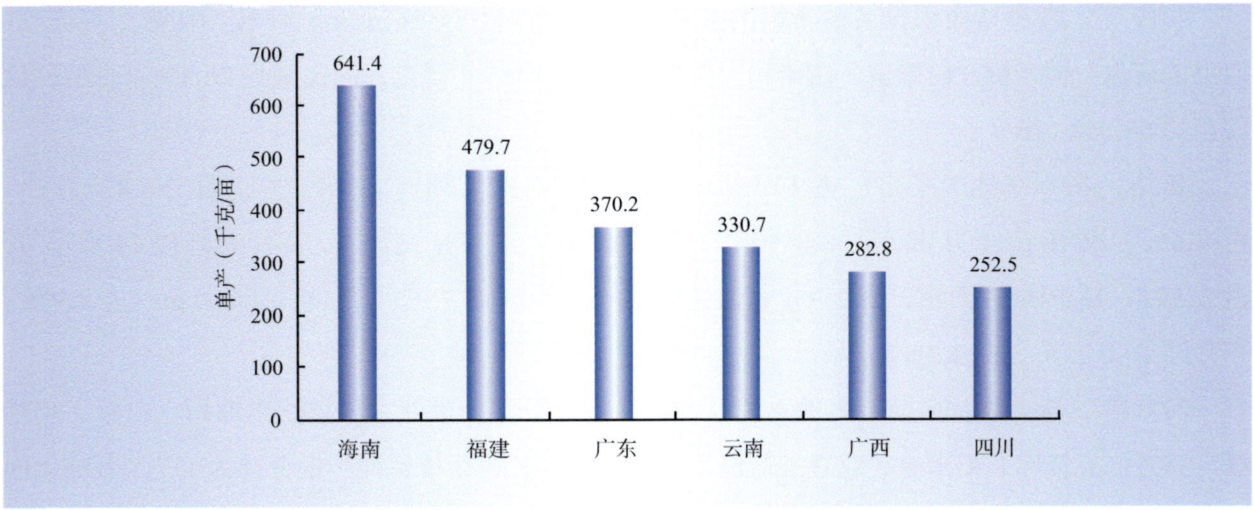

图 5　2019 年中国荔枝各产区单产情况

3. 总产值

据统计，2019 年，全国荔枝总产值为 283.1 亿元，同比增加 111.3%。其中，广东 160.3 亿元、广西 78.5 亿元、海南 18.8 亿元、四川 12.6 亿元、福建 10 亿元、云南 2.8 亿元、贵州 0.01 亿元，分别占全国总产值的 56.6%、27.7%、6.6%、4.5%、3.5%、1.0%、0.004%（图 6）。

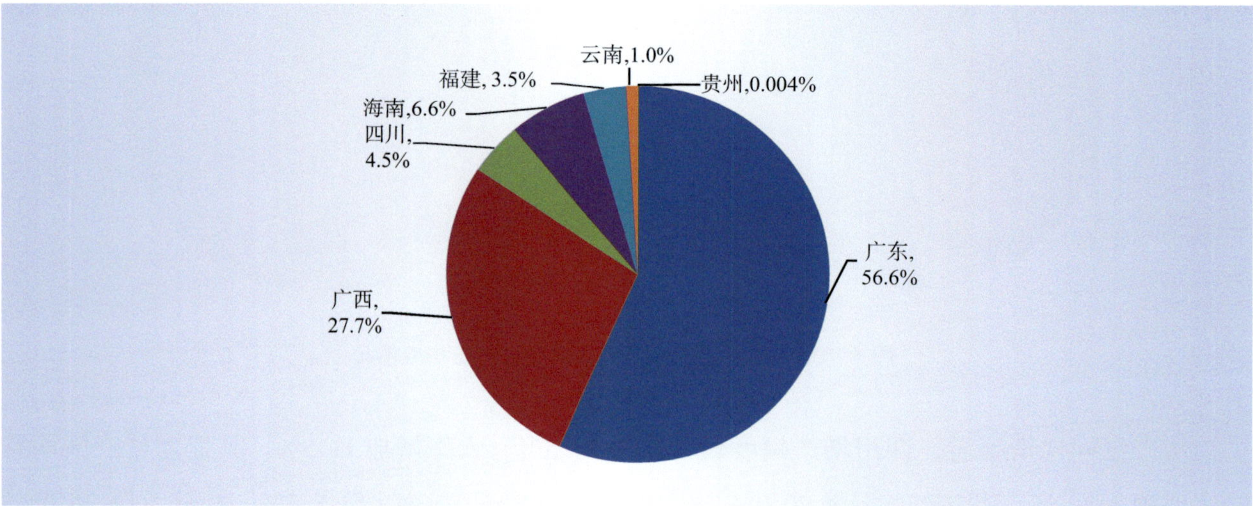

图 6　2019 年中国荔枝各产区产值分布

从产值同比情况看，除贵州下降 86.3% 外，其他荔枝产区均有不同幅度的增长，其中广东增长 128.9%，广西增长 149.6%，海南增长 24.2%，福建增长 75.3%，四川增长 29.1%，云南增长 52.5%。

4. 主栽品种情况①

2019 年，按种植面积排名前十名的荔枝品种依序有黑叶、妃子笑、怀枝、桂味、鸡嘴荔、双肩玉荷包、糯米糍、白糖罂、白蜡和三月红，合计为 485.2 万亩，同比减少 28.1%，占总种植面积的 68.0%（图 7）。

其中，黑叶 141.7 万亩，占 19.9%；妃子笑 104.8 万亩，占 14.7%；怀枝 68.7 万亩，占 9.6%；桂味 63.1 万亩，占 8.8%；鸡嘴荔 25.3 万亩，占 3.5%；双肩玉荷包 24.8 万亩，占 3.5%；糯米糍 21 万亩，占 2.9%；白糖罂 20.4 万亩，占 2.9%；白蜡 19.8 万亩，占 2.9%；三月红 16.0 万亩，占 2.2%。

2019 年，按产量排名前十名的荔枝品种依序有妃子笑、黑叶、怀枝、白糖罂、白蜡、鸡嘴荔、三月红、桂味、糯米糍、双肩玉荷包等，位于前十名的荔枝品种产量合计为 117.1 万吨，同比减少 38.8%，占荔枝总产量的 58.1%。其中，产量达 10 万吨以上的品种有妃子笑、黑叶和

① 据荔枝龙眼产业技术体系综合试验站上报数据整理

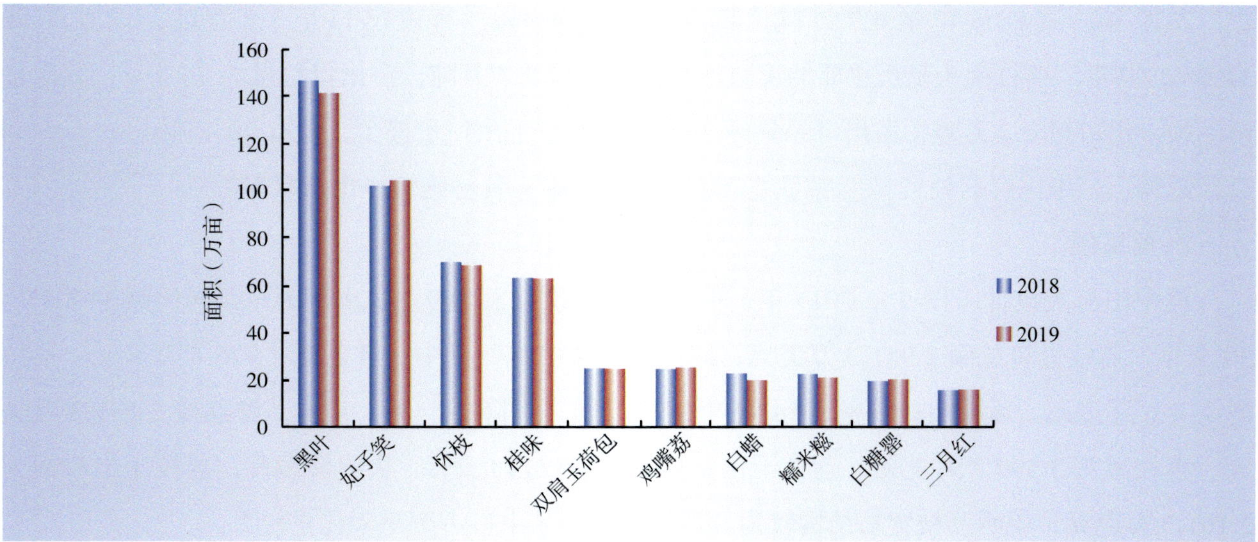

图7　2019年荔枝主栽品种种植面积构成

怀枝，分别占总产量的22.6%、14.1%和7.0%。其他品种占比情况分别为：白糖罂占4.1%，白蜡占3.8%，鸡嘴荔占3.1%，三月红占1.8%，桂味占1.7%，糯米糍占0.7%，双肩玉荷包占0.5%。

（二）贸易情况

1. 贸易量

据中国海关统计（图8），2019年，中国荔枝进出口贸易量为9.8万吨，同比增长21.5%。

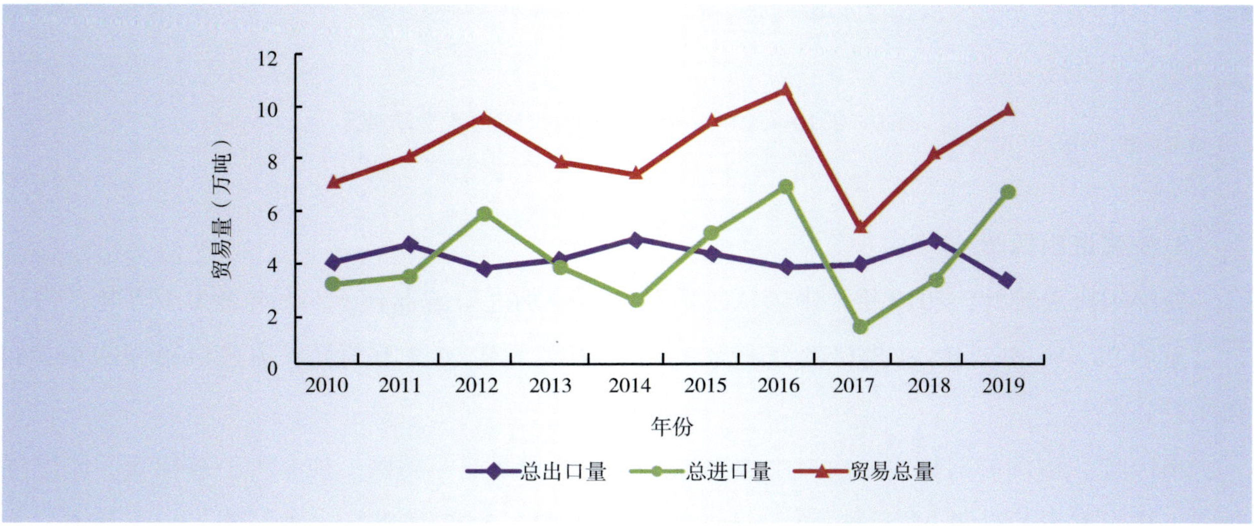

图8　2010—2019年中国荔枝进出口贸易量变动情况

数据来源：中国海关信息网

2019 年，荔枝进口量 6.7 万吨，同比增长 104.9%。荔枝出口量 3.2 万吨，同比下降 34.5%。其中，荔枝罐头是最主要的出口产品，出口量 2.4 万吨，占出口总量的 76.5%；其次是鲜荔枝，出口量 0.7 万吨，占出口总量的 23.4%；荔枝干出口量极少，仅有 20.1 吨。

总体上，中国鲜荔枝贸易呈现净进口状况，荔枝罐头贸易则为净出口状况。

2. 贸易额

据中国海关统计（图 9），2019 年，中国荔枝贸易总额为 9 123.9 万美元，同比减少 7.4%。2019 年，荔枝进口总额 2 981.3 万美元，同比增长 72.2%，其中，鲜荔枝 2 976.8 万美元、荔枝罐头 4.6 万美元。荔枝出口总额 6 142.6 万美元，同比下降 24.4%，其中，鲜荔枝 2 531.3 万美元、荔枝罐头 3 599.2 万美元；荔枝干出口额极小，仅占 0.2%。从贸易额看，荔枝净出口额为 3 161.3 万美元，说明荔枝贸易结构较为合理，加工制品出口占贸易额比重较大。

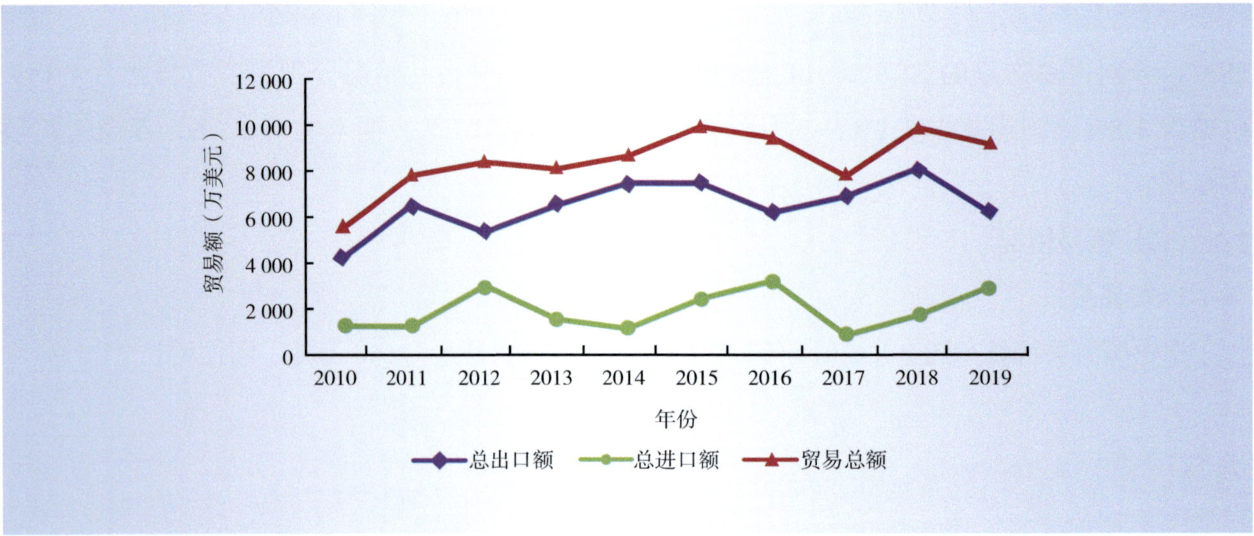

图 9　2010—2019 年中国荔枝进出口贸易额变动情况

数据来源：中国海关信息网

3. 主要进出口国

据中国海关统计，2019 年，中国从越南和泰国分别进口鲜荔枝 6.6 万吨和 0.1 万吨，占进口总量的 98.6% 和 1.4%；进口额分别为 2 879.6 万美元和 97.2 万美元，占进口总额的 96.7% 和 3.3%。

2019 年，中国鲜荔枝主要出口中国香港地区、马来西亚、美国、加拿大、菲律宾、印度尼西亚，出口量分别为 0.23 万吨、0.13 万吨、0.17 万吨、0.05 万吨、0.04 万吨、0.03 万吨，占出口总量的 31.34%、17.87%、23.41%、7.14%、6.36%、5.13%；荔枝罐头主要出口到马来西亚、法国、印度尼西亚、德国和荷兰，出口量分别为 1.03 万吨、0.35 万吨、0.25 万吨、0.11 万吨和 0.1 万吨，占出口总量的 42.52%、14.33%、10.16%、4.58% 和 3.93%（图 10）。

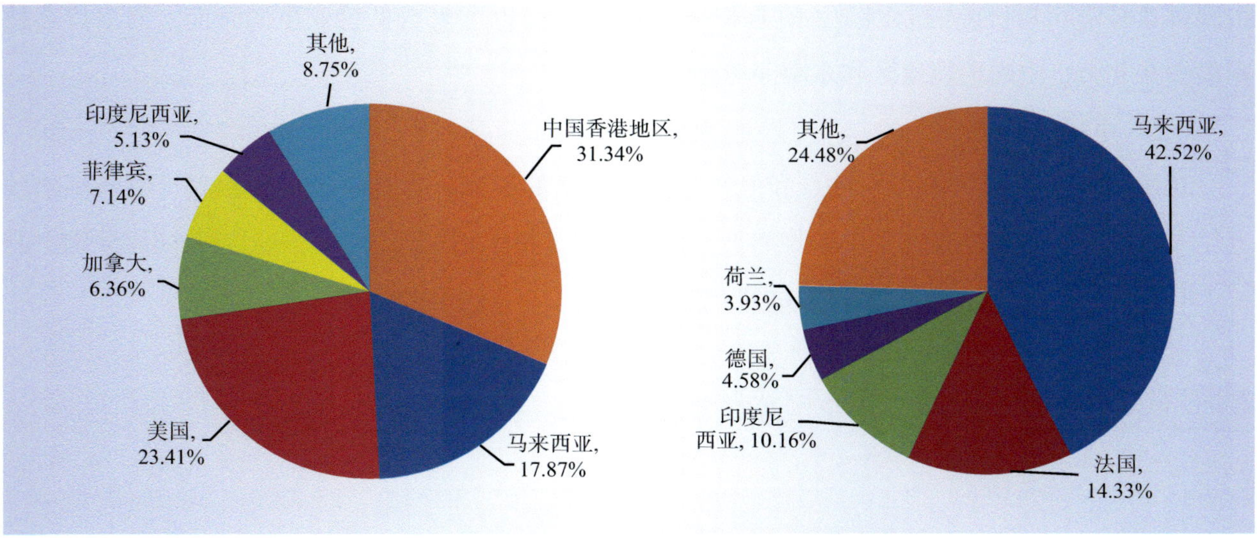

图 10　2019 年中国鲜荔枝和荔枝罐头出口市场构成

4. 进出口价格

据中国海关统计数据计算，2010 年以来中国鲜荔枝进口平均价格基本稳定在 500 美元 / 吨左右。2019 年价格小幅下跌，为 447.2 美元 / 吨，同比下降 16.0%（图 11）。

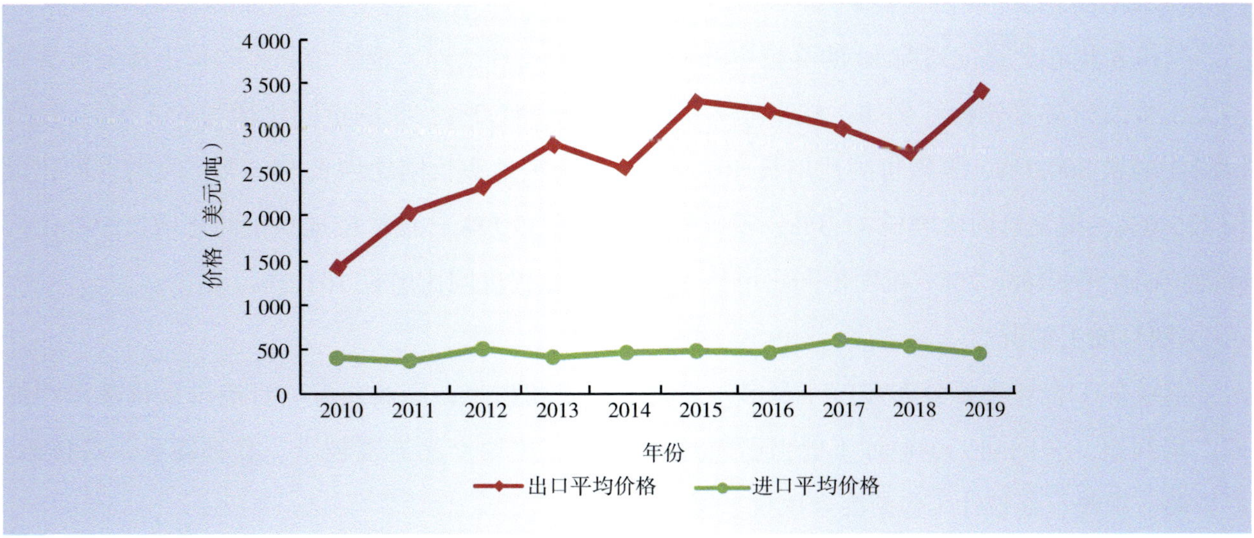

图 11　2010—2019 年中国鲜荔枝进出口价格变动情况

数据来源：中国海关信息网

中国鲜荔枝出口平均价格自 2010 年以来在波动中趋于上升，在 2015 年到达峰值 3 305.4 美元/吨后开始回落，2019 年达到历史高点，出口平均价格为 3 407.9 美元/吨，同比增加 26.5%。中国鲜荔枝进出口价差的原因是，鲜荔枝进口量的 95% 以上来自低价竞争的越南，而出口荔枝则集中在北美、中国港澳地区和东南亚等地。

（三）市场价格动态

2019 年，由于“大小年”特点和气候异常等因素的影响，荔枝减产接近四成，市场供给较上年大幅减量，荔枝综合地头价、收购价、批发价和零售价均呈现大幅上扬态势，同比分别上升了 140.8%、200.0%、100.8% 和 116.1%（表 1）。

表 1　2013—2019 年中国荔枝年度综合价格变动情况

（单位：元/千克）

价格类别	2013 年	2015 年	2017 年	2018 年	2019 年	同比增减（%）
综合地头价	9.2	6.6	13.1	7.6	18.4	140.8
综合收购价	7.4	5.2	10.0	4.3	12.9	200.0
综合批发价	11.1	8.5	13.7	10.5	21.1	100.8
综合零售价	20.6	11.9	22.4	16.1	34.9	116.1

注：综合地头价为综合包园价，综合收购价是指经销商收购的价格

资料来源：国家荔枝龙眼产业技术体系价格监测信息系统数据，将不同品种荔枝的当年产量作为权重，运用加权平均法计算当年荔枝的年度综合价格。

种植面积和产量位列前 10 的荔枝主栽品种中，除三月红外，地头价和收购价上涨幅度要普遍大于批发价和零售价。例如，桂味地头价同比增长 542.2%，收购价同比增长 651.2%，批发价同比增长 360.1%，零售价同比增长 302.9%；妃子笑地头价同比增长 89.7%，收购价同比增长 125.0%，批发价同比增长 47.3%，零售价同比增长 35.8%；糯米糍地头价同比增长 599.0%，收购价同比增长 880.2%，批发价同比增长 164.0%，零售价同比增长 101.1%。

（四）加工情况①

荔枝加工企业主要分布在广东茂名、广州、揭阳和惠州，广西北海、贵港以及福建漳州等地。据调查，全国加工企业加工能力已超过 40 万吨，主要产品有荔枝干、荔枝罐头、荔枝酒、荔枝醋、果酱、荔枝汁（包括混合饮料）等。

2019 年，由于荔枝大幅减产导致原料价格高，中国荔枝加工原料总消耗量只有 5 000 吨左右，其中，规模加工企业加工量为 2 146 吨，占 42.9%，小微企业和农户加工量为 2 854 吨，占 57.1%。

① 据加工岗位专家胡卓炎教授提供数据整理

（五）科研进展情况[①]

1. 建立妃子笑配套种植技术模式

妃子笑等品种花穗长、花量大、易出现“花而不实”的现象，人工疏花费时费工且坐果不稳定，针对该品种特点我国荔枝龙眼产业技术体系开展了不同荔枝花穗调控技术的研究与筛选，对秋梢培养、杀梢控梢、合理促醒、适时调花等相关技术进行优化，创建荔枝花穗调控增效技术并推广应用，形成了一套更加高效、更加稳定的控梢促花与花芽调控技术。2019年，荔枝龙眼产业技术体系海口试验站6个示范果园妃子笑荔枝平均成花率达到了95%，实现荔枝增产40%以上。

2. 获得一批优质新品种（品系）

晚熟优质荔枝新品种‘红脆糯’（粤审果20190003）和晚熟大果优质抗裂‘红巨人’（粤审果20190002）通过广东省审定，其中‘红巨人’是国内第一个通过有性杂交育成的荔枝品种，具有特大果、晚熟、优质、耐贮性好等特点。这为荔枝新一轮品种结构调整提供品种基础，推动荔枝产业向良种化方向发展。

3. 荔枝园机械设备投入使用

国家荔枝龙眼产业技术体系与深圳市隆瑞科技有限公司合作研发荔枝园先进装备，完成手扶式果园综合作业车（打药、施肥、开沟功能）的研发和改进，已商品化生产并投入应用。同时，助走式小型喷药车等设备的研发已初步完成，为荔枝智能化采收提供了可行的技术方案。

4. 荔枝加工研究取得新进展

在基础理论上，2019年主要集中于荔枝中的活性物质、废弃物果品和果核中多酚物质提取的研究。研究了3种不同的干燥方法，分别是冷冻干燥（FD）、真空干燥（VD）和烘箱干燥（OD）对荔枝果实中酚类物质含量和抗氧化活性的影响。结果表明，在综合考虑荔枝果实中总多酚含量和抗氧化活性的情况下，冷冻干燥法（FD）效果最佳。

在加工技术研发上，以黑叶荔枝为原料发酵研发荔枝白兰地，调配出低度荔枝酒，研发出荔枝风味饮料和混合饮料等；用井岗红糯荔枝干、食品胶、火龙果皮粉和蜂蜡等配制成荔枝风味凝胶油墨，并评估了该油墨在挤出型3D打印机的适用性。

（六）产业扶持政策

荔枝作为热带特色高效产业在热区农业发展中居于重要地位。2019年主产区政府扶持荔枝产业发展的主要举措有以下方面。

1. 助力荔枝产销对接和品牌塑造

广东产区实施“12221”营销行动工作方案，即建设一个荔枝全产业链数据平台，组建采购

---

① 国家荔枝龙眼产业技术体系2019年度报告及咨询相关专家整理

商和经纪人2支队伍，建设产地和销区2个市场平台，策划采购商联盟走进荔枝产区及荔枝走进销区市场2场活动，实现打造品牌、扩大销量、提高价格、市场引导推广良种、果农增收等一揽子目标。东莞、茂名两市和广州增城区联合主办了“广东荔枝‘一带一路’出口行”“广东荔枝开摘采购节”和“广东广州・增城挂绿‘互联网+’荔枝营销”活动。海南产区围绕打造“海口火山荔枝”品牌，建立荔枝采后处理标准，并支持线上线下销售渠道的组合营销活动，推动荔枝产业高质量发展。广西产区通过“广西名特优农产品交易会”“中国—东盟博览会农业展”和“中国荔枝龙眼产销对接会”一系列举措助力开拓荔枝国内外市场。四川产区举办“2019合江荔枝节”助推中国最晚熟荔枝产销有效对接。

2. 推动荔枝产业化经营以提升出口竞争力

广东产区实施“荔枝出口贸易行动”，政府引导构建“出口生产基地+专业合作社+出口加工基地+出口企业联盟”的产业化经营模式，开拓欧美和东南亚市场。2019年12月组建了广东中荔集团有限公司，将带动合作社建设高标准荔枝出口生产基地，统一品牌、统一对外出口。同时建设荔枝加工体系，研发系列荔枝制成品，延伸荔枝产业增值链条。预期第一个三年期投入3.5亿元，在全省打造专供出口基地50个以上，覆盖荔枝果园10万亩以上，年出口荔枝1万吨以上。

3. 积极推进荔枝现代农业产业园建设

广东产区依托茂名国家级大唐荔乡田园综合体、省级现代农业产业园等项目开展荔枝产业集群建设。广西产区在推进“特色水果产业集群发展行动”中，将通过结构调整重点发展优质品种荔枝。

4. 进一步推动荔枝三产融合发展

广东产区政府积极支持优质荔枝示范区和加工业建设，并将荔枝文化和乡村旅游融合发展。茂名市建成了荔枝贡园、荔枝主题公园、红荔阁等景区。

三、中国荔枝种植效益分析

（一）投入产出情况

从荔枝亩投入变动情况看，2011年以来，荔枝亩均投入趋于上升，但近年上升幅度趋缓。2011—2018年荔枝亩均产值具有一定的波动性，2019年荔枝亩均产值达到峰值。

2019年荔枝亩均投入2 165.9元，同比增长3.6%。荔枝亩均产值为4 753.4元，同比增长110.2%，荔枝投入产出比达到2011年以来的历史新高（表2）。

表2 2011—2019年荔枝投入产出情况

年份	投入（元/亩）	产值（元/亩）	投入产出比（%）
2011	1 420.2	3 203.3	225.6
2012	1 613.9	3 823.9	236.9
2013	1 532.9	2 354.9	153.6
2014	1 822.0	3 095.0	169.9
2015	1 914.3	3 103.6	162.1
2016	1 772.5	3 847.5	217.1
2017	1 721.3	2 970.10	172.6
2018	2 109.4	2 261.2	107.2
2019	2 165.9	4 753.4	219.5

数据来源：产业经济团队固定观察户成本收益调研及示范园数据整理

（二）荔枝种植收益情况

从固定观测户调研数据看，在不考虑土地租金和固定资产投入的情况下，2019年广东和广西产区的种植者户均纯收入为52 443.0元，同比增长154.7%；亩均产量351.0千克，同比下降了46.8%；2019年荔枝均价维持在3.2元/千克左右，价格同比上升约三倍。由于荔枝价格提升的幅度远大于产量下降幅度，2019年荔枝种植户纯收入明显增加。

从广东、广西产区调研户的主要品种收益看，2019年，白糖罂、紫娘喜、妃子笑的亩均纯利润超过3 000元，其中白糖罂的亩均纯利最高，为8 063.0元，较2018年的4 163.0元上涨了107.0%；紫娘喜、妃子笑的亩均纯利分别为6 364.0元、4 557.0元，较2018年上涨了439.0%和181.0%。玉荷包、三月红、桂味和仙进奉的亩均纯利在1 000~3 000元，同比分别上涨了855.0%、10.0%、7.0%、102.0%。岭丰糯和六月红的亩均纯利在100~1 000元，由上年的亏损转为盈利。而无核荔和鸡嘴荔等品种同比分别下降了74.0%、59.0%。同时，调研农户中也有一些品种因减产幅度较大而出现亏损，如禾荔、钦州红荔、黑叶等。

四、中国荔枝产业发展特点

（一）种植面积相对稳定，区域减产差异较大

统计数据显示，2019年荔枝种植面积同比下降7.3%，收获面积下降17.5%，主要原因有二。一是2018年荔枝产量创历史新高，荔枝地头价随之下降39.3%，收购价下降58.5%，果

贱伤农，一定程度上影响了种植积极性。二是2019年荔枝主产区气温普遍偏高且多雨，花枝发育较差，导致弃管和失管的果园较多。下滑幅度较大的产区有广西、福建和四川，降幅分别为19.6%、9.6%和6.8%。

（二）产量因灾大幅下滑，价格水平达历史峰值

2019年因高温、暴雨、病害等因素的影响，荔枝产量约为201.6万吨，同比下降22.7%。各主产区同比减产幅度依序为：贵州减产50.0%，福建减产36.0%，广西减产29.2%，广东减产22.0%，海南减产8.7%。受供求关系影响，荔枝各环节价格整体上扬，达到2013年以来的历史峰值。综合地头价同比上涨140.8%，综合收购价上涨200%，综合批发价上涨100.8%，综合零售价上涨116.1%。上涨幅度大的主要品种有糯米糍、桂味和妃子笑。

（三）荔枝示范园示范上涨效应凸现，抗风险能力显著

2017年，农业部（现农业农村部）荔枝标准化生产示范园联盟建立以来，进一步推动了荔枝示范园的技术进步和示范效应。广东、广西、海南、福建、云南和四川等荔枝主产区共建设52个荔枝标准化生产示范园，面积达5 612.0亩。2019年体系荔枝示范园平均亩产461.6千克/亩，平均产值5 442.4元/亩，分别是全国平均值的1.3倍和2.9倍。荔枝示范园综合收益高，抵抗自然风险和市场风险的能力逐步提升。

（四）荔枝出口同比略减，进口小幅增加

2019年，荔枝进口量6.7万吨，同比增长104.9%，且进口来源地高度集中于越南。荔枝出口量3.2万吨，同比下降34.5%，其中，荔枝罐头是最主要的出口产品，出口量2.4万吨，占出口总量的76.5%，出口市场相对集中于东南亚和北美地区。总体来看，荔枝进出口贸易量占总产量比重很低，2019年，荔枝出口量占产量比重为1.6%，较2018减少0.3个百分点；进口量占产量比重3.3%，较2018年增加2.1个百分点。

（五）荔枝产业引领乡村振兴，三产融合模式多样化

荔枝主产区广东、广西、海南等地出现了一批生产规模较大，服务能力较强，能引领三产融合的专业大户、家庭农场、专业合作社和农业企业等经营主体，也逐渐催生了多样化的产业融合模式，如荔枝生产与加工业、乡村旅游业、农村电子商务、科技创新技术、特色小镇建设和产业园区建设等融合，不仅延伸了荔枝产业链，提升了价值链，也成为引领热区乡村振兴的主导产业。

五、存在的主要问题和瓶颈

（一）荔枝生产成本持续上升导致比较收益下降

荔枝产业尚未改变以传统投入要素为主的特征，以示范园为例，化肥和农药投入逐年上升的趋势明显，分别由2017年的205.4元/亩和202.4元/亩上升到2019年的287.5元/亩和315.4元/亩。2017—2019年劳动力投入也呈逐年上升趋势，2019年达到1 003.9元/亩。示范园土地投入在波动中也在逐年增加。生产成本上升也成为推动价格上涨的因素之一，依靠传统资源投入的粗放式产业发展道路已经难以为继。

（二）荔枝加工业发展滞后于产业发展需要

中国荔枝加工业基础较为薄弱，存在企业规模小且分散、技术设备较为落后、品牌竞争能力弱等问题，加之荔枝供求受自然风险和市场风险影响大、荔枝加工量随原料价格涨落而变化幅度大、市场供应的不确定性大等因素共同作用，加工厂产能未充分利用。荔枝加工业已滞后于自身产业发展的需要，整体上处于初级发展阶段。

（三）荔枝产业体系尚不健全影响产业素质提升

当今的农产品国内外市场竞争已经是全产业链的竞争。目前，贯穿于荔枝产前、产中和产后的全方位服务体系尚不健全，荔枝产业的市场体系建设滞后：多级经销商造成效率低且交易成本高；电子商务和新型物流业态尚处于起步阶段；生产和采后分级包装等标准化体系不健全；未重视荔枝出口基地和加工原料基地的建设；龙头企业、专业合作社、生产基地与果农没有真正形成利益共同体等等。这些问题阻碍了荔枝产业综合竞争能力的提升。

（四）冷链流通成本高企阻碍新型流通业态的发展

荔枝短期集中上市和难以保鲜的特点，导致价格随产量大起大落，价格波动不仅造成“果贱伤农”，也会“果贵伤民”。快速全程冷链运输是荔枝保鲜运输的有效方式，荔枝在3~5℃低温下保鲜效果最好，7天以内送达的坏果率很低。但冷链运输成本极高，是常温运输的2~3倍，加之对包装和前期预冷的要求高等，致使果农难以承受综合物流成本，也降低了价格竞争力。

六、中国荔枝产业发展展望

（一）荔枝种植面积将稳中略增

受城镇化发展和其他比较收益较高农产品扩种的影响，近年来荔枝主产区广东、海南和福建等地区荔枝种植面积稳中略降，广西荔枝种植面积相对稳定。2020年广东和海南主产区荔枝种植面积变化不大；广西种植面积将略有增加；云南早熟品种、四川晚熟及特晚熟品种因市场优势，种植面积将会增加，但占比不大。总体来看，相对于2019年全国种植面积将保持稳中略增。

（二）荔枝产量将大幅增加

2019年年末，在干旱和暖冬的共同作用下，海南、广东和广西等荔枝主产区普遍开花期早，成花率高，成花比例普遍在80%以上。但云南地区和其他产区的一些果园受持续干旱和新冠疫情影响，未能及时施肥或施肥效果受影响，导致荔枝树花穗较弱。若后期坐果期天气条件良好，及时保花保果，并能有效防控荔枝霜疫霉病和炭疽病，2020 年将迎来荔枝丰产年，预计荔枝产量同比增幅为 30% 左右。

（三）荔枝供给增加推动价格大幅下行

2020 年，荔枝收购、批发和零售各环节综合平均价格同比预计会略有下跌。一是预计 2020 年随着产量增加，将会影响荔枝综合平均价格下行；二是一些地区早熟品种与优质中熟、迟熟品种花期接近，成熟期重叠导致集中上市拉低价格；三是占中国进口量 95% 以上的越南荔枝成花情况良好，预计 2020 年产量也将提升，这将会对中国荔枝市场价格竞争形成一定压力。

七、中国荔枝产业发展建议

（一）建设现代荔枝生产体系提高质量竞争力

建设现代荔枝生产体系就是要转变农业要素投入方式，以荔枝生产和加工创新技术为支撑，发展低能耗、低污染、高效性和安全性的现代荔枝生产体系。首先，继续发挥荔枝示范园、专业合作社和龙头企业的引领作用，加大现代生产要素投入，建设高标准的生产、加工基地；其次，支持荔枝果园机械和加工设备的研发、创新和成果转化，增强荔枝产业的综合生产能力和抗风险能力；再次，尽快全面制定和推行荔枝产业标准化生产和全程质量控制，推进绿色低碳荔枝产业发展，从源头上保障荔枝质量安全，从根本上提升荔枝产业的质量竞争力；最后，大力培育新型农民，提高劳动者素质，并创新土地流转制度，提高规模经营效率。

（二）积极推动荔枝加工业的快速发展

中国 2019 年人均 GDP 达到 10 121 美元，标志着中国将全面进入营养健康时代，以营养健康为导向的农产品加工业将迎来加速发展的新时期。荔枝产业必须加快推进加工产业的发展，在广东、广西等主产区建设一批区域性热带水果（荔枝）加工园区，优先支持热带水果（荔枝）加工龙头企业向前端延伸，带动各类新型荔枝经营主体建设荔枝标准化生产基地，向后端延伸建设荔枝采后处理、线上线下分销、仓储物流、品牌营销和社会化服务网络。同时借鉴广东经验，大力培育出口竞争力较强的热带水果（荔枝）出口加工企业，形成带动效应。

（三）加快荔枝科技成果的推广应用

中国是世界荔枝原产地和主产国，荔枝品种培育、果园综合管理、采后处理与保鲜储运、加工等领域的生产技术达到国际领先水平，但荔枝先进技术转化为现实生产力的进程较慢，亟须解决好技术推广的“最后一公里”问题。农业技术推广为公益性活动，政府是农技推广体系建设的搭台者，荔枝技术推广体系应包括政府农技推广组织、龙头企业、农业专业协会和科研院所推广组织，形成以政府为主体，社会相关组织广泛参与的“一主多元”的组织体系。建立绩效考核和激励制度，鼓励各类推广组织人员对试验新品种和采用新技术的果户提供全程跟踪式服务。

（四）大力引导荔枝三产融合发展

荔枝主产区三产融合发展，可延伸荔枝产业链条，拓展产业功能，提升产业层次，以产业创新发展带动热区乡村振兴。荔枝主产区各级管理部门应大力引导和扶持三产融合发展，一是“荔枝果园＋种养业”的立体生态发展模式，通过果园套种蔬菜、林下放养家禽、园中蓄养鱼类等进行资源循环利用。二是挖掘荔枝文化，将荔枝生产和服务业融合，拓展荔枝产业的旅游、康养和文化功能。三是更加有规划地建设荔枝产业园区，要依托产业优势和价值链增值目标，规划设计三产融合产业链体系，引导工商资本进入产业园区，通过产业链带动基地和农户，同时建立合理的利益分配机制，确保果农在产业链上的收益。

（五）大力发展“互联网＋”荔枝产业

近年来，生鲜荔枝电商销售渠道发展迅速，但以批发市场为主的传统销售渠道仍是流通的主渠道。目前荔枝销售渠道主要有包园销售、外来客商入村收购、本地销售大户收购、果农与合作社或批发市场对接等传统的线下销售方式。“互联网＋”销售渠道主要有微商、电商等方式，但线上销售比例很低，仍处于起步阶段。首先要推进基础设施建设，包括电子商务平台、荔枝冷链物流配送中心、配送站和市场流通体系建设；其次要研究推行实践中有效的荔枝现代交易方式，借鉴荷兰在果蔬业中实行的“合作社集体议价方式”，逐步提高果农在市场中的议价能力。

2019 年龙眼产业发展报告

一、世界龙眼产业概况

（一）生产情况

世界种植龙眼的国家和地区有中国、泰国、越南、老挝、缅甸、斯里兰卡、印度、菲律宾、马来西亚、印度尼西亚、马达加斯加、澳大利亚、美国等。世界龙眼生产主要集中在中国、泰国、越南 3 个国家，种植面积和产量均占世界的 90% 以上。

据主产国官方统计数据和相关文献测算，2019 年世界龙眼种植面积约 821.1 万亩，同比减少了 4.6%。其中，中国种植面积 419.7 万亩，泰国 280.7 万亩，越南 120.8 万亩（图 1）。受 2018 年果贱伤农的影响，2019 年中国龙眼面积同比减少 10.1%；泰国的龙眼面积则同比增加

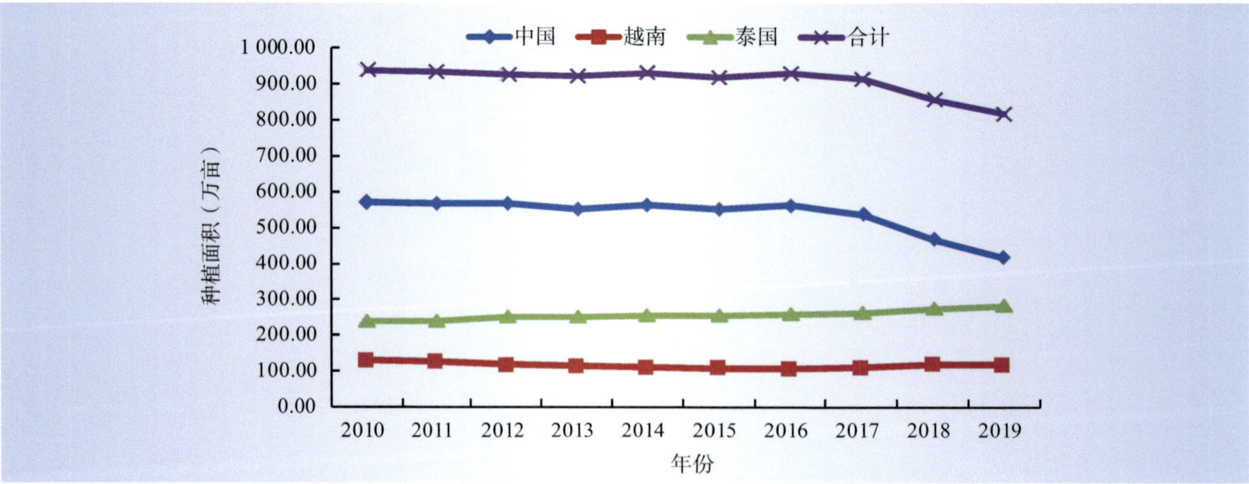

图 1　2010—2019 年世界龙眼种植面积

数据来源：中国农业农村部农垦局、泰国农业经济办公室、越南统计年鉴

了 2.0%，越南龙眼面积同比增加了 2.0%。

2019 年，世界龙眼总产量约 331.0 万吨，同比减少 8.0%（图 2）。其中，中国龙眼产量约 177.2 万吨，泰国龙眼产量约 101.1 万吨，越南龙眼产量约 52.7 万吨。2019 年，中国龙眼受高温、阴雨等气候影响，产量同比减少 12.8%；泰国龙眼产量同比减少 4.2%，而越南龙眼产量则同比增加了 3.1%。

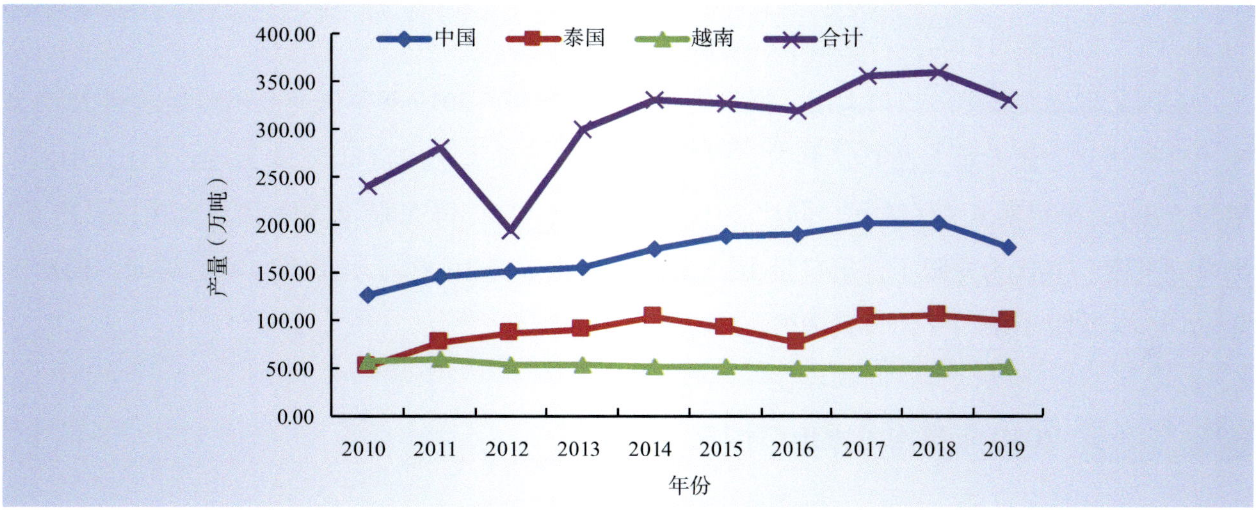

图 2　2010—2019 年世界龙眼产量

数据来源：中国农业农村部农垦局、泰国农业经济办公室、越南统计年鉴

2019 年，世界龙眼单产约 436.7 千克 / 亩，同比增加 2.2%（图 3）。其中，中国龙眼单产约 513.5 千克 / 亩，泰国龙眼单产约 360.0 千克 / 亩，越南龙眼单产约 436.4 千克 / 亩。2019 年中国龙眼单产同比增加 9.2%，越南龙眼单产同比增加了 1.0%，而泰国龙眼单产则同比减少了 6.3%。

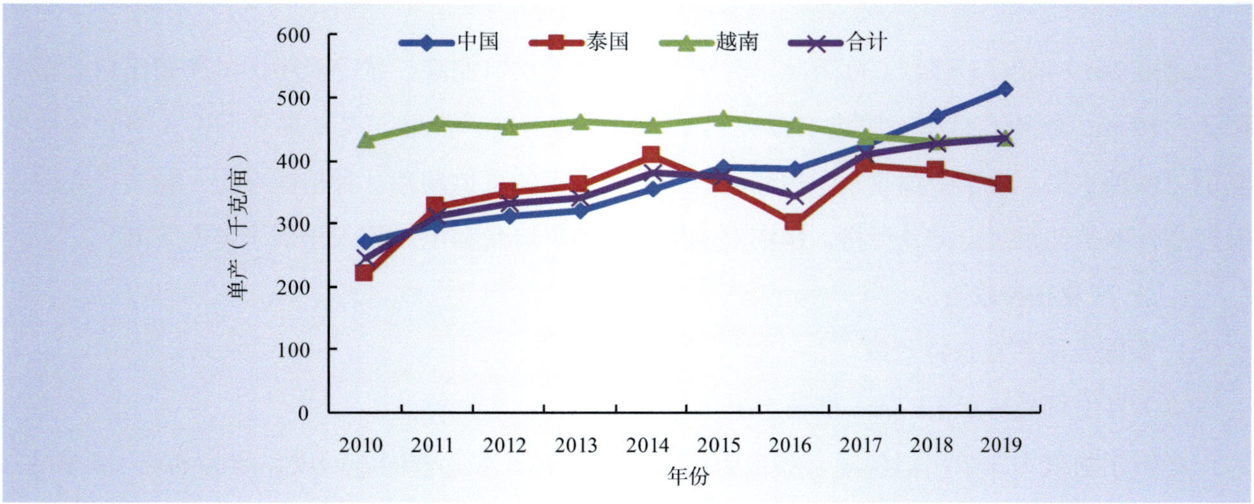

图 3　2010—2019 年世界龙眼单产

数据来源：中国农业农村部农垦局、泰国农业经济办公室、越南统计年鉴

（二）贸易情况

龙眼作为特色水果产业，占世界水果贸易量比例较小，缺乏权威统计数据。龙眼出口国最大的是泰国，越南、中国也有少量龙眼出口。龙眼进口则比较分散，以东南亚国家和地区为主，包括中国、越南、印度尼西亚、中国香港地区、马来西亚、菲律宾，欧洲的意大利、荷兰、葡萄牙、英国、法国、西班牙，以及美国、加拿大、澳大利亚也有龙眼进口。

根据主产国相关统计数据测算，2019 年世界龙眼出口贸易量约为 100.0 万吨，约占总产量的 30.0%，以鲜果出口为主，龙眼干、肉次之，罐头最少。

泰国是世界龙眼第一出口大国。据泰国海关统计分析，2019 年泰国龙眼出口量达到 75.7 万吨，总额达 9.7 亿美元（表 1）。其中，鲜龙眼的出口量最大，出口量 58.3 万吨，同比 2018 年增长 5.8%，出口额 6.7 亿美元，同比 2018 年增长 26.0%，鲜龙眼 46.9% 出口到中国，35.6% 出口到越南；其次为龙眼干，出口量 16.5 万吨，同比下降 19.8%，出口额 2.9 亿美元，同比下降 12.0%，龙眼干 68.9% 出口到中国，29.7% 出口到越南。

表 1　2019 年泰国龙眼出口情况

	产量（万吨）	占比（%）	金额（亿美元）	占比（%）	主要目的地
鲜龙眼	58.3	77.0	6.7	70.0	中国、越南、印度尼西亚、中国香港、马来西亚
龙眼干	16.5	22.0	2.9	29.0	中国、越南、中国香港、新加坡、韩国
龙眼罐头	0.9	1.0	0.1	1.0	马来西亚、印度尼西亚、新加坡、越南、美国
合计	75.7		9.7		

数据来源：泰国农业经济办公室

越南 2019 年出口龙眼约 30 万吨，首次对澳大利亚出口龙眼，越南对中国的龙眼出口大幅下降。2019 年，越南首批鲜龙眼出口澳大利亚，成为继荔枝、芒果、火龙果之后进入澳大利亚市场的第四种水果。由于中国收紧了边贸进口，关于水果的可追溯性、种植区登记、包装厂登记以及产品标签等要求规定尤其严格，越南对中国市场的出口量和出口收入出现了急剧下降。

（三）产业扶持政策

1. 泰国龙眼产业扶持政策

（1）自由贸易协定（FTA）推动水果出口

泰国作为最大龙眼出口国家，和东盟国家、中国、日本、韩国、印度、澳大利亚、新西兰、秘鲁、智利等国家和地区签订了自由贸易协定（FTA）。自由贸易协定（FTA）推动泰国水果出口贸易持续增长。

（2）启动2019年全国龙眼分销统筹安排行动计划

为了确保2019年龙眼价格稳定，促进龙眼分销，泰国农合社促进厅启动了龙眼分销统筹行动计划，促成泰北南奔府龙眼合作社和泰南宋卡府龙眼合作社签署龙眼市场供销平衡合作备忘录。通过整合全国龙眼合作社的龙眼供给量来稳定和平衡龙眼的入市量，将能有效解决龙眼价格出现巨大波动的问题，保持龙眼价格稳定，保障果农利益。

（3）输华水果首次采用泰国农产品质量支持与发展中心（AGQC）认证

中国是泰国水果的主要出口市场，此前由于冷链流通设备设施不完善和全程冷链流通环境数据缺失，泰国输华水果在国内市场的销售形象受到负面影响。为了提高泰国水果的国际声誉，稳固中国市场，泰国政府进一步加强对出口中国水果的质量和安全的监管，并在对华出口水果中推广泰国农产品质量支持与发展中心（AGQC）认证。

2. 越南龙眼产业扶持政策

（1）积极拓展出口市场

越南龙眼出口市场主要集中在中国、美国、加拿大以及中东、欧洲部分国家。越南最大的龙眼产地槟知省和兴安省2018年通过了澳大利亚工业及贸易部考察，2019年澳大利亚向越南颁发龙眼进口许可证，龙眼成为继荔枝、芒果和火龙果之后的第四种获准进入澳大利亚市场的越南水果。

（2）发布《越南水果出口中国指南》

为了促进龙眼出口，越南发布了包括龙眼在内的4份《越南水果出口中国指南》，协助越南企业对自身出口活动进行分析，更好地满足中国市场需求，推进出口手续系统化，为越南企业向中国出口水果提供便利。并加紧建设新的高速公路，以尽可能地缩短对华运输水果的时间。

（3）推动标准化种植及食品安全追溯

为保证龙眼质量，越南龙眼主产区逐步推广标准化生产，采用越南良好农业规范（VietGAP）和全球良好农业规范认证（GlobalGAP）等先进生产标准，确保食品安全并进行原产地跟踪。越南河内实施食品卫生安全和质量控制标准措施，近80%的水果销售场所签署并落实了相关要求。

二、中国龙眼产业基本情况

中国2000多年前已有龙眼栽培种植，龙眼栽培面积和产量位居世界首位，主要分布于广西、广东、福建和台湾等南方省区。此外，海南、四川、云南和贵州等省份也有一定的栽培面积。

（一）生产情况

1. 种植面积

据中国农业农村部农垦局统计，2019年中国龙眼种植面积约为419.7万亩，同比减少 10.1%。主产区种植面积从大到小依次为：广东 165.0 万亩，占比 39.3%；广西 148.2 万亩，占比 35.3%；福建 46.6 万亩，占比 11.1%；四川 33.1 万亩，占比 7.9%；重庆 12.2 万亩，占比 2.9%；海南 12.0 万亩，占比 2.9%；云南 2.2 万亩，占比 0.5%；贵州 0.5 万亩，占比 0.1%（图 4）。主产区种植面积均有不同程度的下滑，下滑幅度从大到小依次为：贵州减少 61.5%，云南减少 37.6%，广西减少 24.7%，四川减少 4.8%，福建减少 4.1%，广东减少 2.9%，海南减少 1.4%。

2. 总产量

据国家统计局统计，2019 年中国龙眼总产量约为 177.2 万吨，同比减少 12.8%。主产区总产量从大到小依次为：广东 90.3 万吨，占比 50.9%；广西 50.7 万吨，占比 28.6%；福建 20.3 万吨，占比 11.4%；四川 6.0 万吨，占比 3.4%；海南 5.5 万吨，占比 3.1%；重庆 3.0 万吨，占比 1.7%；云南 1.3 万吨，占比 0.7%；贵州 0.1 万吨，占比 0.1%（图 4）。主产区总产量均有不同程度的下降，下降幅度从大到小依次为：贵州减少 64.5%，云南减少 42.0%，四川减少 39.8%，广西减少 24.8%，福建减少 20.9%，广东减少 1.9%，海南减少 0.2%。

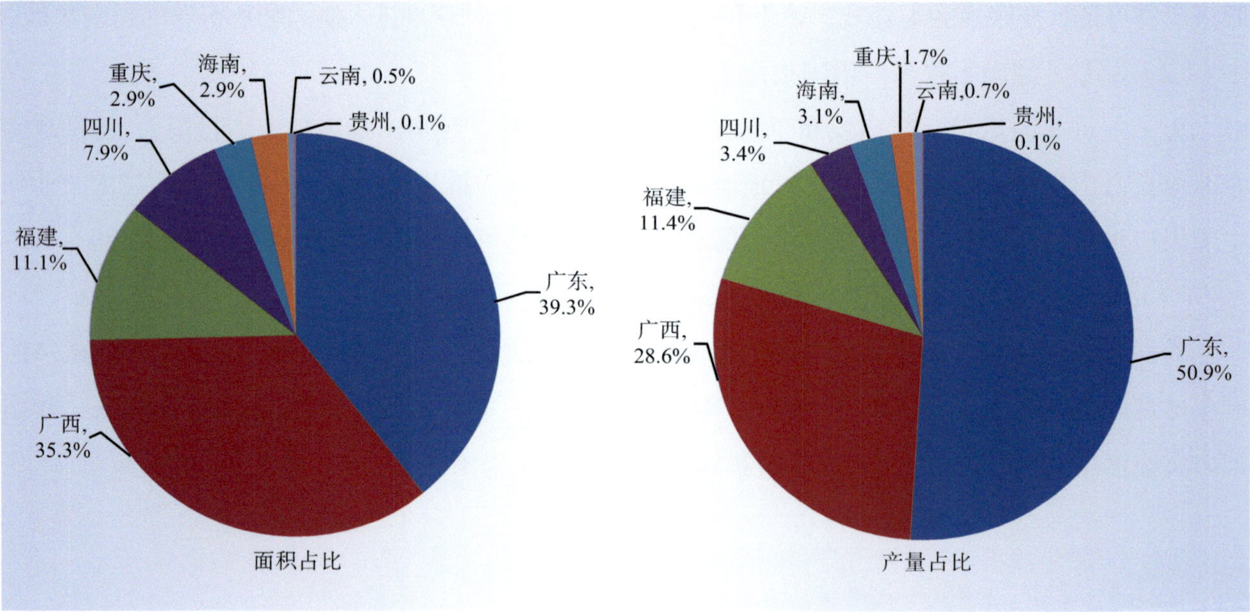

图 4　2019 年中国龙眼各产区面积和产量构成情况

3. 亩产量

据中国农业农村部农垦局统计，2019 年中国龙眼亩产量约为 513.5 千克，同比增加 9.2%。其中，广东、云南、海南亩产量大于全国平均水平，依次为：广东 644.9 千克 / 亩，云南 612.8 千克 / 亩，海南 545.3 千克 / 亩；其他主产区龙眼亩产量依次为：福建 512.9 千克 / 亩，重庆

467.6 千克 / 亩，广西 407.6 千克 / 亩，四川 273.0 千克 / 亩，贵州 220.00 千克 / 亩。

4. 总产值

据中国农业农村部农垦局统计，2019 年中国龙眼总产值约为 146.3 亿元，同比增加 39.9%。相较 2018 年，2019 年龙眼产量略减，但市场价格提高，因此 2019 年龙眼总产值上升。主产区总产值从大到小依次为：广东 65.2 亿元，占比 44.6%；广西 43.7 亿元，占比 29.9%；福建 22.3 亿元，占比 15.2%；海南 5.4 亿元，占比 3.7%；四川 5.00 亿元，占比 3.4%；重庆 3.5 亿元，占比 2.4%；云南 1. 2 亿元，占比 0.8%；贵州 0.03 亿元，占比 0.02%。除贵州、云南外，各主产区总产值均有不同程度的增长。

5. 主栽品种

据国家荔枝龙眼产业技术体系各综合试验站年度数据，中国龙眼主栽品种以储良、石硖为主，其他品种还有大乌圆、蜀冠、广眼、福眼等。

2019 年，中国储良种植面积为 98.1 万亩，占比 45.6%；石硖种植面积为 89.6 万亩，占比 41.6%；大乌圆、蜀冠、广眼、福眼种植面积依次为 11.3 万亩、6.6 万亩、6.2 万亩、3.5 万亩，占比分别为 5.2%、3.1%、2.9%、1.6%（图 5）。

中国储良产量为 34.6 万吨，占比 51.6%；石硖产量为 28.1 万吨，占比 41.9%；大乌圆、蜀冠、广眼、福眼产量依次为 1.5 万吨、1.1 万吨、1.0 万吨、0.8 万吨，占比分别为 2.3%、1.6%、1.6%、1.1%（图 5）。

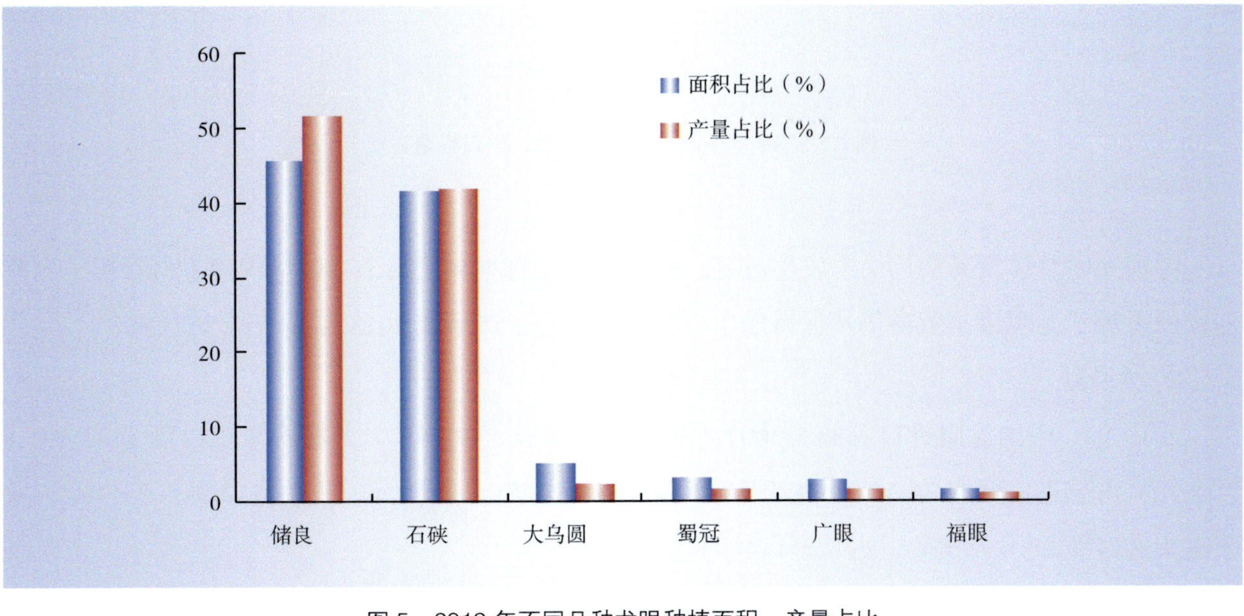

图 5　2019 年不同品种龙眼种植面积、产量占比

注：数据来源于国家荔枝龙眼技术产业体系各综合试验站调研数据

（二）贸易情况

1. 贸易量

2019 年，中国龙眼进口总量 52.1 万吨，同比增长 18.5%。龙眼鲜果是最大进口类别，为 40.7 万吨，占总进口量的 78.1%；龙眼干、肉进口量为 11.4 万吨，占总进口量的 21.9%；龙眼罐头进口较少，仅为 166.4 吨，占总进口量的 0.03%（图 6）。

中国龙眼出口总量 2 594.6 吨，同比下降了 93.4%。出口以龙眼鲜果为主，出口量为 1 627.9 吨，占 62.7%；其次为龙眼干、肉，出口量为 530.0 吨，占 20.4%；龙眼罐头出口 436.8 吨，占出口总量的 16.8%（图 6）。

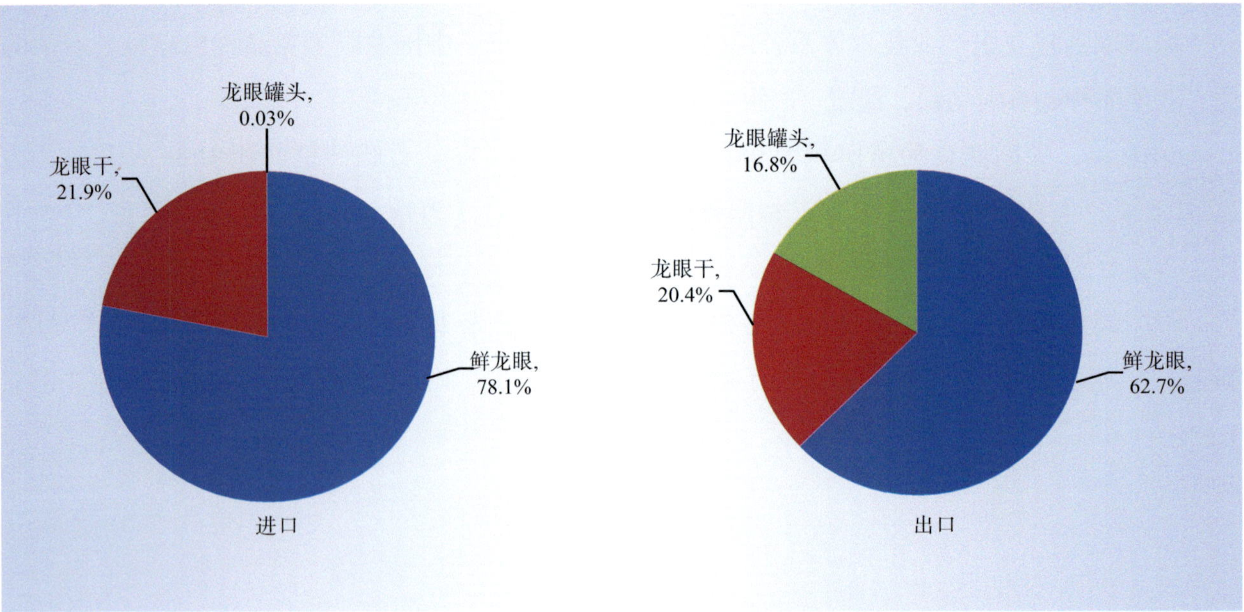

图 6　2019 年中国龙眼进口数量、出口数量占比

数据来源：中国海关

中国龙眼总体贸易格局尚未发生改变，依然是龙眼鲜果和龙眼干、肉呈现净进口状况，且有加剧的态势。龙眼罐头贸易仍然保持净出口状况，但净出口量较 2018 年显著减少。

2. 贸易额

2019 年，中国龙眼进口总额 57 002.4 万美元，增长了 93.5%。龙眼鲜果进口额为 42 491.8 万美元，占总进口额的 74.5%；龙眼干、肉进口额 14 481.7 万美元，占总进口额的 25.4%；龙眼罐头进口额 29.0 万美元，占总进口额的 0.1%（图 7）。

龙眼出口总额为 817.2 万美元，下降了 32.8%。龙眼鲜果出口额 474.5 万美元，占出口总额的 58.1%；龙眼干、肉出口额 280.0 万美元，占比 34.3%；龙眼罐头出口额 62.7 万美元，占比 7.7%（图 7）。

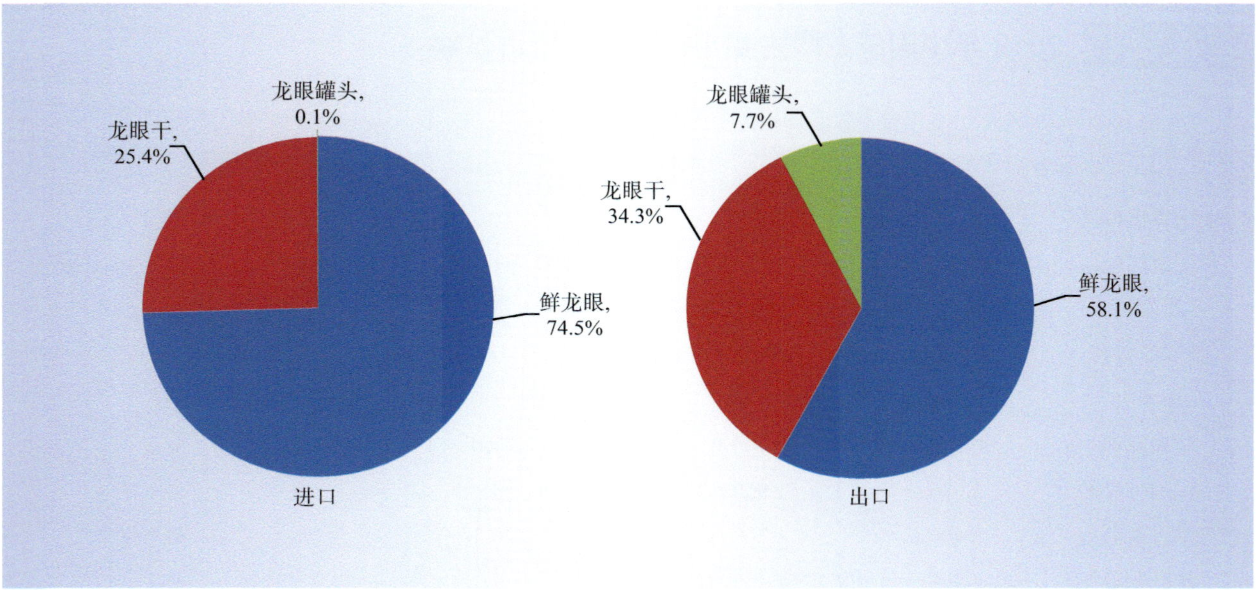

图 7　2019 年中国龙眼进口、出口金额占比

数据来源：中国海关

3. 主要进出口国家

（1）龙眼进口

根据海关总署 2019 年 4 月 9 日发布的获得中国检验检疫准入的新鲜水果种类及输出国家和地区名录，泰国、越南、缅甸、印度尼西亚、马来西亚 5 个国家拥有对中国出口龙眼的市场准入权。

2019 年中国从泰国、越南分别进口鲜龙眼 28.0 万吨、12.7 万吨，占进口总量的 68.7%、31.3%；进口额分别为 35 393.2 万美元、7 098.6 万美元，占总进口额的 83.3%、16.7%。

龙眼干、肉进口主要来自泰国、中国香港地区、越南和中国台澎金马关税区，其中从泰国进口 11.4 万吨，占总进口量的 99.95%；从泰国的进口额达 14 432.3 万美元，占总进口额的 99.66%。

龙眼罐头进口主要来自泰国，进口量 166.4 吨，进口额 29.0 万美元。

（2）龙眼出口

2019 年中国（不含中国港澳台地区）的龙眼鲜果主要出口中国香港地区、中国澳门地区、菲律宾、俄罗斯联邦、加拿大和马来西亚，出口量分别占总出口量的 87.1%、8.4%、1.6%、1.5%、0.6% 和 0.6%，出口额分别占总出口额的 94.4%、1.8%、0.4%、0.8%、1.4% 和 1.0%（表 2）。

表 2　2019 年中国鲜龙眼主要出口市场及所占份额

贸易伙伴	金额（美元）	数量（千克）	金额所占市场份额（%）	数量所占市场份额（%）
中国香港地区	4 477 649.0	1 417 857.0	94.4	87.1
中国澳门地区	87 241.0	136 746.0	1.8	8.4
菲律宾	18 113.0	25 875.0	0.4	1.6
俄罗斯联邦	39 614.0	24 220.0	0.8	1.5
加拿大	64 836.0	9 134.0	1.4	0.6
马来西亚	47 285.0	9 100.0	1.0	0.6
哈萨克斯坦	2 686.0	1 950.0	0.1	0.1
吉尔吉斯斯坦	3 400.0	1 700.0	0.1	0.1
澳大利亚	4 409.0	1 265.0	0.1	0.1
合计	4 745 233.0	1 627 847.0	100.0	100.0

龙眼干、肉主要出口中国香港地区、新加坡、日本、加拿大、马来西亚、美国、印度尼西亚、澳大利亚和中国澳门地区，出口量分别占总出口量的 36.3%、29.4%、5.4%、5.3%、10.0%、5.1%、3.9%、1.6% 和 1.7%，出口额分别占总出口额的 30.0%、28.2%、11.8%、7.8%、6.6%、6.0%、5.3%、2.0% 和 1.0%（表 3）。

表 3　2019 年中国龙眼干主要出口市场及所占份额

贸易伙伴	金额（美元）	数量（千克）	金额所占市场份额（%）	数量所占市场份额（%）
中国香港地区	839 378.0	192 474.0	30.0	36.3
新加坡	788 954.0	155 585.0	28.2	29.4
马来西亚	185 459.0	52 811.0	6.6	10.0
日本	329 823.0	28 711.0	11.8	5.4
加拿大	217 366.0	28 175.0	7.8	5.3
美国	166 582.0	26 895.0	6.0	5.1
印度尼西亚	148 622.0	20 384.0	5.3	3.9
中国澳门地区	24 759.0	8 733.0	0.9	1.7
澳大利亚	55 119.0	8 245.0	2.0	1.6
意大利	17 742.0	4 560.0	0.6	0.9
英国	12 688.0	1 300.0	0.5	0.3

（续表）

贸易伙伴	金额（美元）	数量（千克）	金额所占市场份额（%）	数量所占市场份额（%）
荷兰	2 904.0	510.0	0.1	0.1
比利时	4 087.0	490.0	0.2	0.1
新西兰	4 709.0	465.0	0.2	0.1
法国	3 020.0	408.0	0.1	0.9
西班牙	1 117.0	300.0	0.04	0.1
以色列	1 200.0	240.0	0.04	0.1
泰国	400.0	100.0	0.01	0.02
巴拿马	287.0	30.0	0.01	0.01
合计	2 799 507.0	529 951.0	100.0	100.0

龙眼罐头主要出口马来西亚、文莱、印度尼西亚、意大利、葡萄牙、荷兰和菲律宾等地区，出口量分别占总出口量的52.2%、17.9%、16.8%、6.4%、1.9%、1.4%和1.4%，出口额占总出口额的47.5%、17.8%、20.8%、6.6%、2.2%、1.5%和1.3%（表4）。

表4　2019年中国龙眼罐头主要出口市场及所占份额

贸易伙伴	金额（美元）	数量（千克）	金额所占市场份额（%）	数量所占市场份额（%）
马来西亚	297 840.0	227 820.0	47.5	52.2
文莱	111 721.0	77 974.0	17.8	17.9
印度尼西亚	130 428.0	73 351.0	20.8	16.8
意大利	41 480.0	27 896.0	6.6	6.4
葡萄牙	13 937.0	8 451.0	2.2	1.9
荷兰	9 660.0	6 123.0	1.5	1.4
菲律宾	8 226.0	5 966.0	1.3	1.4
西班牙	6 219.0	4 490.0	1.0	1.03
中国香港地区	3 940.0	2 722.0	0.6	0.6
澳大利亚	2 000.0	1 361.0	0.3	0.3
瑞典	1 290.0	680.0	0.2	0.2
合计	626 741.0	436 834.0	100.0	100.0

4. 进出口价格

据中国海关统计数据测算，2019年中国鲜龙眼、龙眼干、肉出口价格明显高于进口价格，龙眼罐头出口价格略低于进口价格。龙眼鲜果进口平均价格为 1 045.0 美元 / 吨，出口平均价格为 2 915.0 美元 / 吨；龙眼干、肉进口平均价格为 1 268.3 美元 / 吨，出口平均价格为 5 282.6 美元 / 吨；龙眼罐头进口平均价格为 1 741.2 美元 / 吨，出口平均价格为 1 434.7 美元 / 吨（图 8）。

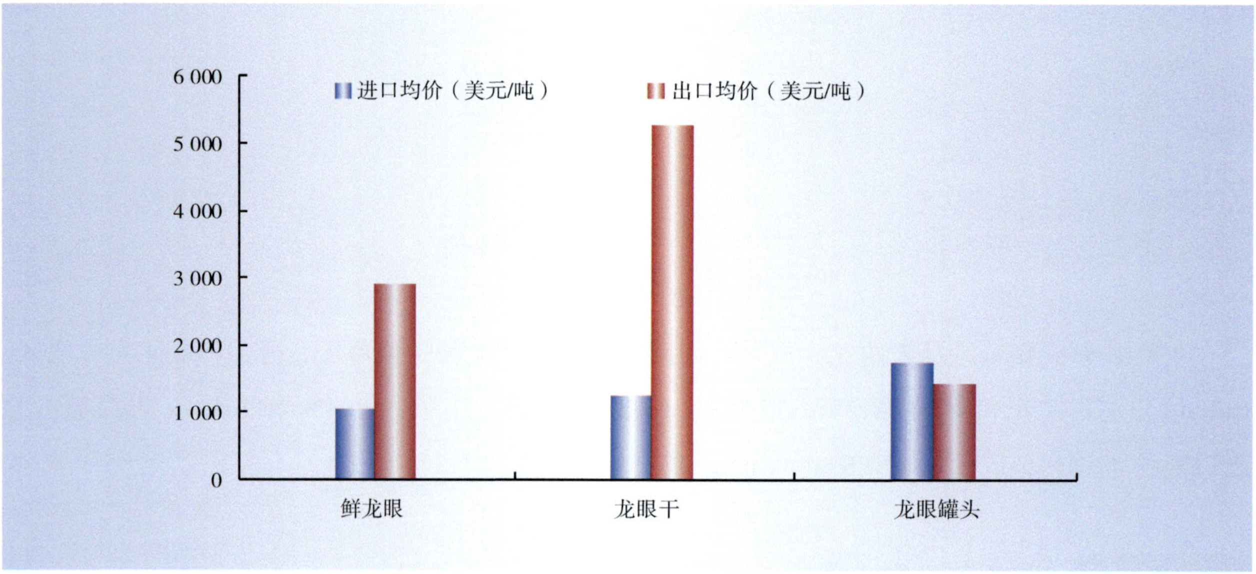

图 8　2019 年中国龙眼产品进出口价格对比

（三）国内市场价格动态

1. 综合价格变动情况

2019 年，龙眼产地价格和销地价格较 2018 年有较大幅度上升，略高于 2017 年。2019 年龙眼综合地头价为 11.4 元 / 千克，综合收购价为 10.9 元 / 千克，综合批发价为 13.4 元 / 千克，综合零售价为 24.2 元 / 千克（表 5）。

表 5　2018—2019 年我国龙眼年度综合价格及变动情况

价格类别	2018 年（元 / 千克）	2019 年（元 / 千克）	变动情况（%）
综合地头价	5.8	11.4	97.9
综合收购价	5.7	10.9	91.4
综合批发价	7.7	13.4	73.7
综合零售价	16.2	24.2	49.6

注：数据来源于华南农业大学创行团队

2. 龙眼主栽品种市场价格变动情况

2019 年，龙眼主栽品种市场价格同比 2018 年均有较大幅度上升，零售价和批发价上涨幅度小于地头价和收购价。储良地头价上涨 123.3%，收购价上涨 118.4%，批发价上涨 88.2%，零售价上涨 71.9%；石硖地头价上涨 128.5%，收购价上涨 153.9%，批发价上涨 110.7%，零售价上涨 22.3%；福眼、大乌圆、蜀冠地头价分别上涨 218.6%、151.6%、28.7%（表 6）。

表 6　2019 年中国主要龙眼品种市场价格同比变动情况

（单位：%）

品种	地头价变动	收购价变动	批发价变动	零售价变动
储良	123.3	118.4	88.2	71.9
石硖	128.5	153.9	110.7	22.3
福眼	218.6	—	—	—
大乌圆	151.6	—	—	—
蜀冠	28.7	—	—	—

注：数据来源于华南农业大学创行团队

（四）加工情况

目前，中国龙眼加工品主要是龙眼干、肉和罐头，也有龙眼果酒、粉、膏等新型加工产品研发，但尚未批量生产。全国主要龙眼加工地区有：广东茂名高州，广西玉林博白、梧州岑溪及福建莆田、漳州。据国家荔枝龙眼产业技术体系统计，受高温、阴雨天气影响，2019 年中国龙眼严重减产，量少价高，大部分加工企业无法收果加工，总体加工量大减。茂名产区鲜果加工约 2 万吨，以龙眼肉为主，部分龙眼干；广西博白产区加工鲜龙眼约 4 万吨，产出龙眼肉约 3 800 吨，龙眼干约 300 吨。福建产区今年的加工量也相应减少，鲜果加工约 3 万吨。三大主产省区鲜龙眼加工总量约 10 万吨。

（五）各地产业扶持政策

1.“高州市龙眼产业园”2019 年获批广东省级产业园

2019 年高州市龙眼产业园获批广东省级产业园，获得 5 000 万元财政补助资金。

一是主导产业集中。高州市产业园龙眼种植面积 16.2 万亩，占茂名市的 50.7%。种植面积 2 000 亩以上的 5 家，种植面积 1 000~2 000 亩的 15 家，其中，高标准果园面积占比 20%，合作社或企业占总种植面积的 30%。年产鲜龙眼约 10.0 万吨、产值 7.5 亿元，占茂名市龙眼产值的63.0%。园区内有茂名市级以上龙头企业8家，覆盖龙眼种植、加工、休闲观光等领域。建成了沙田龙眼专业交易市场，龙眼销售旺季日交易量0.3万吨。沙田、镇江等镇有加工小作坊2 000多户，龙眼肉加工旺季日产销30多吨。电商200多家，快递网点和邮乐购、京东等村级服务站点实现了镇村全覆盖。

二是品牌营销优势明显。高州储良龙眼获评首届农业博览会金质奖、中国农业博览会名牌产品等。高州龙眼肉获得“中国A级绿色食品”认证，龙眼鲜果及干果荣获“2008年北京奥运推荐果品”。高州市桑马生态农业公司“马头”牌获评广东省著名商标、广东省名牌产品、广东省十大名牌、广东省推荐名优产品、广东名果。2015年，高州龙眼获国家工商总局批准的地理标志证明商标。

2. 博白注册“客家桂圆”“博白桂圆”商标，壮大龙眼产业

博白桂圆制作有1 000多年的历史，目前年产量8 000吨左右，产品远销中国香港地区、新加坡、美国、日本、加拿大等地。博白从事桂圆加工的农户1.5万多户，形成了桂圆产供销一体化的完整产业链。一般农户年加工桂圆500千克左右，获利5 000多元；大户年加工桂圆多的达15万多千克，获利近20万元。

2016年，广西广投干制农业科技有限公司申请注册了“客家桂圆”商标，这是博白桂圆第一个商标品牌。2018年5月，博白县桂圆产业协会申请注册的“博白桂圆”地理标志证明商标，获得国家知识产权局核准。品牌化将有利于提升博白桂圆的品牌形象，在竞争中占据先机。

为推进脱贫攻坚、乡村振兴，博白县成立了第一家广东省广西博白商会返乡工作站，引导在外闯荡的乡贤返乡创业，推动博白县桂圆产业的发展。2019年，博白县举办第一届桂圆节，对外推介博白桂圆，邀请更多权威专家和业内人士为行业发展“把脉”献策，同时带动相关产业的发展。

三、中国龙眼种植效益分析

（一）成本结构对比分析

近5年，龙眼示范园成本呈逐年上升的趋势。农家肥和农药的上涨幅度较大，农家肥由2017年的206.6元/亩上升到2019年的228.3元/亩，农药由2017年的147.5元/亩上升到2019年的215.3元/亩，化肥投入则具有一定的年度波动；劳动成本占比约50%，且逐年上升趋势明显，由2017年的800.0元/亩上升到2019年的839.5元/亩；土地成本也在不断上升，由2017年的143.9元/亩上升到2019年的186.7元/亩（表7）。

表 7 2017—2019 年龙眼示范园成本结构比较

（单位：元 / 亩）

	2017 年	2018 年	2019 年
化肥	162.9	180.9	160.4
农家肥	206.6	194.3	228.3
农药	147.5	155.7	215.3
设施折旧	81.9	43.9	67.1
劳动成本	800.0	831.5	839.5
土地成本	143.9	159.2	186.7
总成本	1 542.7	1 565.4	1 697.3

资料来源：据国家荔枝龙眼产业技术体系 2019 年示范园总结材料整理

（二）产出结构对比分析

对比分析 2017—2019 年龙眼示范园的产出构成，可以看出，2019 年龙眼亩产量明显低于 2017 年和 2018 年。由于 2019 年龙眼平均价格较高，因此龙眼亩产值远高于 2018 年。从总体上看，龙眼产量年度波动较大，受产量影响，龙眼价格和产值年度波动也非常明显。2019 年，广东、广西和福建均减产，其中广东和福建亩产量均为近 3 年来的最低值，而 3 省区龙眼平均价格均达到近 3 年来的最高值。2019 年广东亩产值高达 12 415.8 元 / 亩，远超过广西和福建（表 8）。

表 8 2017—2019 年龙眼示范园分地区产出构成比较

省份	年份	亩产量（千克 / 亩）	亩产值（元 / 亩）	均价（元 / 千克）
广东	2017	892.1	14 375.6	16.1
	2018	940.5	6 648.9	7.1
	2019	735.4	12 415.8	16.9
广西	2017	326.0	1 812.2	5.6
	2018	959.6	2 224.8	2.3
	2019	462.9	3 078.6	6.7
福建	2017	619.0	3 093.2	5.0
	2018	896.7	2 686.1	3.0
	2019	316.6	2 966.4	9.4
全国	2017	714.0	9 707.5	13.6
	2018	940.7	4 827.6	5.1
	2019	612.0	8 954.8	14.6

资料来源：据国家荔枝龙眼产业技术体系 2019 年示范园总结材料整理

四、中国龙眼产业发展特点

（一）龙眼出口量少且市场集中度高

中国龙眼种植面积和产量均居世界第一，但出口量却极少。2019 年中国龙眼出口总量仅有 0.3 万吨，仅占产量的 0.2%，为进口量的 0.5%。

从 2019 年中国龙眼出口市场结构来看，出口目的地包含 20 多个国家和地区，但市场集中度非常高。鲜龙眼出口到中国香港、中国澳门，合计 95.6%；龙眼干出口中国香港、新加坡、马来西亚，合计 75.7%；龙眼罐头出口马来西亚、文莱、印度尼西亚，合计 86.8%。出口市场集中度过高带来较大的贸易风险，应着力挖掘更多国家和地区的市场潜力，鲜龙眼可进一步拓展“一带一路”沿线国家如哈萨克斯坦、吉尔吉斯斯坦等出口市场。

（二）龙眼进口量大且上升趋势明显

中国是龙眼生产大国，同时也是龙眼进口大国，且龙眼进口量呈上升趋势。2019 年拥有对中国出口龙眼市场准入权的 5 个国家分别是泰国、越南、缅甸、印度尼西亚、马来西亚。除此之外，柬埔寨也在积极与中国磋商龙眼的市场准入，有望在 2020 年直接对中国出口龙眼。2019 年中国从泰国和越南等国进口龙眼的数量占中国总产量的比例高达 29.4%，且上升势头明显。

（三）龙眼生产成本逐年提升已成常态

总体来看，随着工资和物价水平的上涨，中国龙眼生产成本不断上升的趋势将加剧。从生产成本结构来看，首先，劳动力投入比重最高，劳动力成本上升是推动生产成本上升的首要因素；其次，化肥、农药、农家肥等物质投入成本上升也是龙眼生产成本增加的重要影响因素；最后，土地成本的上涨也加剧了生产成本的上升。

（四）龙眼以鲜果销售为主，加工产品初具规模

目前，中国龙眼还是以鲜果销售为主，加工产品规模化、系列化正在逐步形成。龙眼加工产品形式以龙眼干、肉、果汁、酒等产品为主，实验室开发的加工产品和设备正逐步市场化。为维持鲜果的价格稳定，必须强化产品采后处理、保鲜、加工、贮运、包装等，中国龙眼加工产品的规模化、系列化将进一步拓展。

五、存在的主要问题和瓶颈

（一）中国是龙眼生产大国，却不是贸易强国

中国是龙眼生产大国，但却不是一个出口大国，反而是进口大国。中国生产面积和产量均居

世界第一，但出口量却极少，不到产量的1%，同时，进口量占产量的30%左右。出口总量同比下降了48.0%，进口总量同比增长了19.0%，进口总量是出口总量的200倍。

（二）泰国、越南的进口龙眼对中国市场造成巨大冲击

中国龙眼进口主要来自泰国、越南。中国—东盟自由贸易区的建立为泰国龙眼进入中国提供了便利。泰国龙眼的外观、品质及价格等自身条件优势帮助其不断拓展市场，并持续占据北方销地城市市场，严重挤压了国产龙眼的销售区域范围。泰国龙眼的大量进口迫使国产龙眼价格长期在低位徘徊，这种冲击不仅体现在龙眼鲜果领域，在龙眼加工领域也非常明显。2003年之前，国内龙眼干市场基本上为广东、广西和福建的产品占据，而实施零关税政策后，浙江义乌、广东肇庆等国内主要果干市场基本上以越南、泰国产品为主。

（三）龙眼产业比较收益减少，吸引力弱化

龙眼产业比较效益下降，许多产区果农家庭收入中龙眼产业收入占比持续下降。一方面，市场价格低迷，生产资料价格和人工成本持续上升，不断挤压龙眼产业的利润空间；另一方面，农民的非农收入不断增加并且来源日益多元化，甚至在农业产业内部蔬菜或其他经济作物的种植经济效益日显。比较效益的持续走低降低了产业吸引力，打击了果农生产和投入的积极性，甚至部分龙眼产区出现大面积砍伐龙眼树、果园丢荒失管的现象。

（四）龙眼产后加工受鲜果产量、价格波动影响大

龙眼产后加工受产量、价格波动的影响，产量少、鲜果销售顺畅则少加工甚至不加工，产量多、鲜果销售不顺畅则多加工。受高温、阴雨天气的影响，2019年中国龙眼严重减产，量少价高，大部分加工企业无法收果加工，总体加工量大减。龙眼单一加工投资风险极大，不利于加工业的稳定持续发展，以及加工产品的多元化拓展，目前虽然研发的加工产品种类繁多，但商品化面市的仍然不多。

六、中国龙眼产业发展展望

（一）龙眼产量将会增长

2019年年底主产区气候条件有利于龙眼花穗发育，成花情况良好，在80%以上，加之2019年受气候影响龙眼减产，树体营养消耗少，生长期内没有异常灾害发生的情况下，预期2020年龙眼产量将会增长20%以上。

（二）龙眼生产成本将会继续增加

2019年龙眼价格回升，效益提升，农户管理积极性上升，预计2020年龙眼生产成本将会继续增加。从历年的成本投入对比来看，劳动成本持续走高，“用工贵、用工难”成为主产区面临

的普遍困难，农药、化肥等物质投入价格不断攀升推动了龙眼生产成本的逐年上涨。

（三）龙眼价格将会稳中略降

2020 年龙眼产量将会增加，在龙眼的市场消费需求变化不大的情况下，预期龙眼价格将会保持平稳并有所下降。从 1 月中下旬海南乐东县的反季节龙眼销售情况来看，由于收购商减少，石硖平均地头收购价仅 10 元 / 千克，加上人工采摘龙眼成本上涨，导致很多种植户损失较大。

（四）龙眼的市场竞争将更为激烈

2019 年越南龙眼获得澳大利亚的市场准入，2020 年柬埔寨龙眼有望获得中国的市场准入，随着龙眼主产国出口市场的快速拓展，中国龙眼面临的国际、国内市场竞争将越来越激烈。

七、中国龙眼产业发展建议

（一）增强竞争优势，积极拓展出口市场

中国作为龙眼生产大国，远未成为生产强国和贸易强国，需要引导龙眼产业逐步形成综合竞争优势。可以借鉴越南制定《越南水果出口中国指南》的做法，以市场创新为导向加强水果的生产和出口，采用良好农业规范等先进生产标准确保食品安全并进行原产地跟踪，发布水果出口指南，为出口企业提供便利。中国龙眼的出口市场结构多元化，但集中度过高，需要进一步积极拓展出口市场。

（二）规范龙眼进口检验检疫标准，建立产业损害监测预警机制

从 2019 年 5 月 1 日开始，中国检验检疫机构在广西各边境口岸对来源于越南的农产品和水果严格进行检验检疫和产品可追溯性的工作。从 6 月至 7 月初，越南一系列农产品因此无法及时出口中国。由此可见，规范龙眼进口检验检疫标准，有利于减少进口、保护国内市场。

自 2013 年以来，国内龙眼产业受外部市场的冲击明显，并有逐步加剧的态势，因此有必要研究建立中国龙眼产业损害监测预警机制。加快构建一套能够全面、动态、及时反映产业发展状况和趋势的指标体系，重点对国内环境、产业国际竞争力、产业对外依存度、产业控制力等方面进行评价，并根据龙眼产业形势逐步修改和完善，从而促进中国龙眼产业持续健康发展。

（三）以市场需求为导向，促进产业升级

随着收入水平的提高，消费者更加重视营养和健康，对绿色、有机果品的高端消费需求将会增强。中国龙眼产业应当抓住产业转型升级、提质增效的机遇期，规范生产技术标准，提升龙眼的品质，进行相应的采后果品分级、标准化，逐渐普及运输、销售过程中冷链管理，培育和打造一批能够获得消费者信赖的知名龙眼品牌，制订品牌推广计划，打造区域优势产业，促进果农持续增收，推动中国龙眼产业的健康可持续发展。

（四）依托龙眼产业园，延伸产业链条

2019年高州市龙眼产业园获批广东省现代农业产业园，为龙眼产业集群发展提供了机遇。加快建设现代优质产业园，大力发展龙眼精深加工，不断延长产业链，增加果品附加值。

解决加工原料供应的数量、价格和供应期问题，数量上要求年供应量总体稳定，同时延长原料供应期。加快多元化产品从实验室向市场转化的工作。开拓思路，提升新产品开发的力度，针对不同的消费团体开发出相应的休闲产品。加强与市场之间的联系，提升新产品的市场竞争能力，解决传统成品受制于原料价格成本的问题。

2019 年香蕉产业发展报告

一、世界香（大）蕉产业概况

（一）生产情况

据联合国粮食及农业组织（简称联合国粮农组织）（FAO）统计，2018 年，世界香（大）蕉收获面积 1.7 亿亩，同比增长 2.4%（图 1）。其中，前 5 位主产国的收获面积分别为刚果（金）1 756.1 万亩、乌干达 1 519.8 万亩、印度 1 326.0 万亩、坦桑尼亚 1 176.7 万亩、菲律宾 1 121.8 万亩，分别占世界总面积的 10.3%、8.9%、7.8%、6.9% 和 6.6%。中国收获面积居世界第十三位，为 551.7 万亩，占世界总面积的 3.2%。

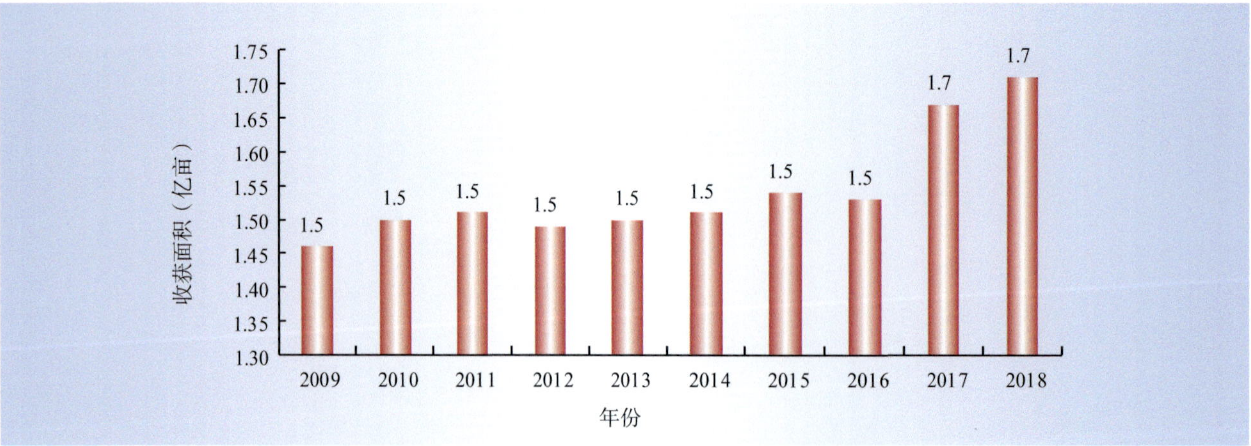

图 1　2009—2018 年世界香（大）蕉收获面积走势

2018 年，世界香（大）蕉总产量 1.6 亿吨，同比增长 1.3%（图 2）。其中，印度产量 3 080.0 万吨、中国 1 122.2 万吨、菲律宾 935.9 万吨、哥伦比亚 728.8 万吨、印度尼西亚 726.4 万吨，分别占世界总产量的 19.8%、7.2%、6.0%、4.7%、和 4.7%（图 3）。世界香（大）蕉平均单产 906 千克 / 亩，其中，香蕉平均单产 1 347 千克 / 亩，同比持平，大蕉平均单产 466 千克 / 亩，同比下降 2.31%。世界香蕉单产最高的国家为土耳其，达 4 367 千克 / 亩，大蕉单产最高的国家为斐济，达 2 335 千克 / 亩。

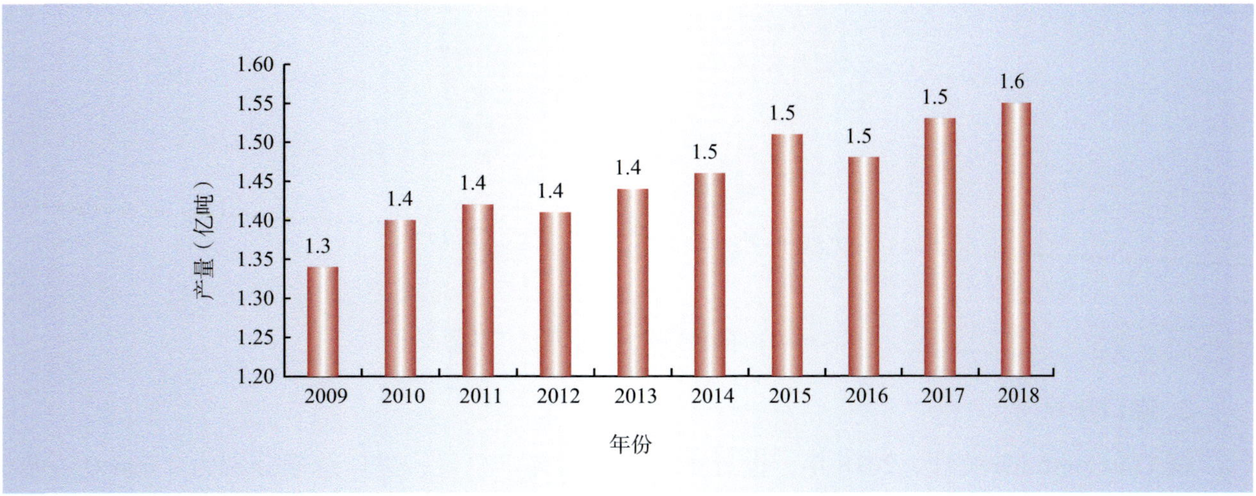

图 2　2009—2018 年世界香（大）蕉产量走势

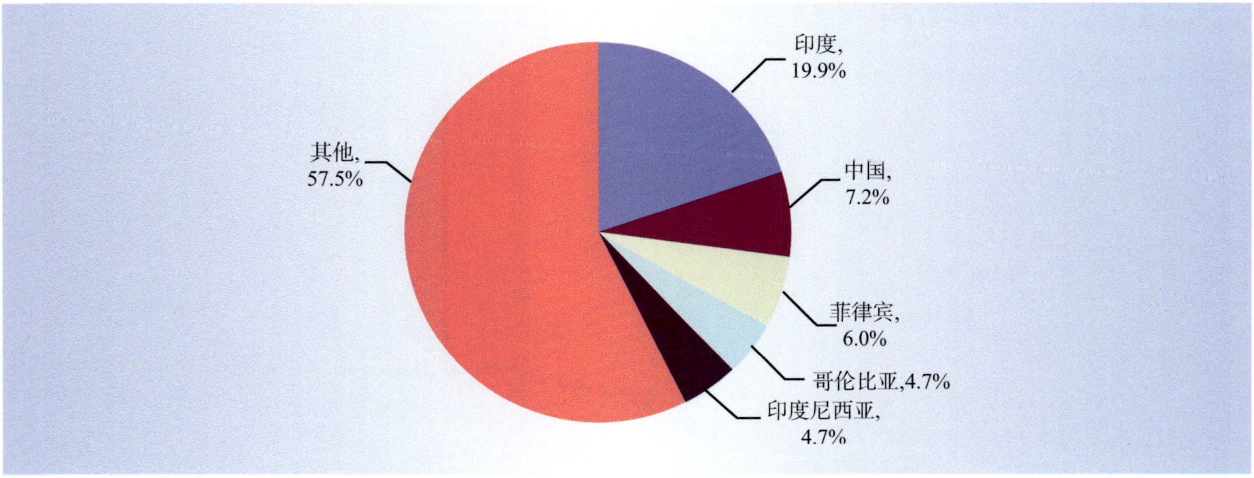

图 3　2018 年世界主要香（大）蕉生产国产量占比情况

（二）贸易情况

1. 出口情况

据联合国商品贸易统计数据库（Un Comtrade）统计，2018 年，世界香（大）蕉出口总量为 2 664.1 万吨、出口总额 208.5 亿美元。其中，主要出口国分别为厄瓜多尔 665.0 万吨、菲律宾 295.0 万吨、危地马拉 232.0 万吨、哥斯达黎加 230.1 万吨、哥伦比亚 187.1 万吨，合计占世界出口总量的 60.4%，分别占 25.0%、11.1%、10.7%、8.7% 和 7.0%（图 4）。

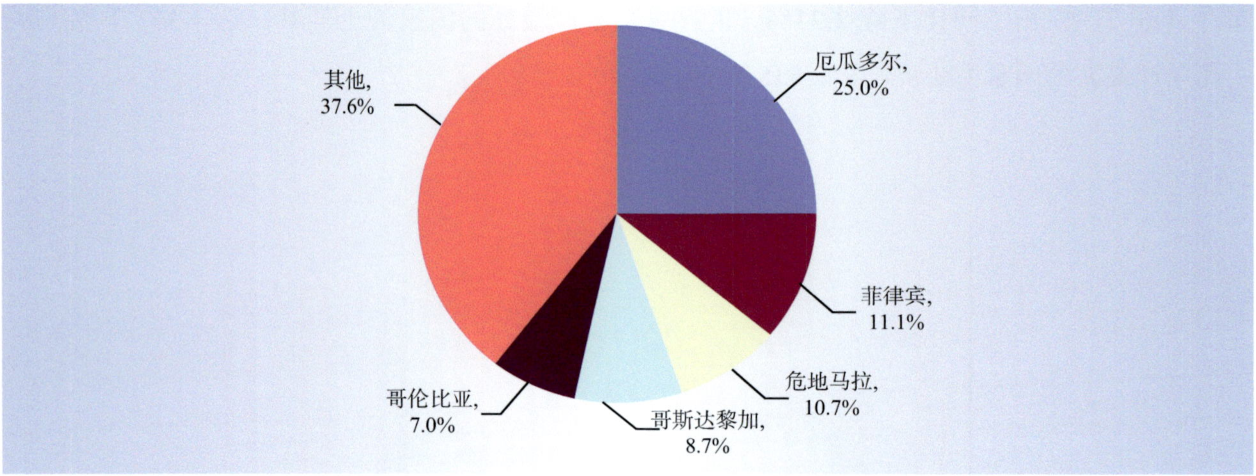

图 4　2018 年世界香（大）蕉出口总量占比

2. 进口情况

据 Un Comtrade 统计，2018 年，世界香（大）蕉进口总量、进口总额分别为 2 698.0 万吨、191.6 亿美元（图 5）。其中，主要进口国分别为美国 477.8 万吨、比利时 247.4 万吨、俄罗斯 155.7 万吨、中国 154.5 万吨、德国 125.7 万吨，合计占世界进口总量的 43.0%，分别占 17.7%、9.2%、5.8%、5.7% 和 4.7%。

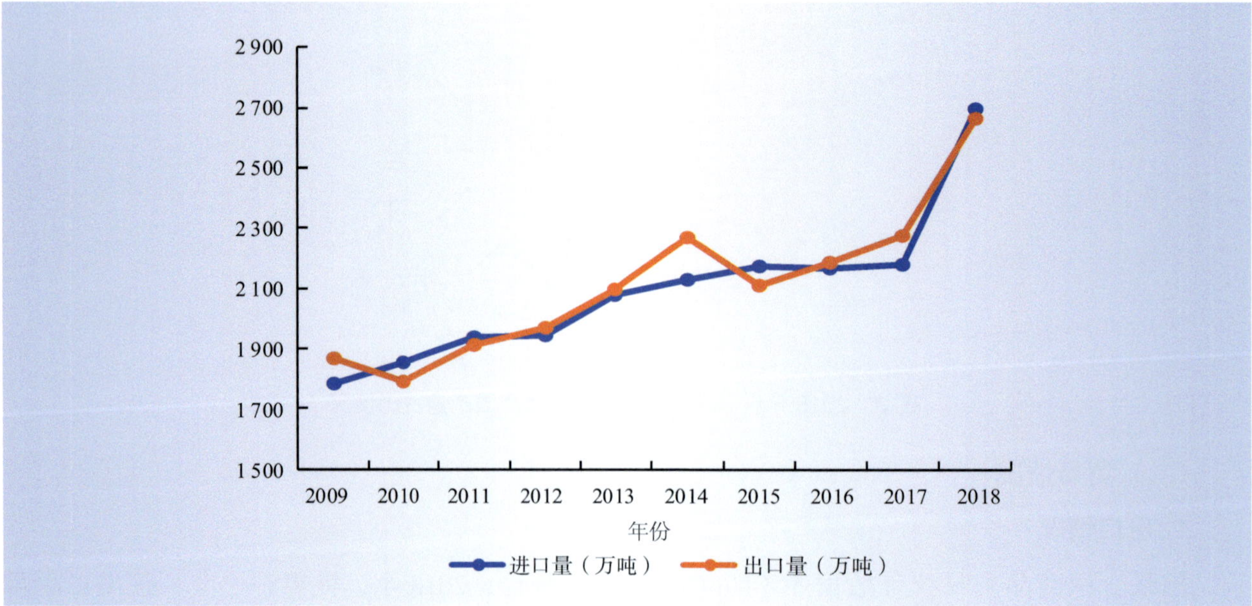

图 5　2009—2018 年世界香（大）蕉进出口贸易量走势

（三）价格情况

2018年，全球香（大）蕉出口平均价格为782.8美元/吨，进口平均价格为710.3美元/吨，分别较2017年（515.6美元/吨、704.7美元/吨）同期增加了51.8%、0.01%。

（四）消费情况

2018年，世界人均香（大）蕉消费量为20.5千克，较2016年（20.5千克/人）略有增长。主要香（大）蕉消费国所占比例依次为：印度23%、中国15%、印度尼西亚8%、巴西6%、菲律宾4%、美国4%，上述国家占世界香（大）蕉消费量的60%。

在人均消费量方面，卢旺达（252千克/人）、安哥拉（154千克/人）、坦桑尼亚（67千克/人）等非洲国家位居世界前列。

（五）科研进展

2019年，世界香（大）蕉研究成果主要分布在印度、巴西、美国、澳大利亚、乌干达、马来西亚、坦桑尼亚、比利时、法国和印度尼西亚等国（这些国家的SCI论文发表数量位居世界前10位），集中在植物学、食品科学技术、园艺学、农学、环境科学等学科，研究领域主要集中在香蕉病害防控与抗性育种、香蕉产品开发方面。一是在香蕉病害与抗性育种方面，印度首次报道由尖孢镰刀菌热带4号生理小种（*Fusarium oxysporum f.* sp. Tropical Race 4）引起的香蕉枯萎病；印度学者在香蕉B基因组中编辑了内源性香蕉条纹病毒CRISPR/Cas9，克服了香蕉育种的重大问题。二是在产品开发方面，主要在香蕉食品、日化、生物合成制剂、酶合成方面取得了研究成果，泰国研究者利用红香蕉果柄合成纤维素纤维；美国研究者对含有香蕉淀粉的面包进行了淀粉消化试验，发现加入香蕉淀粉后，SDS增加了5倍，在面包屑中产生了缓慢消化的超分子结构。此外，在促进香蕉生长的有机肥料和促进香蕉坐果的栽培技术方面也取得了成果。

（六）产业扶持政策

1. 泰国通过BOI（泰国投资促进委员会）政策促进香蕉产业的发展

投资者通过申请BOI政策，可以免缴或减免香蕉种植机械进口税，免缴企业所得税及红利税，减免企业50%所得税，运输费、电费和水费可在成本中以双倍扣除，用于便利设施安装和建设费用的25%作为成本在利润中扣除。同时，允许外籍人员来泰国进行香蕉产业投资考察，允许引进专家技术人员为已获审批的项目工作，允许拥有土地所有权，允许汇进或汇出外币。

2. 柬埔寨利用无门槛优惠政策促进外资投资本国香蕉产业

柬埔寨对香蕉产业高度关注，《投资法》为外国投资者提供了相对优惠的税收、土地租赁政策。为吸引外商投资香蕉产业，柬埔寨政府对开发种植500公顷以上的香蕉种植项目，给予了一定年限的免征盈利税待遇。加之“四角战略”的不断推进、中柬香蕉贸易协定的签订、“一带一路”建设的稳步实施，以及柬埔寨政治社会稳定，经济全面复苏，商业环境不断改善，外交上进一步实施全方位、多层次的对外开放战略，国际和区域影响力不断提高，已成为世界上增长最快的经济体之一，并正在成为有吸引力的投资目的国。行业人士预计，未来5~10年，柬埔寨有望成为亚洲新兴香蕉生产国，也可能成为亚洲最大热带农产品出口国。

3. 印度多种举措促进香蕉产销

为促进印度香蕉种植，印度政府对种植者给予补助津贴和优惠贷款政策，并进行技术培训，还对香蕉生产的基础设施进行完善，促进精细农业技术推广。同时，为促进出口，印度农产品和加工食品出口发展局（APEDA）协调国际食品法典委员会（CAC）改变香蕉出口的蕉指长度标准，以扩大印度小型香蕉出口。

二、中国香（大）蕉产业基本情况

2019年，中国香蕉主产区面积、产量均有增加，香蕉枯萎病防控取得成效。但市场出现疲软、品种较为单一、进口蕉持续冲击等因素叠加，给产业发展带来一定隐患。总体来看，风险与机遇并存。

（一）生产情况

据农业农村部农垦局统计，2019年，中国香蕉种植面积为495.6万亩，同比下降4.7%。其中，广东香蕉种植面积167.0万亩、云南126.7万亩、广西117.8万亩、海南49.9万亩、福建17.4万亩，分别占全国总面积的33.7%、25.6%、23.8%、10.1%和3.5%，四川、重庆、贵州也有少量种植，分别为2.8万亩、0.8万亩和13.1万亩，新划热区西藏种植了1 000亩香蕉（图6）。

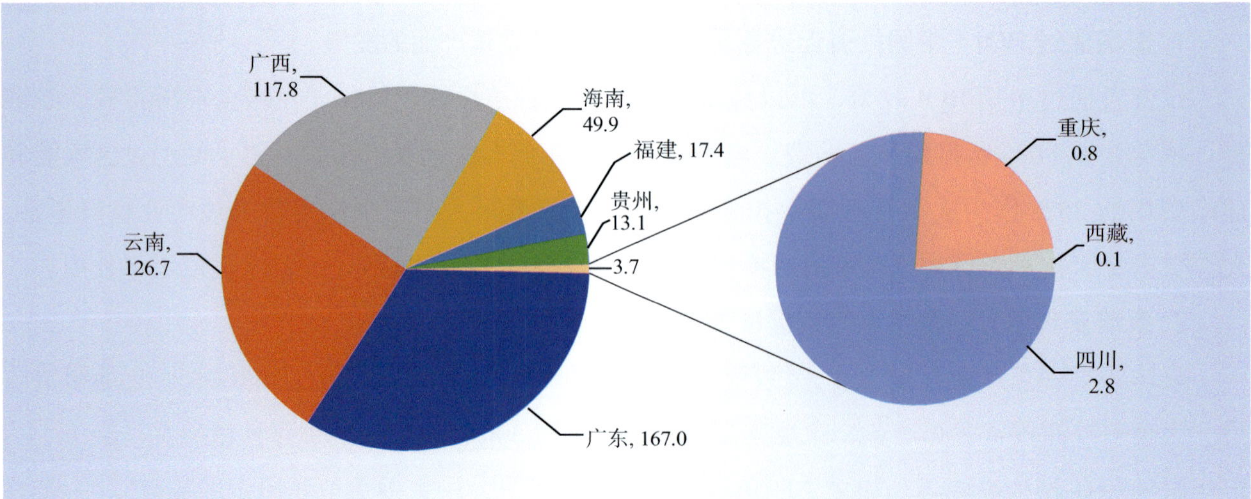

图6　2019年国内各主产区香蕉种植面积（万亩）

2019 年，全国香蕉总产量为 1 165.6 万吨，同比增加 0.7%。其中，广东香蕉产量 464.8 万吨、广西 311.0 万吨、云南 211.4 万吨、海南 121.8 万吨、福建 44.8 万吨，分别占全国总产量的 39.9%、26.7%、18.1%、10.5% 和 3.8%，四川、贵州也有少量生产，分别为 5.0 万吨、6.6 万吨，重庆为 1 000.0 吨（图 7）。全国平均单产 2 464.9 千克 / 亩，同比下降 1.2%，主要是云南、四川、西藏单产均下降所致。其中，广东为 3 037.7 千克 / 亩，福建为 2 683.7 千克 / 亩，广西为 2 758.2 千克 / 亩，海南为 2 441.9 千克 / 亩，云南为 1 640.8 千克 / 亩。

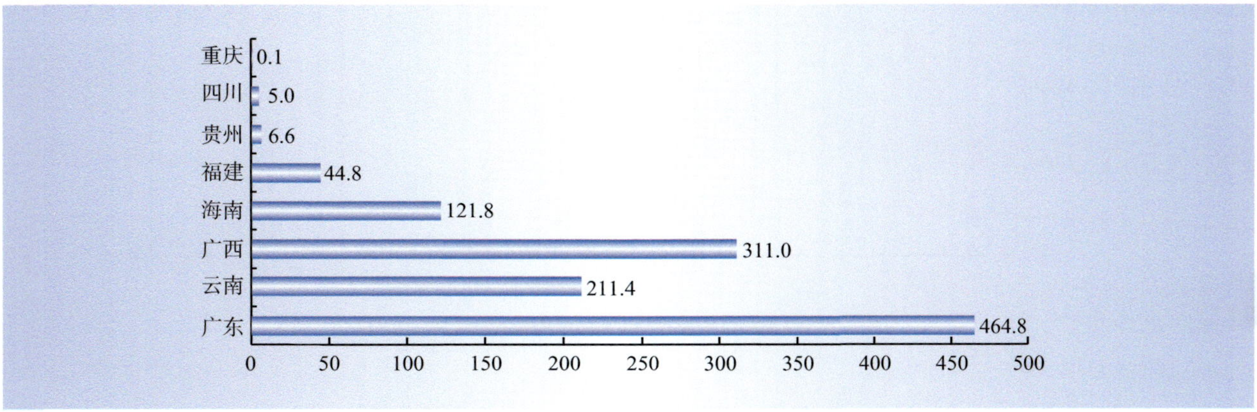

图 7　2019 年国内各主产区香蕉产量（万吨）

（二）贸易情况

据海关统计，2019 年中国为香（大）蕉贸易净进口国。全年进口量 194.0 万吨、进口额 10.9 亿美元，同比增长 25.6%、27.0%。出口量 1.9 万吨、出口额 1 754.0 美元，同比分别增长 22.1% 和 8.9%。2019 年 1—12 月中，进口量、进口额以 11 月最高；出口量以 7 月为最大，出口额以 8 月为最高；出口量波动幅度大于进口量的，进出口额波动幅度相近；从图 8 至图 10 中

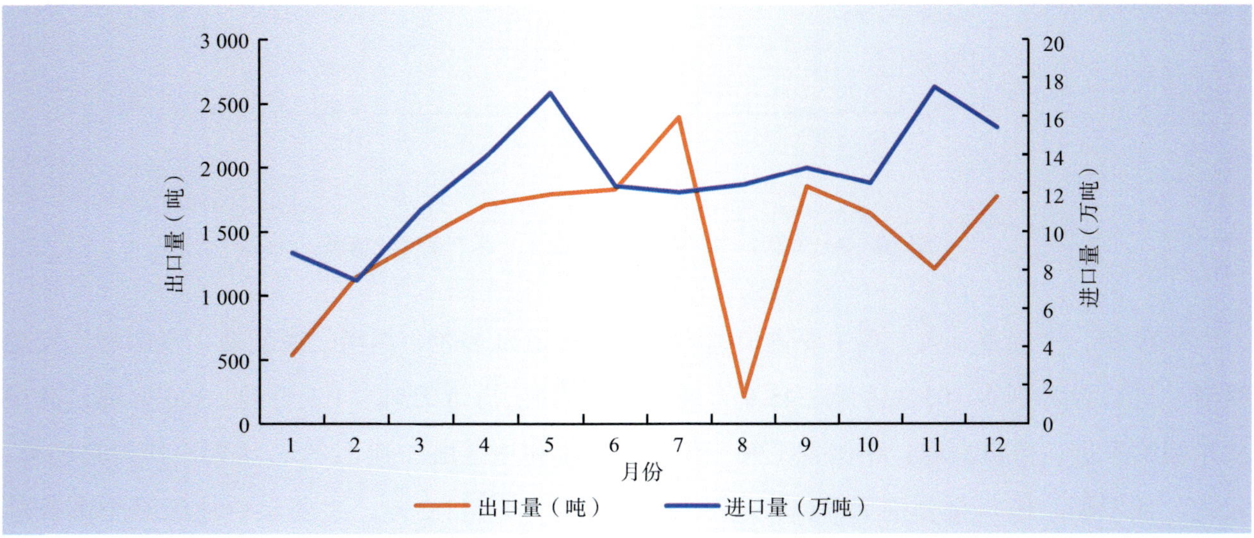

图 8　2019 年 1—12 月香（大）蕉进出口量变化趋势

可看出，香（大）蕉进出口量、进出口额与主产区产量变化关联性不大。

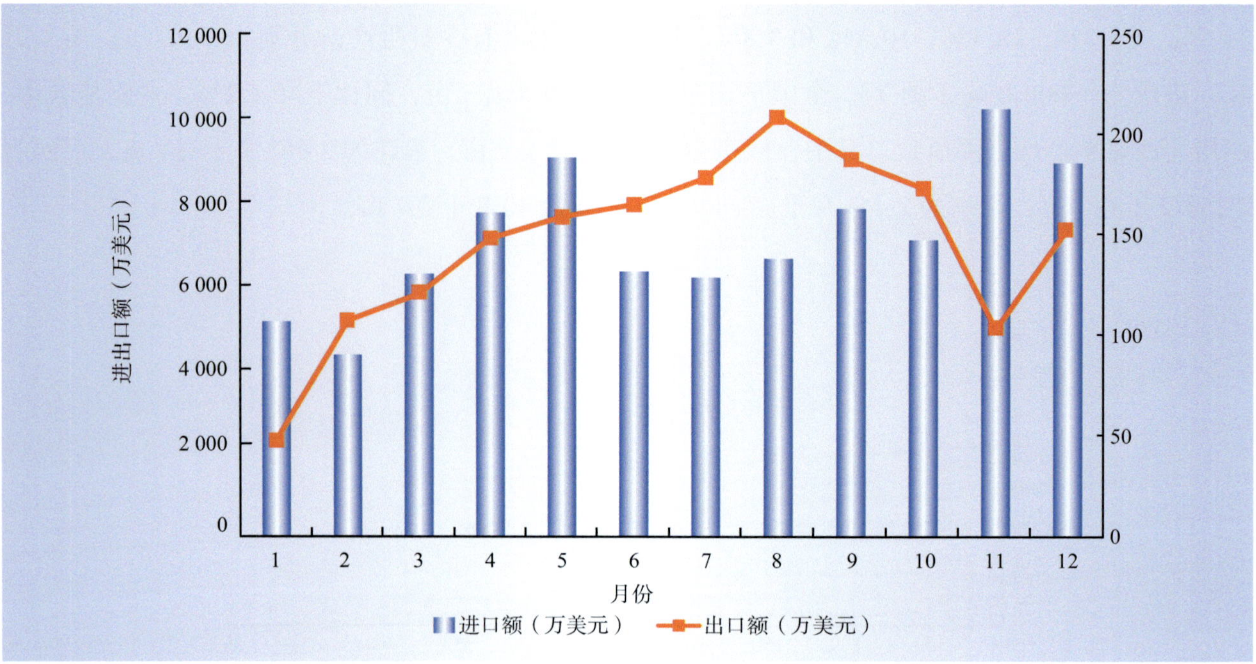

图 9　2019 年 1—12 月香（大）蕉进出口额变化趋势

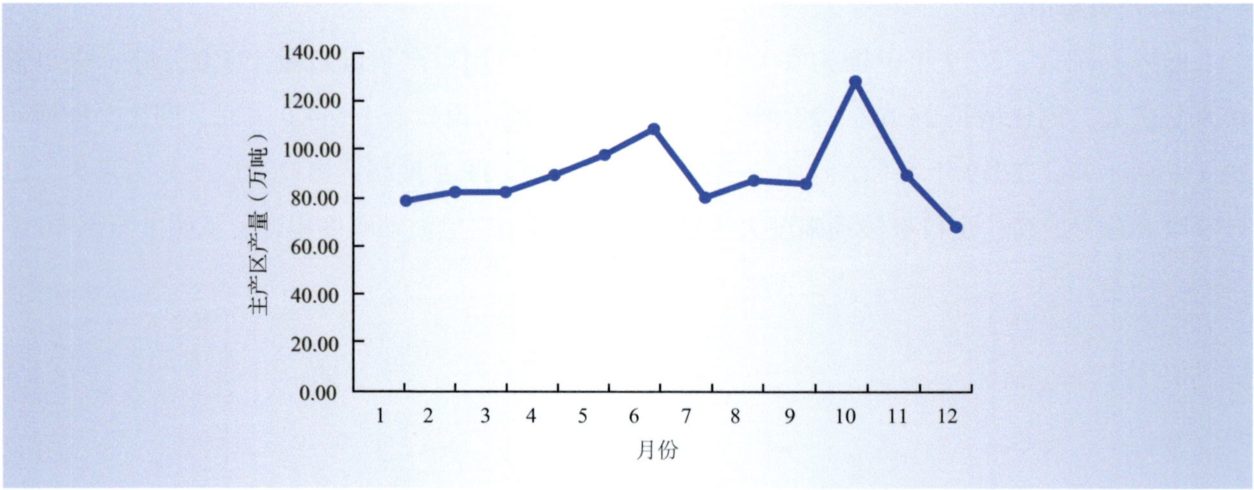

图 10　2019 年 1—12 月香（大）蕉主产区产量变化情况

2019 年，中国香（大）蕉主要进口国为菲律宾、厄瓜多尔、越南、柬埔寨、泰国和印度尼西亚，进口量分别为 103.3 万吨、45.9 万吨、27.8 万吨、1.8 万吨、1.5 万吨、1.0 万吨，其中从东盟国家进口数量大增；中国香（大）蕉出口国家和地区增加到 22 个，主要出口国是朝鲜、蒙古、俄罗斯，出口量分别为 7 610.7 吨、2 590.0 吨、1 442.2 吨，主要出口地区是中国香港 9 418.5 吨、中国澳门 2 329.8 吨。

（三）价格情况

受 2018 年香蕉市场价格走高影响，中国香蕉主产区种植面积增加，进口蕉冲击国内市场，国内香蕉供大于需，批发市场价格走低。全国农产品批发市场平均价格 5.1 元 / 千克，同比下降 2.1%；产地综合平均价格 3.1 元 / 千克，同比上涨 3.4%。从月度价格看，国内香蕉销区市场平均价格波动较为平缓，1 月价格最高达 5.6 元 / 千克，10 月价格最低为 4.0 元 / 千克。受年初倒春寒影响，2019 年年初香蕉供小于求，主产区香蕉综合平均价格上半年比下半年稍高，4 月达到全年最高点 4.2 元 / 千克，之后开始持续下降，在 10 月达到全年最低点 2.1 元 / 千克，随后价格又开始回升（图 11、图 12）。

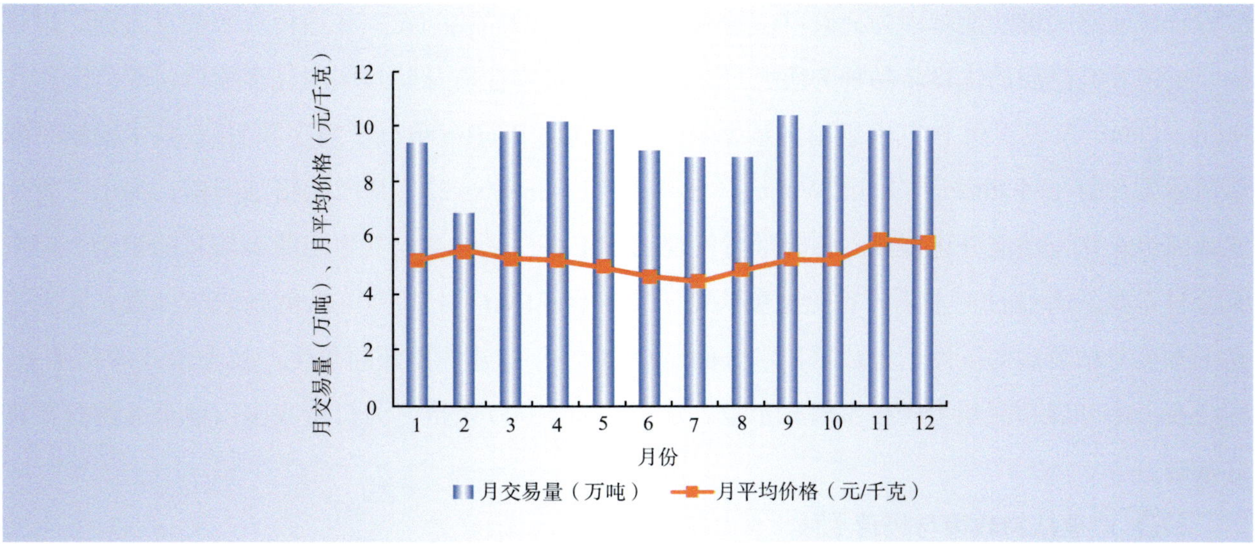

图 11　2019 年香蕉批发市场月平均价格及月交易量走势

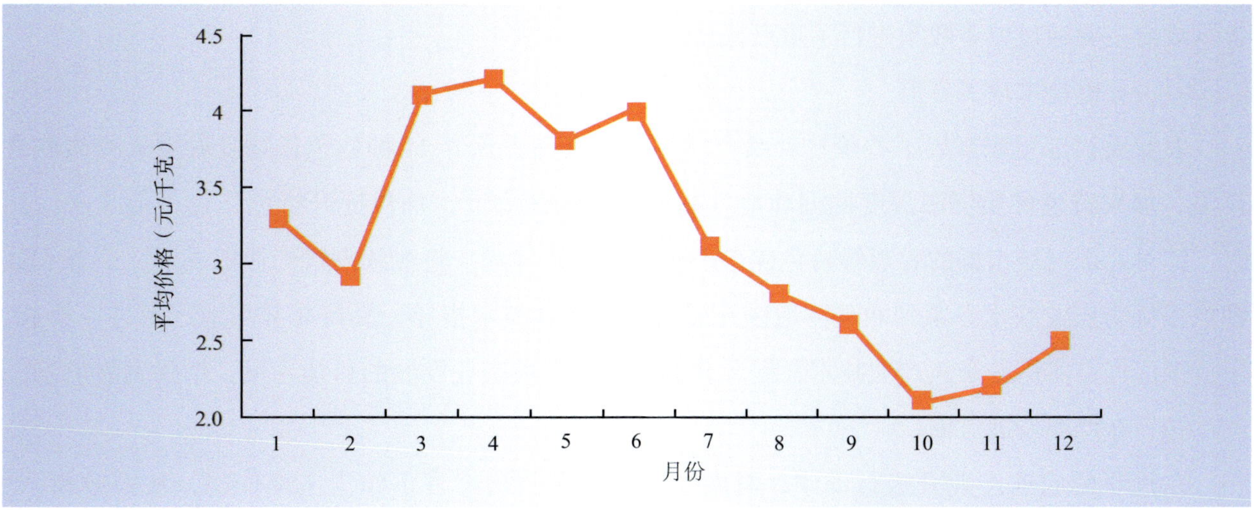

图 12　2019 年香蕉主产区月产地综合平均价格走势

（四）科研进展

国内香蕉领域的研究热点紧密围绕着制约产业发展的关键问题。在病害研究方面，集中于对病原菌毒性蛋白、抗病基因鉴定及其互作机制、枯萎病综合防治技术等。在香蕉枯萎病和细菌性软腐病防控取得显著成效，国家香蕉产业技术体系以“香蕉枯萎病三大综合防控核心技术体系”（抗病品种 + 土壤改良 + 配套栽培的“三位一体”综合防控技术体系）为核心，有效遏制了香蕉枯萎病在我国香蕉产区蔓延。近年来，体系对香蕉细菌性软腐病病虫害防控系统开展病原鉴定、流行学特征、病害防控技术及防控机制等研究，提出了“无病基质种苗的培育、种苗栽种时‘送嫁药’的使用、田间有机肥的应用、栽培管理措施的完善，以及有效的化学防控”等一套综合防控措施。在采后生理生化及贮运保鲜方面，研究集中于以延长果实货架期、挖掘果实糖分代谢及淀粉合成通路关键功能基因为突破口，解决香蕉生产中的品质问题。在遗传资源改良方面，以抗病、抗逆和高品质的优良新品种为研究目标，中国热带农业科学院与国内外多家科研院所合作在 Nature Plants 发表香蕉 B 基因组精细基因组图谱，利用 PacBio 单分子测序和 Hi-C 技术绘制了双单倍体香蕉野生种 Pisang Klutuk Wulung（B- 基因组，2n=2x=22）基因组精细图谱，揭示了香蕉亚基因组进化及功能分化规律。该院学者发现 LysM 蛋白受体参与共生与防御信号的识别。广东农业科学院学者通过寄主诱导香蕉枯萎病菌 Foc TR4 ERG6/11 基因沉默创制的新种质，大大提高了香蕉对枯萎病的抗性。在栽培技术方面，在 2018 年构建高原超甜蕉生产技术模式的基础上，继续在云南开展超甜蕉生产技术模式示范，示范面积 5 000 余亩，为打造我国山地蕉品牌打下良好基础。

（五）产业扶持政策与经营主体

1. 产业扶持政策

香蕉作为中国热区优势作物，受到农业农村部及各级热区政府的高度重视。2019 年以来，各级政府主要通过以下政策进行了重点扶持。

（1）关键技术攻关方面

农业农村部组织开展了香蕉良种联合攻关，重点是香蕉等 11 种特色作物良种重大科研联合攻关，加大特色种质资源深度挖掘和地方品种筛选测试力度，加快提升特色作物种业水平。同时，针对北部湾城市群的香蕉等特色优势产业中的科技问题，将继续围绕产业的发展，引导和鼓励更多优秀农业技术专家到北部湾地区开展农业合作和技术指导，支持北部湾地区引进、集成、示范推广先进实用的香蕉产业技术，提升北部湾地区香蕉产业发展的科技含量，增强发展后劲。

（2）在产业发展方面

在近年的农业产业升级行动中，海南、云南、广西均将香蕉作为主推作物，从财政投入、金融、土地利用、规模化标准化品牌化发展等方面进行了重点扶持，并写入《海南省现代农业

"十三五"发展规划》《云南省高原特色农业现代化"十三五"规划（2016—2020 年）》《广西壮族自治区现代农业（种植业）发展"十三五"规划（2016—2020 年）》，其他热区则将其作为扶贫产业从资金上进行了支持。

2. 国内龙头企业生产经营情况

香蕉种植与加工企业主要分布在广西、海南、云南、广东、福建五大主产区。广西主营香蕉企业有广西金穗农业集团、广西铭和农业科技发展有限公司、广西丰湖农业投资有限公司、广西桂洁农业开发有限公司等 36 家，主营香蕉的农民专业合作社有隆安县绿水江香蕉专业合作社、浦北县桂越香蕉农民合作社、田阳福爽香蕉专业合作社等；海南主营香蕉企业有海南万钟实业公司、海南顶益绿洲生态农业有限公司等，农民专业合作社主要有临高县南宝香蕉合作社等；云南主营香蕉企业有云南金鑫大农业有限公司等，农民专业合作社有云南河口南溪农场龙冬队等；广东主营香蕉企业有徐闻县力鸣农业有限公司等，农民专业合作社有民强香蕉种植农民专业合作社、锦荣香蕉种植农民专业合作社、英利金利香蕉农民专业合作社；福建主营香蕉企业有漳州市海香果业有限公司等，农民专业合作社有南靖县好再来果蔬专业合作社等。

三、中国香蕉种植效益分析

总体来看，受 2018 年香蕉价格高企影响，2019 年主产区蕉农增加了生产资料投入，种植成本有所上升，亩投入从 2018 年的 6 090 元增至 7 055 元，投入产出比同比均有所下降，广东香蕉种植效益最高（表 1）。

表 1 2019 年中国香蕉主产区生产成本、亩产值和投入产出比情况

地区	生产成本（元 / 千克）	亩产量（千克 / 亩）	地头平均收购价格（元 / 千克）	亩产值（元）	投入产出比	
					2019 年	2018 年
广东	2.4	3 015	2.8	9 286.2	1.2	1.3
广西	2.2	2 456	2.2	6 606.6	1.0	1.2
云南	2.5	2 125	2.5	7 161.3	1.0	1.4
海南	2.6	2 361	2.7	8 263.5	1.0	1.3
福建	2.3	2 550	2.2	8 338.5	1.0	1.4

四、中国香蕉产业发展特点

（一）种植面积、产量均有增长

2019年，受香蕉主产区云南、广西、海南的香蕉种植面积减少影响，全国香蕉种植面积略有下降，但其产量出现增加。广东主产区因2018—2019年初香蕉行情回暖、效益回升，蕉农种植意向增强，香蕉种植面积同比增加，且2019年上半年广东省的多雨天气适宜香蕉生长，加之全年无强台风侵袭，省内蕉园未受自然灾害影响，香蕉单产水平同比提高，香蕉产量同比增长14.2%；海南香蕉单产、产量因市场行情看好及香蕉枯萎病受到控制而增加，产量略增0.1%；广西、云南的香蕉种植面积、产量因香蕉枯萎病均出现下滑；福建香蕉种植面积与产量因市场行情走高而有所增长。

（二）香蕉果品质量与品种均有优化

进口蕉冲击、香蕉枯萎病和和市场价格走低等因素倒逼全国香蕉主产区提高生产水平，促使果品质量不断提升。品种结构也继续优化，抗枯萎病香蕉品种（“热科2号”“中热1号”“中热2号”等）及特色蕉种植面积占全国香蕉比例进一步提高。

（三）净进口贸易量持续大幅上扬，消费量增加

2019年，全国香蕉净进口量为192.1万吨，同比增加25.9%，其中，主要进口来源国家和地区仍以东南亚为主。中国香蕉消费量达到1 446.2万吨，同比增加8.5%，位居世界第二位。此外，进口蕉市场格局也在发生改变，超市型和大型零售跨国公司在香蕉贸易市场的主导地位不断加强，中国最大进口蕉贸易商佳农食品控股（集团）股份有限公司在进口蕉市场所占份额继续扩大，2019年该公司香蕉进口量占我国香蕉进口总量的18.3%。

（四）与产业扶贫联系日趋紧密

近年来，随着香蕉产业效益的提高，香蕉产业也成为广西、海南、云南等热区各地扶贫产业项目之一，通过“合作社＋贫困户”“村党支部＋企业＋贫困户”“企业＋合作社＋贫困户”等多种产业发展模式，对种植户进行技术培训，每批香蕉销售收入总额在扣除种植成本后，将利润总额依据协定按不同比例分给参与各方，同时对贫困户实行动态化管理，实现了精准扶贫和精准脱贫。

（五）销售渠道与手段多样化

随着“互联网＋农业”的进一步推广，以及蕉农素质的进一步提高，香蕉果品的销售渠道与手段日趋多样化。除了传统的外地收购商和本地经销大户包园及地头收购等线下途径外，淘宝、京东、顺丰、拼多多等B2C电商销售平台也有多家店铺销售鲜果，这些店铺中蕉农自产自

销者占大多数。同时，还有很多产品充分利用线上线下以及多方跨界（如自媒体）融合的“新零售”手段为香蕉开通了综合销售渠道，有效降低了恶劣天气、突发公共事件等对香蕉销售的影响，减少了中间环节，提高了配送的时效性，为香蕉商品率和品质的提升提供了保障。

五、存在的主要问题和瓶颈

（一）香蕉产业链过短导致产业综合竞争力不强

国内的香蕉全产业链服务体系仍不够健全，尤其是专门从事冷冻保鲜物流业的企业很少，香蕉冷链市场化程度低，第三方介入。少香蕉生产企业和经销商的自营物流占总物流量的比例是90%，第三方物流约占 10%，第三方物流提供的综合性全程服务也不足总体需求的 20%，导致中国香蕉果品商品率不高。加上在预冷、保鲜、催熟等环节上也与东盟国家有较大差距，香蕉深加工相对滞后（目前只有广西金穗集团从 2016 年开始生产香蕉粉 / 香蕉汁），产品附加值低。同时，我国尚未开始重视香蕉出口加工基地的建设，共同导致了中国香蕉产业综合竞争力不高。

（二）后备品种缺乏，种质创新不足

当前，国家香蕉产业技术体系已选育了一些品质优良的新品种，并进行了推广种植，但国内香蕉的当家品种仍主要是引进的巴西、威廉斯系列品种，能基本满足生产实际需要。但是，当家品种趋同性高，缺乏可供不同生态条件和不同市场需求进行选择的品种；后备品种缺乏，一旦当家品种退化，缺乏替换品种；缺乏生产急切需要的适合各区域的抗逆性强品种，如抗叶斑病、花叶心腐病、线虫、抗寒抗旱耐贮运等品种。特别是对中国特有的优良香蕉种质资源收集、鉴定、提纯复壮重视不足，许多 20 世纪 80 年代以前的国内主栽品种，如良种高州（中）把、埔北高把等适应性强、抗逆性高的品种现已老化退化严重，亟待进一步挖掘利用。

（三）进口蕉对国产蕉冲击日益加大

据海关数据显示，从 2016 年开始，中国香蕉的进口数量呈稳步上升趋势，从 2016 年的88.7 万吨、56 300 万美元增加到 2019 年的 194.0 万吨、109 000 万美元，分别增长了 118.7%、93.4%。不断上升的进口量与不断降低的价格使得进口蕉在我国香蕉市场持续渗透扩张。进口蕉增加了香蕉总供应量，同时还挤占了国内高端香蕉市场份额，对国产香蕉造成很大冲击。

六、中国香蕉产业发展展望

（一）种植面积与产量将小幅下降

受 2019 年香蕉价格走低等影响，主产区生产资料、劳动力均出现严重短缺现象，中国香蕉

种植面积、产量将小幅下降，如再加上恶劣天气，将有可能强化其种植面积、产量下降的趋势。

（二）市场价格将有望上涨

受国内香蕉种植面积下降的影响，预计2020年香蕉市场可能出现供小于求的状况。如未发生影响香蕉生产和销售的突发重大公共卫生事件或灾害，香蕉价格将较2019年小幅增加。

（三）向规模化种植发展

在前几年香蕉行业整体低迷的情况下，五大主产区都出现了散户弃种的现象。在此形势下，近些年来，具有资金、技术优势的公司开始展现其优势，坚持规模化种植香蕉，各主产区规模化蕉园种植面积占比不断提高。

七、中国香蕉产业发展建议

（一）推动香蕉产业三产融合发展，完善香蕉全产业链建设

香蕉产业各级管理部门应通过政策措施，大力引导和扶持香蕉产业三产融合发展，延伸产业链，拓展产业功能，促进产业升级，服务热区乡村振兴。开展“香蕉果园＋养殖业”的立体绿色发展模式，通过果园放养家禽、蓄养鱼类等进行资源循环利用；鼓励现有的果蔬加工企业研发香蕉深加工产品，建设标准化规模化香蕉种植与加工出口基地，实现生产、加工、运销和品牌塑造的融合发展；将文化、体育、休闲和旅游融入蕉园生产中，拓展产业功能。推动建设香蕉现代农业产业园区，依托龙头企业等经营主体通过产业链带动基地和农户，建立合理的利益分配机制，促进产业增效、蕉农增收。

（二）多渠道挖掘优良品种资源，培育储备品种

财政资金应连续、稳定支持香蕉后备品种的选育。鼓励多方引进国外优良品种或提纯复壮原有优良品种，多渠道挖掘优良品种资源，经过不同年份、不同生态区域的区域试验和生产试验，选育出丰产性突出、综合性状优良、抗逆稳产、适应性广、满足市场需求的后备品种。

（三）增强产品出口竞争力，完善产业预警机制

中国是香（大）蕉生产大国，产量居世界第二位，但并不是香蕉生产强国和贸易强国，出口量仅占产量的0.2%，需要加强其产业综合竞争力。自贸易全球化以来，中国香（大）蕉产业受外部市场冲击的频率逐年增加，并有逐步加剧的态势，须进一步完善中国香蕉产业损害监测预警机制，构建能够全面、及时、动态反映产业发展安全的指标体系，重点对产业对外依存度、产业控制力及产业发展环境等方面进行评价，并依据国内外形势变化而修改和完善，确保中国香蕉产业可持续发展。

2019 年木薯产业发展报告

一、世界木薯产业概况

（一）生产情况

据联合国粮农组织（FAO）统计，2018 年世界木薯收获面积为 3.7 亿亩，同比减少 6.6%；其中，非洲木薯收获面积为世界总收获面积的 76.0%，亚洲为 15.3%，美洲为 8.7%；世界木薯收获面积较大的国家有尼日利亚、刚果（金）、泰国、巴西、莫桑比克，收获面积分别占世界的 27.9%、15.0%、5.6%、4.9%、4.3%，共计 57.7%（表 1、表 2）。

表 1　2009—2018 年世界及各洲木薯收获面积

（单位：亿亩）

区域	2009 年	2010 年	2011 年	2012 年	2013 年	2014 年	2015 年	2016 年	2017 年	2018 年
世界	2.9	2.9	3.1	3.8	3.9	3.8	3.9	3.8	4.0	3.7
非洲	1.9	2.0	2.1	2.8	2.9	2.9	2.9	2.8	2.8	2.8
亚洲	0.6	0.6	0.6	0.6	0.6	0.6	0.6	0.6	0.6	0.6
美洲	0.4	0.4	0.4	0.4	0.4	0.4	0.4	0.4	0.3	0.3

表 2　2009—2018 年世界木薯主产国收获面积

（单位：亿亩）

国家	2009 年	2010 年	2011 年	2012 年	2013 年	2014 年	2015 年	2016 年	2017 年	2018 年
尼日利亚	0.5	0.5	0.6	1.0	1.0	1.0	0.9	0.9	1.0	1.0
刚果（金）	0.3	0.3	0.3	0.6	0.6	0.6	0.6	0.6	0.6	0.6

（续表）

国家	2009 年	2010 年	2011 年	2012 年	2013 年	2014 年	2015 年	2016 年	2017 年	2018 年
泰国	0.2	0.2	0.2	0.2	0.2	0.2	0.2	0.2	0.2	0.2
巴西	0.3	0.3	0.3	0.3	0.2	0.2	0.2	0.2	0.2	0.2
莫桑比克	0.2	0.2	0.2	0.1	0.1	0.1	0.2	0.2	0.2	0.2

资料来源：联合国粮农组织（FAO）

2018 年世界木薯产量为 27 780.9 万吨，同比减少 4.9%。其中，非洲木薯产量约为世界总产量的 61.1%，亚洲约为 29.0%，美洲约为 9.8%；世界木薯主产国分别为尼日利亚、泰国、刚果（金）、加纳、巴西等，产量分别占世界的 21.4%、11.4%、10.8%、7.5%、6.4%，总计达 57.5%（表 3、表 4）。

表 3　2009—2018 年世界木薯产量

（单位：亿吨）

区域	2009 年	2010 年	2011 年	2012 年	2013 年	2014 年	2015 年	2016 年	2017 年	2018 年
世界	2.3	2.4	2.5	2.8	2.8	2.9	2.9	2.9	2.8	2.8
非洲	1.2	1.3	1.4	1.6	1.6	1.7	1.7	1.7	1.7	1.7
亚洲	0.8	0.8	0.8	0.9	0.9	0.9	0.9	0.9	0.8	0.8
美洲	0.3	0.3	0.3	0.3	0.3	0.3	0.3	0.3	0.3	0.3

表 4　2009—2018 年世界木薯主产国产量

（单位：亿吨）

国家	2009 年	2010 年	2011 年	2012 年	2013 年	2014 年	2015 年	2016 年	2017 年	2018 年
尼日利亚	0.4	0.4	0.5	0.5	0.5	0.6	0.6	0.6	0.6	0.6
泰国	0.3	0.2	0.2	0.3	0.3	0.3	0.3	0.3	0.3	0.3
刚果（金）	0.2	0.2	0.2	0.3	0.3	0.4	0.4	0.4	0.3	0.3
加纳	0.1	0.1	0.1	0.2	0.2	0.2	0.2	0.2	0.2	0.2
巴西	0.2	0.3	0.3	0.2	0.2	0.2	0.2	0.2	0.2	0.2

数据来源：联合国粮农组织（FAO）

2009—2018 年世界木薯平均单产有所波动，2009 年为 0.8 吨 / 亩，2018 年受不良气候、病虫害等影响，下降到 0.8 吨 / 亩，总体上呈下降趋势，同比减少 1.3%。世界五大木薯主产国尼日利亚、刚果（金）、泰国、加纳、巴西的木薯单产分别为 0.6 吨 / 亩、0.5 吨 / 亩、1.5 吨 / 亩、1.4 吨 / 亩、1.0 吨 / 亩，除尼日利亚、刚果（金）外，其余 3 国木薯单产水平高于世界平均水平。此外，单位面积产量较高的国家还有老挝、苏里南、柬埔寨、巴哈马和斐济等国家，

2018 年老挝木薯单产为 2.1 吨 / 亩，苏里南为 1.9 吨 / 亩，柬埔寨为 1.9 吨 / 亩，巴哈马为 1.7 吨 / 亩，斐济为 1.7 吨 / 亩（表 5、表 6）。

表 5 2009—2018 年世界及各洲木薯单位面积产量

（单位：吨 / 亩）

区域	2009 年	2010 年	2011 年	2012 年	2013 年	2014 年	2015 年	2016 年	2017 年	2018 年	平均
世界	0.8	0.8	0.8	0.7	0.7	0.7	0.8	0.8	0.8	0.8	0.8
非洲	0.6	0.7	0.7	0.6	0.6	0.6	0.6	0.6	0.6	0.6	0.6
亚洲	1.4	1.3	1.3	1.4	1.4	1.5	1.4	1.4	1.5	1.4	1.4
美洲	0.8	0.8	0.9	0.8	0.9	0.9	0.9	0.9	0.9	0.9	0.9

表 6 2009—2018 年世界木薯主产国单位面积产量

（单位：吨 / 亩）

国家	2009 年	2010 年	2011 年	2012 年	2013 年	2014 年	2015 年	2016 年	2017 年	2018 年	平均
老挝	1.0	1.7	1.6	1.6	1.9	1.8	2.1	2.1	2.1	2.1	1.8
苏里南	1.6	1.7	1.5	1.6	2.0	1.9	1.7	1.7	1.8	1.9	1.8
柬埔寨	1.5	1.4	1.5	1.5	1.6	1.7	1.8	1.8	1.8	1.9	1.6
巴哈马	1.2	1.5	1.5	1.5	1.5	1.5	1.6	1.6	1.7	1.7	1.5
斐济	0.7	0.8	0.7	0.7	0.7	0.7	1.7	1.7	1.7	1.7	1.1
尼日利亚	0.8	0.8	0.8	0.5	0.5	0.6	0.6	0.6	0.6	0.6	0.6
泰国	1.5	1.2	1.3	1.5	1.5	1.5	1.5	1.5	1.5	1.5	1.5
刚果（金）	0.5	0.5	0.5	0.5	0.5	0.5	0.5	0.5	0.5	0.5	0.5
加纳	0.9	1.0	1.1	1.1	1.2	1.3	1.3	1.3	1.3	1.4	1.2
巴西	0.9	0.9	1.0	0.9	0.9	1.0	1.0	1.0	1.0	1.0	1.0

数据来源：联合国粮农组织（FAO）

（二）贸易情况

1. 木薯干

2009—2018 年，世界木薯干进出口量波动较大。2018 年，世界木薯干出口量为 441.3 万吨，出口额为 12.6 亿美元，出口量同比减少 52.2%，出口额同比减少 33.4%。其中，泰国、越南、哥斯达黎加、老挝等为主要出口国，分别占世界的 90.5%、3.3%、3.0%、1.6%，总计达 98.4%。木薯干进口量为 757.6 万吨，进口额为 18.4 亿美元，进口量同比减少 23.7%，进口额同比减少 13.3%，其中中国、泰国、越南、韩国、美国等为主要进口国，分别占世界的 63.3%、27.9%、3.1%、2.8%、1.1%，总计为 98.3%（图 1）。

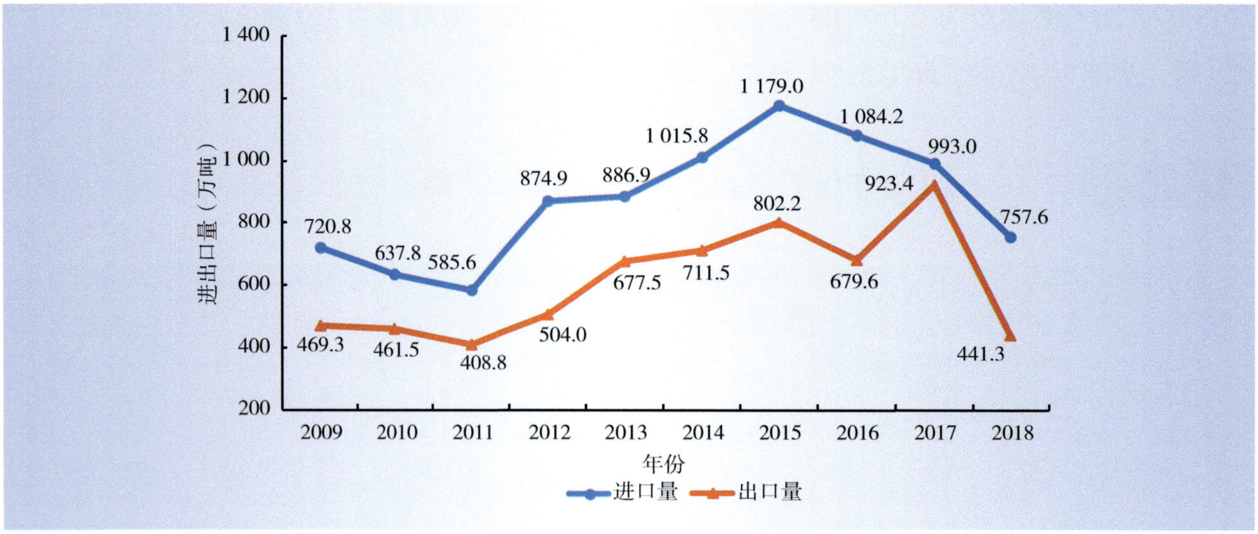

图 1　2009—2018 年世界木薯干进出口变化趋势（单位：万吨）

数据来源：联合国商品贸易统计数据库（UN Comtrade)

2. 木薯淀粉

2009—2018 年，世界木薯淀粉进出口量波动较大。2018 年，世界木薯淀粉出口量为 342.8 万吨、出口额为 22.5 亿美元，出口量同比减少 34.1%、出口额同比增加 22.6%。其中，泰国、越南等为主要出口国，分别占世界的 82.9%、14.5%，总计为 97.4%。2018 年，世界木薯淀粉进口量为 355.7 万吨、进口额为 17.6 亿美元，进口量同比减少 11.8%、进口额同比增加 24.0%。其中，中国、印度尼西亚、马来西亚、日本、菲律宾等为主要进口国，分别占世界进口总量的 56.5%、10.6%、7.4%、3.4% 和 3.2%，总计为 81.0%（图 2）。

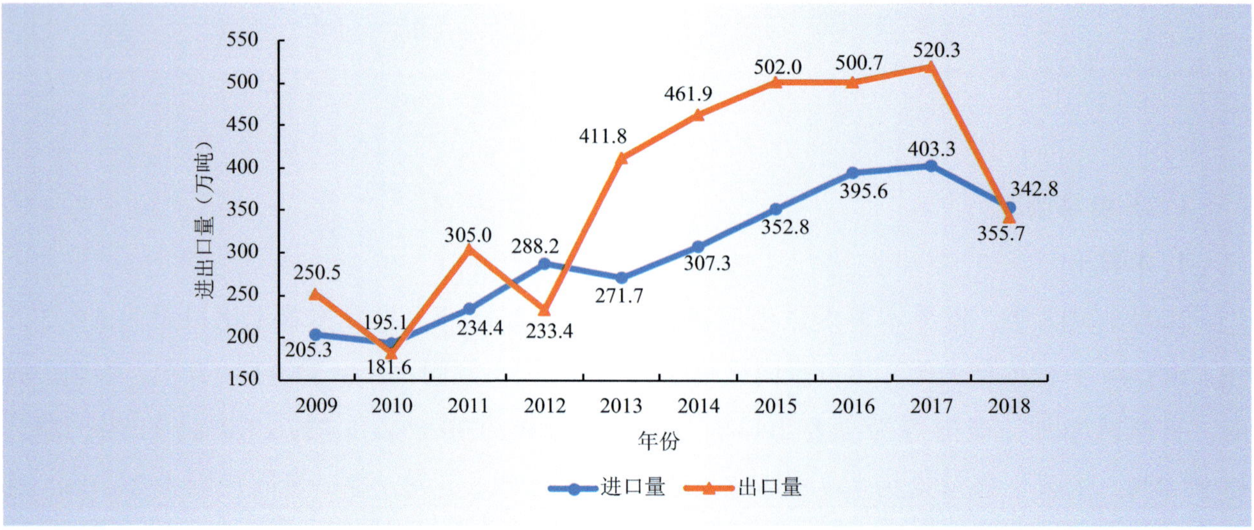

图 2　2009—2018 年世界木薯淀粉进出口变化趋势（单位：万吨）

数据来源：联合国商品贸易统计数据库（UN Comtrade)

（三）价格情况

2019 年，中国木薯干平均价格为 1 762.8 元 / 吨，泰国为 1 533.7 元 / 吨，越南为 1 659.7 元 / 吨；中国木薯干平均价格比泰国高 14.9%，比越南高 6.2%。2019 年与 2018 年相比，中国木薯干平均价格下跌 1.1%，泰国下跌 0.04%，越南下跌 1.1%。从每个月来看，中国木薯干价格均高于泰国和越南，且 9 月价格最高（图 3）。

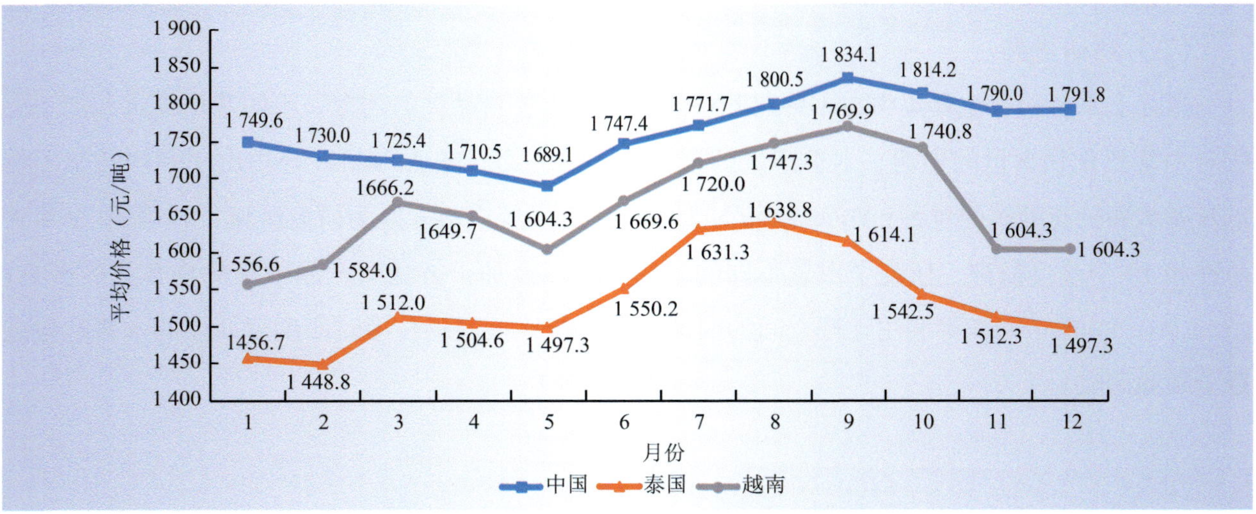

图 3　2019 年木薯干月度价格变化趋势

数据来源：卓创资讯

2019 年，中国木薯淀粉平均价格为 3 900.0 元 / 吨，泰国为 3 047.5 元 / 吨，越南为 3 220.4 元 / 吨；中国木薯淀粉平均价格比泰国高 28.0%，比越南高 21.1%。与 2018 年相比，中国木薯淀粉平均价格同比下跌 3.0%，泰国下跌 7.1%，越南下跌 9.2%；从每个月来看（图 4），2019

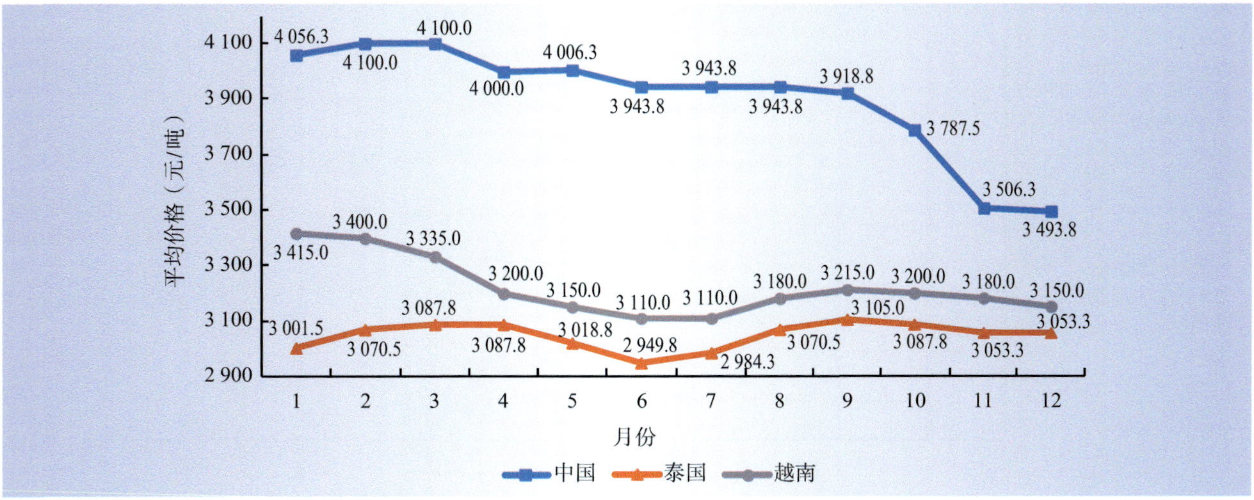

图 4　2019 年木薯淀粉月度价格变化趋势

数据来源：卓创资讯

年中国木薯淀粉价格均高于泰国和越南，越南木薯淀粉价格均高于泰国。

（四）消费情况

目前，木薯主要用于饲料、食品以及工业原料，但在各主产区木薯的应用、消费情况差异较大。在亚洲，木薯主要是加工成木薯干片、木薯淀粉和木薯酒精，用于饲料、食品添加剂、生物质能源等；在非洲，木薯主要是作为主粮食用，部分用作饲料；在美洲，主要是加工成木薯干片、木薯淀粉，用作饲料和食品添加剂。

（五）科研进展

国际上木薯研究主要集中在木薯花叶病的防治、木薯新品种的选育、不同栽培模式和加工方法对木薯氰化物含量的影响、木薯产量的预测技术等方面。H. A. Walsh 等提出了利用转基因技术开展木薯抗花叶病的育种；Youchahou Njankouo Ndam 等以喀麦隆为研究区域，利用 10 个本地品种和 10 个改良品种，研究了木薯不同的栽培模式以及加工方法对产品中氰化物含量的影响；Riska Ayu Purnamasari 等利用地理空间的模糊专家系统以及遥感技术对印度尼西亚的木薯产量进行了预测研究。

二、中国木薯产业基本情况

（一）生产情况

1. 种植面积

中国木薯主产区包括广西、广东、海南、云南、福建等 5 省（区），近几年中国木薯种植面积呈现递减趋势。据农业农村部农垦局统计（图 5），2019 年全国木薯种植面积为 422.9 万亩，

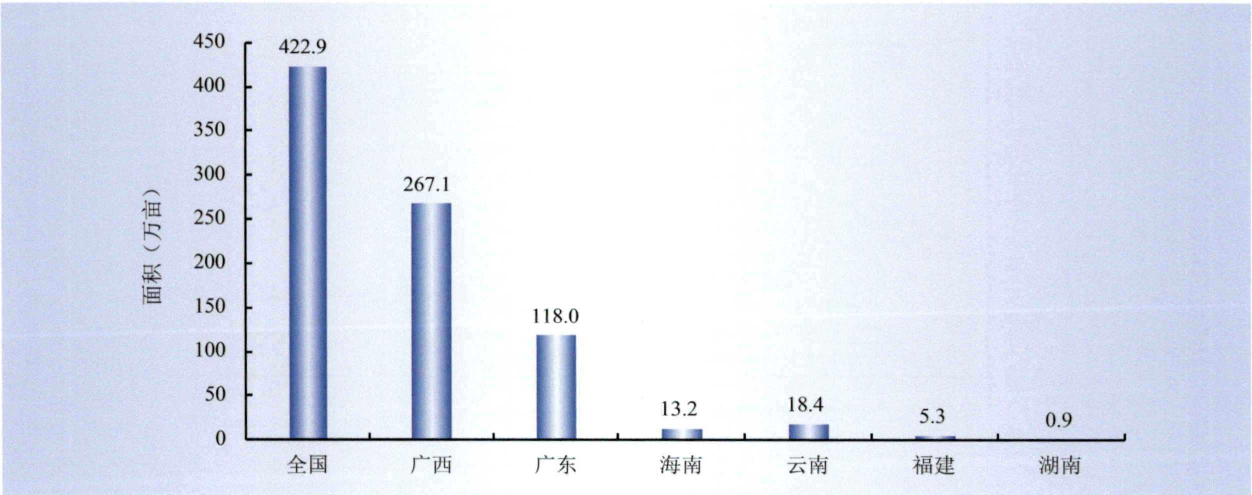

图 5　2019 年中国及各产区木薯种植面积

数据来源：农业农村部农垦局

同比减少 3.6%。其中，广西木薯种植面积为 267.1 万亩，同比减少 2.3%；广东为 118.0 万亩，同比减少 4.1%；海南为 13.2 万亩，同比减少 23%；云南为 18.4 万亩，同比增加 1.5%；福建为 5.3 万亩，同比减少 10.1%；湖南为 0.9 万亩，同比减少 18.9%。

2. 总产量、单产水平和总产值

2019 年，全国木薯干片产量为 259.8 万吨，同比增加 3.4%，广西、广东、海南、云南、福建木薯产量分别占中国木薯总产量的 64.9%、25.8%、1.9%、4.1%、2.7%。其中，广西木薯产量为 168.6 万吨，同比增加 0.2%；广东为 67.2 万吨，同比增加 26.6%；海南为 4.8 万吨，同比减少 35.1%；云南为 10.7 万吨，同比减少 14.4%；福建为 7.1 万吨，同比减少 13.2%；湖南为 1.4 万吨，同比减少 22.3%（图 6）。

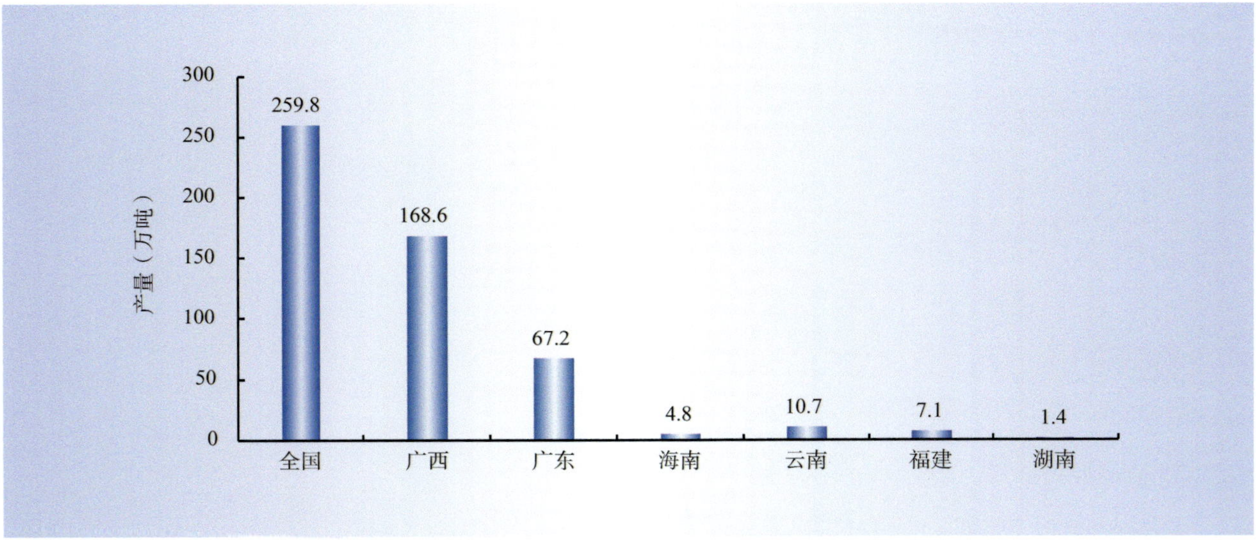

图 6　2019 年中国及各产区木薯产量

数据来源：农业农村部农垦局

2019 年，中国木薯平均单产为 0.6 吨 / 亩，其中，广西木薯单产为 0.6 吨 / 亩，同比增长 12.5%；广东为 0.6 吨 / 亩，同比增长 33.3%；海南为 0.36 吨 / 亩，同比减少 16.3%；云南为 0.8 吨 / 亩，同比减少 4.6%；福建为 1.4 吨 / 亩，同比无变化；湖南为 1.5 吨 / 亩，同比减少 4.4%（图 7）。

2019 年，中国木薯总产值为 68.1 亿元，同比减少 10.5%，其中，广西木薯总产值为 50.1 亿元，同比减少 17.4%；广东为 14.5 亿元，同比增长 39.5%；海南为 1.3 亿元，同比减少 18.4%；云南为 1.1 亿元，同比减少 50.3%；福建为 1.0 亿元，同比减少 19%；湖南为 0.2 亿元，同比增长 88.2%（图 8）。

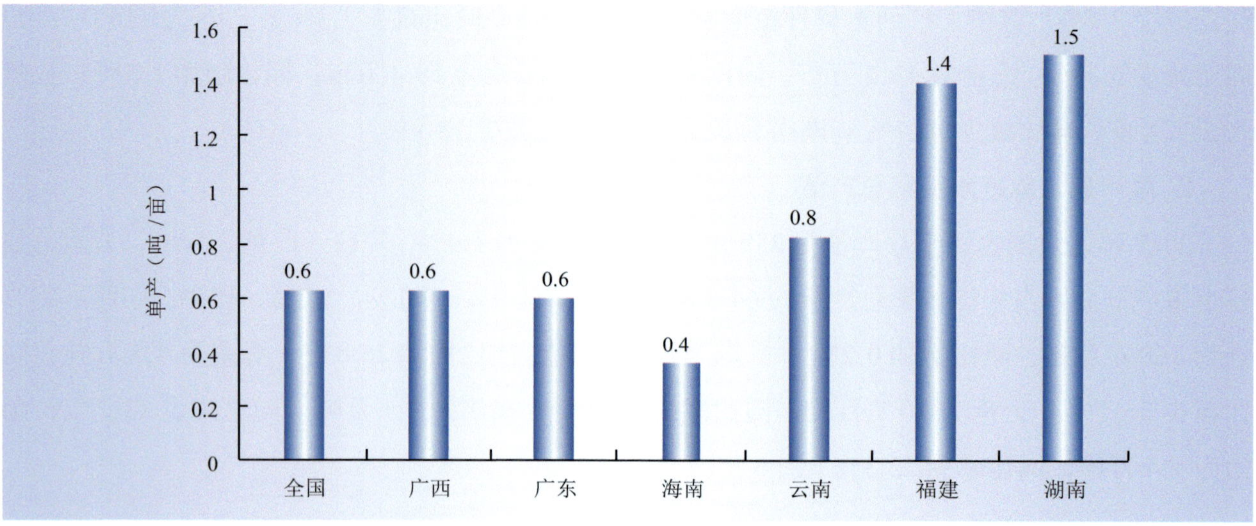

图 7　2019 年中国及各产区木薯单产

数据来源：农业农村部农垦局

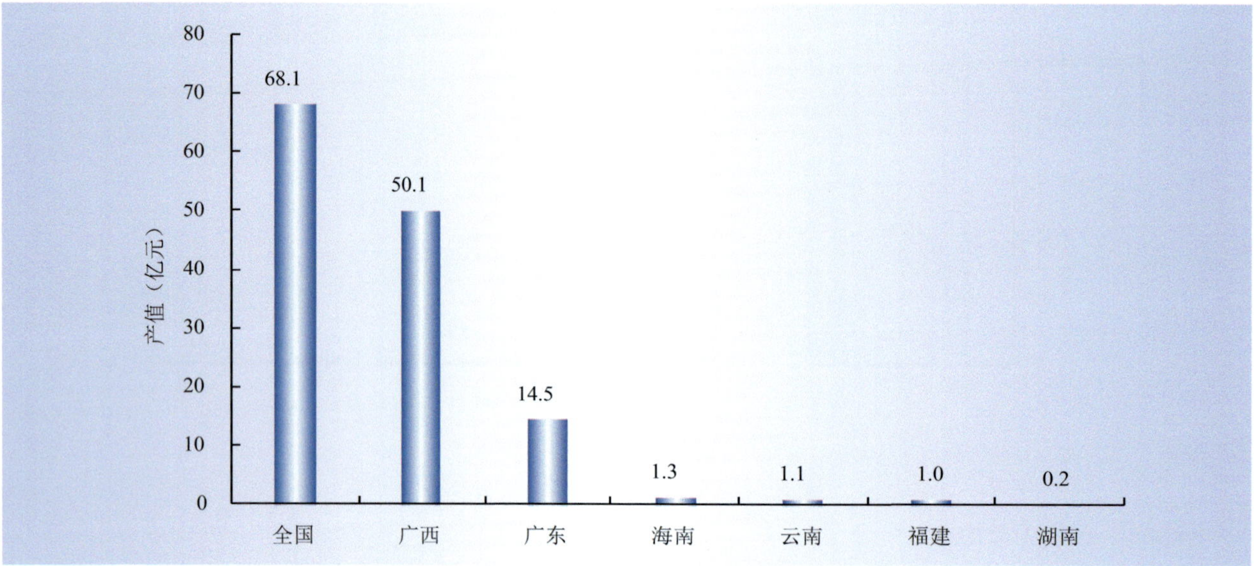

图 8　2019 年中国及各产区木薯产值

数据来源：农业农村部农垦局

（二）贸易情况

1. 木薯干

据海关统计，2010—2019 年，中国木薯干进出口量波动较大。2019 年，国内木薯干进口量为 273.9 万吨，进口额为 6.3 亿美元，分别同比减少 42.3% 和 43.9%。其中，从泰国进口 241.8 万吨，占总进口量的 88.3%；从越南进口 19.4 万吨，占总进口量的 7.1%。

2019 年，中国木薯干出口量为 9.7 吨，出口额为 1.6 亿美元，分别同比减少 5.0% 和增长 146.9%（图 9）。

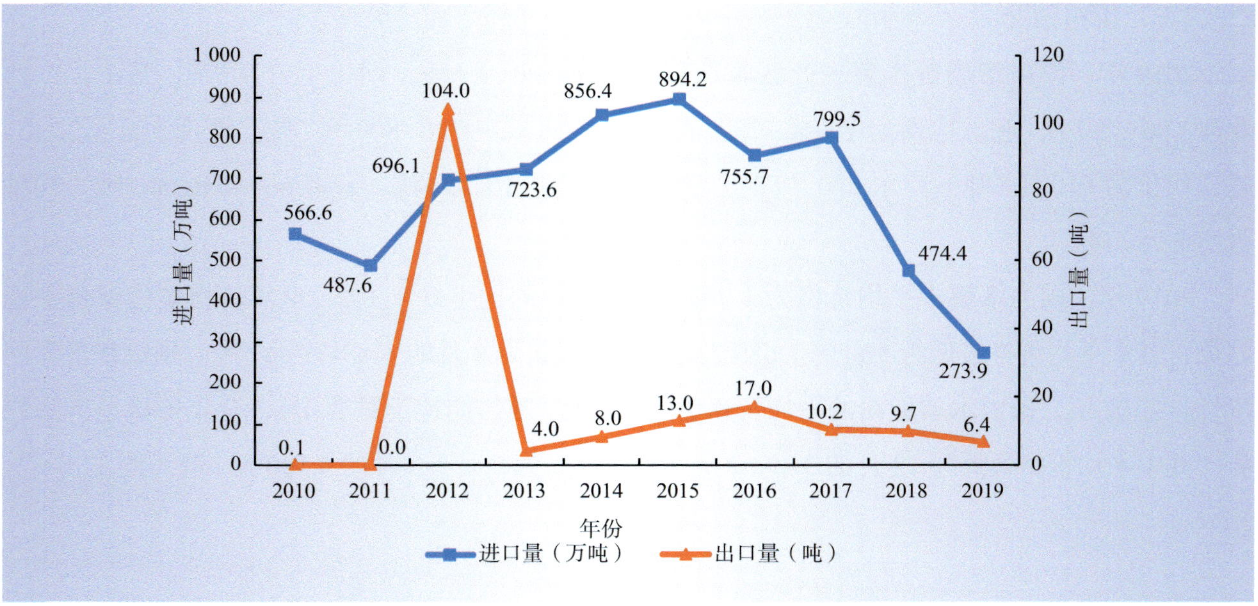

图9 2010—2019年中国木薯干进出口变化趋势

数据来源：海关统计数据在线查询平台

2. 木薯淀粉

据海关统计，2010—2019年，中国木薯淀粉进出口量波动较大，进口量呈波动增加趋势。2019年，木薯淀粉进口量237.6万吨，进口额10.3亿美元，分别同比增长18.3%和9.9%。其中，2019年中国木薯淀粉进口量有65.7%来自泰国，31.7%来自越南。木薯淀粉出口量699.8吨，出口额0.01亿美元，分别同比增长29.3%和157.0%（图10）。

图10 2010—2019年中国木薯淀粉进出口变化趋势

数据来源：海关统计数据在线查询平台

（三）价格情况

2019 年，国内市场鲜木薯主产区收购价为 580~800 元 / 吨，同比上升 9.5%。其中，广西北海 680~750 元 / 吨，广西南宁 750~780 元 / 吨，广西崇左 720~800 元 / 吨。海南 580~650 元 / 吨，均价为 610 元 / 吨。广东 680~750 元 / 吨，均价为 715 元 / 吨。云南 660~750 元 / 吨，均价为 705 元 / 吨。

2019 年，国内木薯干平均价格为 1 762.8 元 / 吨，同比下跌 1.1%，全年价格整体保持平稳趋势，其中平均价格最低为 5 月的 1 689.1 元 / 吨，最高为 9 月的 1 834.1 元 / 吨。据淀粉世界网统计，2019 年，国内木薯淀粉的平均价格为 3 900 元 / 吨，同比下跌 3.0%，全年价格呈下降趋势，其中平均价格最低为 12 月的 3 493.8 元 / 吨，最高为 2 月、3 月的 4 100 元 / 吨（图 11）。

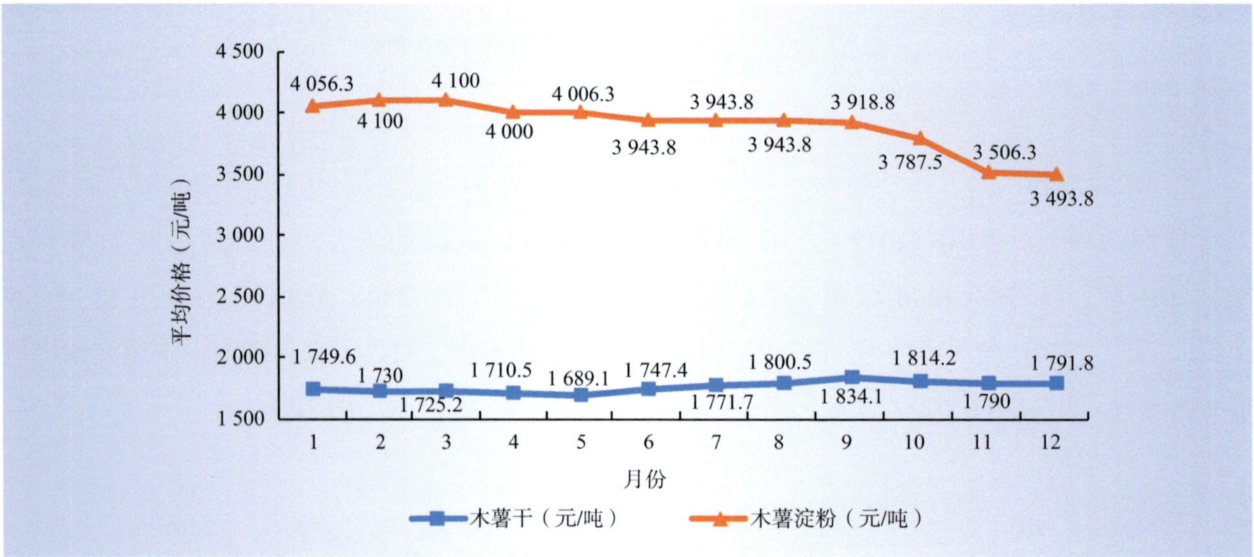

图 11　2019 年中国木薯价格变化趋势

数据来源：卓创资讯

（四）加工情况

目前，国内木薯加工主要以淀粉和燃料乙醇为主。木薯淀粉加工厂主要分布在广西、云南、海南、广东、福建、江西等省，仍以广西为最大产区。2019/2020 年木薯淀粉榨季全国共有 40 家木薯淀粉工厂开机生产，同比略有增长。其中，广西木薯在产淀粉工厂数为 27 家，比 2019 年同期增长 2 家，淀粉产量 23 万吨，同比增长 12.2%；海南、云南、广东、江西及福建在产淀粉工厂数量与 2019 年相同，海南为 4 家，淀粉产量 0.8 万吨，同比增长 14.3%；云南为 5 家，木薯淀粉产量 4.0 万吨，同比增加 6.4%；广东为 2 家，木薯淀粉产量 0.8 万吨，同比增加 14.3%；江西为 1 家，木薯淀粉产量 0.4 万吨，同比增加 11.1%；福建为 1 家，木薯淀粉产量 0.3 万吨，同比增长 15.4%。

（五）科研进展

引进种质资源方面，中国热带农业科学院、广西壮族自治区农业科学院等单位通过国际合作与交流引进一批优异资源 64 份，包括木薯抗病虫、耐寒等新种质。

木薯北移种植方面，针对木薯产业北移发展与实际需求，筛选发掘出一批骨干亲本，在山东青岛、江西南昌、新疆维吾尔自治区吐鲁番等地区进行了 140 份木薯种质田间耐寒、抗虫鉴定，初步筛选耐寒抗虫种质 5~10 份；针对木薯北移存在的主要问题，成功研发出与主推品种相配套的木薯北移种茎安全越冬贮藏技术、水肥一体化高效栽培技术、农药减施增效与虫害全程绿色防控技术，并进行了示范与推广。

栽培管理技术方面，成功研发出与主推食用、饲用木薯品种 SC12、SC9、GR10 等相配套的减药减肥提质增效技术；对木薯—冬瓜 / 西甜瓜 / 玉米 / 花生等间套作技术、基于防治阈值与微生态调控减灾的区域性虫害绿色防控技术进行试验示范。建立了木薯宽窄双行起垄种植与机械化技术示范点，组织体系相关岗站专家在北海综合试验站合浦示范基地，对宽窄双行起垄模式下的机械化种植木薯进行了产量测定，在 20 余亩连片种植的情况下，机械化作业实测木薯块根亩产量为 2.7 吨，每亩增产 250 千克，每亩木薯可节约人工成本 230 元。

在营养品质方面，完善了木薯中支链淀粉、直链淀粉的品质测试技术方法，开展了不同产地、不同品种木薯中营养成分的影响规律研究，进一步完善了木薯品质数据库；结合细胞实验和动物模型探讨了基于肠道菌群的木薯调节糖脂代谢的健康益处。

在副产物研究方面，针对木薯及副产物组分特征，筛选了木薯专用的发酵菌种，采用高密度发酵、分批补料等现代生物工程技术，制备出性能稳定、活力高的木薯发酵专用复合菌剂，将其用于木薯及其副产物的发酵，研发了一套制备木薯发酵饲料的工艺技术，通过发酵处理后获得的木薯饲料，具有安全、耐贮存、适口性好、利用率高等特点，与商品全价料相比，具有明显的经济和生态优势，每头猪的养殖成本可以减少 150~200 元，采用该饲料养猪产生的粪便几乎没有臭味，明显改善了养殖环境。

（六）产业经营模式

为打赢脱贫攻坚战、助力乡村振兴，2019 年中国部分市县将木薯产业作为扶贫产业。坚持党建引领，借助“党建 + 金融精准扶贫”力量，创新金融精准扶贫机制，建立“企业 + 基地（合作社）+ 农户（贫困户）”的运作模式，形成“木薯种植→木薯养殖→木薯深加工→旅游服务”产业链。广东省廉江市安铺镇老马村以股份制成立“廉江市安铺老马木薯种植专业合作社”，通过金融助力对贫困户发放贷款入股，推动老马村一、二、三产业融合发展。通过“企业 + 基地（合作社）+ 农户（贫困户）”的运作模式种植木薯，当地政府积极开拓木薯养殖和加工，如养殖木薯蛋鹅、木薯鸭，开发木薯蛋糕、木薯月饼、木薯年糕、木薯粉条、木薯干片等深加工食品系列。

三、中国木薯产业效益分析

以广西贵港市的木薯种植为例，鲜木薯销售价格以 2019/2020 榨季的收购价格 765 元 / 吨为标准来计算木薯产业效益（表 7）。

表 7 木薯产业效益分析

种植方式	投入成本（元 / 亩）							产量（吨）	收入（元）	纯收入（元）
	种子	肥料	农药	机耕	人工	地膜	合计			
单种	90	280	40	100	350	30	890	2.5	1 912.5	1 022.5

木薯与大豆套种效益高，一般亩产大豆 200 千克，产地大豆收购价 10 元 / 千克，大豆每亩收入 2 000 元左右，亩产鲜木薯 2.0~2.5 吨，木薯产值 1 530~2 000 元，木薯与大豆套种模式每亩产值 3 530~4 000 元，每亩利润 2 500~3 000 元，比纯种木薯亩增值 1 500 元左右。

木薯一般用于加工木薯淀粉和木薯酒精，鲜木薯大约需要 4 吨才能够加工成 1 吨木薯淀粉，大约需要 7 吨才能够加工成 1 吨木薯酒精。国产普通粉的售价在 3 800 元 / 吨左右，国产品牌粉的售价在 4 000 元 / 吨左右，木薯淀粉加工厂的经济效益普遍不景气。木薯酒精平均售价在 5 300~5 700 元 / 吨。

另外广西、湖南、福建、海南等省也将木薯加工成木薯全粉、木薯粉条、木薯脆片、木薯粽子、木薯月饼等系列食品，其产值倍增，经济效益增长了约 2 倍以上。

四、中国木薯产业发展特点

（一）木薯生产集中度高

中国木薯主要种植于广西、广东、福建、云南、海南的热带和部分亚热带地区，具有粗生快长、不与粮争地等优点。广西是主要生产区域，广西木薯收获面积、产量占全国 60% 以上。

（二）木薯类产品需求量大

中国是世界最大的木薯类产品进口国，近年来中国对木薯产品的需求呈刚性增长，中国木薯贸易净进口量显著增加，每年鲜、干木薯和木薯淀粉净进口量是当年鲜木薯产量的2倍多。随着木薯加工技术不断成熟和应用领域的逐步深入，中国对木薯需求将进一步增加。

（三）木薯种植大多以间套种为主

由于木薯产业经济效益相对较低，因此中国木薯种植大多以间套种为主，主要是木薯间套种西瓜、黄豆、花生、南瓜、菠萝、穿心莲、甘蔗等。

五、存在的主要问题和瓶颈

（一）产业缺乏深加工技术

近年来，受木薯淀粉行情低迷和国际原料低价的冲击，木薯产业萎缩严重，传统木薯产业面临严峻考验。受经济下行、农资和农业生产用工成本上涨快的影响，木薯种植比较效益差，大都以鲜薯或者干片出售，价格相对较低，缺乏深加工技术的支撑，制约了木薯产业的规模化发展。

（二）产业急需的种质资源缺乏

一是目前中国尚缺乏抗木薯花叶病的木薯种质资源，急需引进和培育抗木薯花叶病的品种；二是为适应木薯北移，急需引进和培育抗旱、抗寒的品种；三是为降低生产成本，推广机械化作业，急需引进和培育不分枝、结薯集中、薯形均匀适宜机械化的品种。

（三）缺乏产业扶持政策

地方政府对木薯产业的不够重视，缺乏扶持政策。2019年江西、湖南木薯产区气候极其干旱，旱地作物受影响较大，木薯未得到政府给予的旱地作物经济补贴，农民种植木薯积极性受挫，不利于产业发展。

六、中国木薯产业发展展望

（一）种植面积、产量将继续下降

受劳动成本、土地租金上涨及其他作物经济效益上升等因素的影响，特别是受东南亚质优价廉的木薯干、木薯淀粉大量进口冲击，中国木薯比较经济效益明显下降，导致薯农种植积极性不高，预计2020年中国木薯种植面积与2019年相比将有所减少，干薯产量将也有所减少。

（二）国内木薯类产品价格将有所回升

受非洲猪瘟、环保限养等影响，猪肉价格高企，发酵木薯饲料有望加快应用，但是木薯类产品仍以工业用途为主，下游需求短期内难以得到改善，预计国内木薯类产品价格仍将维持低位运行。据测算，国内市场木薯干价格将基本维持在1 800~1 900元/吨，较上年有所上涨；木薯淀粉市场产区平均价格预计为3 400~3 700元/吨，销区预计3 600~3 900元/吨；木薯酒精需求增加可能性较大，预计全年平均价格在6 000~6 200元/吨波动。

(三) 木薯淀粉进口量将持续增加

因泰国、越南木薯淀粉存在价格优势，中国木薯淀粉进口量将继续增加。预计2020年，中国鲜、冷、冻或干的木薯进口量将有所减少，木薯淀粉进口量持续增加，总量将达到280万吨左右，进口价格将基本维持稳定。

七、中国木薯产业发展建议

(一) 加快木薯新品种培育

加强抗寒、抗旱、高淀粉、抗病、品质优、薯形均匀等种质资源的引进收集，开展木薯种质高效创制研究。根据木薯种质资源的精准鉴定数据和产业的需求，确定不同特性的骨干父母亲本，采用有性杂交等手段对木薯进行高效创制研究，从而获得耐寒早熟、高淀粉高乙醇转化率的加工型新品种及高类胡萝卜素高蛋白的食用品种。

(二) 推动木薯产业“走出去”

中国农业劳动力成本大幅度上升，导致木薯生产成本大幅上涨，木薯生产的比较效益逐步降低，国内木薯种植规模不断缩减，木薯竞争力水平不断降低。且中国木薯对外依存度较高，其价格受泰国和越南等主要木薯贸易国的影响较大。在“一带一路”倡议背景下，已有部分企业到越南、柬埔寨等东南亚国家投资租地开发种植木薯和合作建厂，有必要鼓励企业走出去，在东南亚、非洲等适合种植木薯的国家建立集中连片的木薯原料基地，扩大原料供应能力。

(三) 切实提升科技创新水平

开展木薯间套作、种茎处理、木薯连作和减肥增效的研究，加快总结完善提高；通过深化农机农艺参数研究，把前期的栽培技术成果综合集成到全程机械化生产技术模式中，加快完善提高木薯全程机械化技术，并加以努力推广普及；加强食用木薯的高产优质高效的绿色栽培研究，努力探索研究和推广休闲木薯模式；尽快系统总结中国高产优质高效的木薯栽培技术，并加强国内外的推广应用。

2019年芒果产业发展报告

一、世界芒果产业概况

（一）世界芒果面积

芒果为世界第二大热带水果。目前，世界上有多个国家生产芒果，其中绝大多数为发展中国家，现主要分布在亚洲的印度、巴基斯坦、孟加拉国、菲律宾、泰国、斯里兰卡、缅甸、柬埔寨、马来西亚、越南、中国、新几内亚和印度尼西亚等；非洲的坦桑尼亚、埃及、刚果（金）和塞拉利昂等；美洲的巴西、墨西哥、哥伦比亚、多米尼加、委内瑞拉、秘鲁、古巴以及美国等100多个国家和地区。据世界粮农组织（FAO）统计，2018年全球芒果面积为9 610.7万亩，同比增长12.8 %。其中，印度3 387.0万亩，泰国640.5万亩，中国417.3万亩，印度尼西亚352.7万亩，巴基斯坦349.3万亩，墨西哥316.0万亩，菲律宾291.4万亩，科特迪瓦共和国234.1万亩，尼日利亚202.6万亩，埃及182.0万亩，分别占世界总面积的35.2%、6.7%、4.3%、3.7%、3.6%、3.3%、3.0%、2.4%、2.1%、1.9%（图1、图2）。

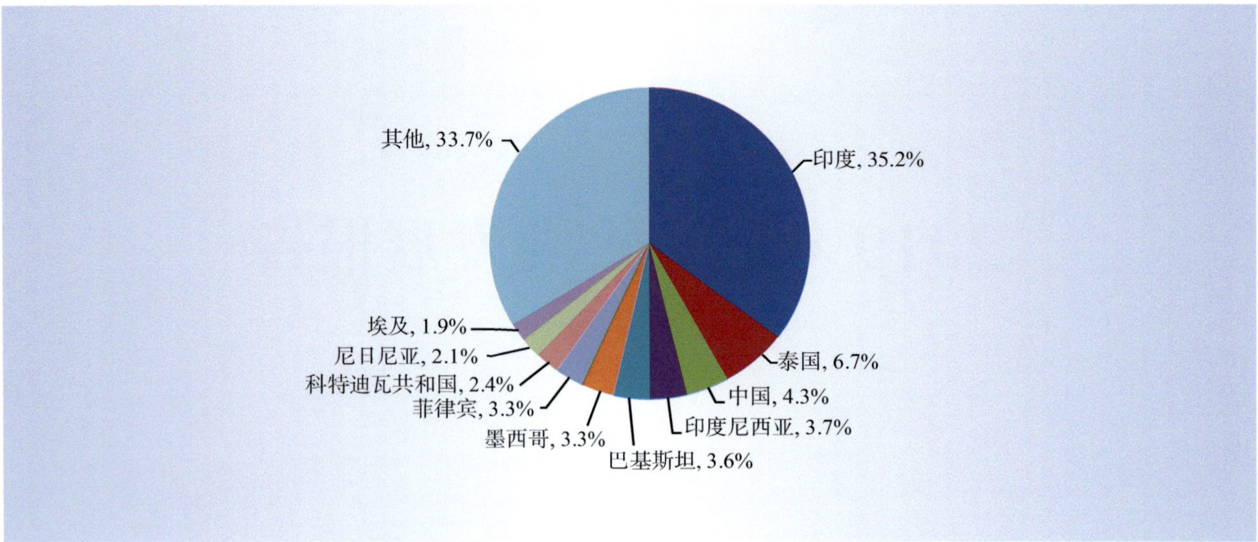

图 1　2018 年世界芒果主产国占世界总面积比重

数据来源：FAO 和农业农村部农垦局

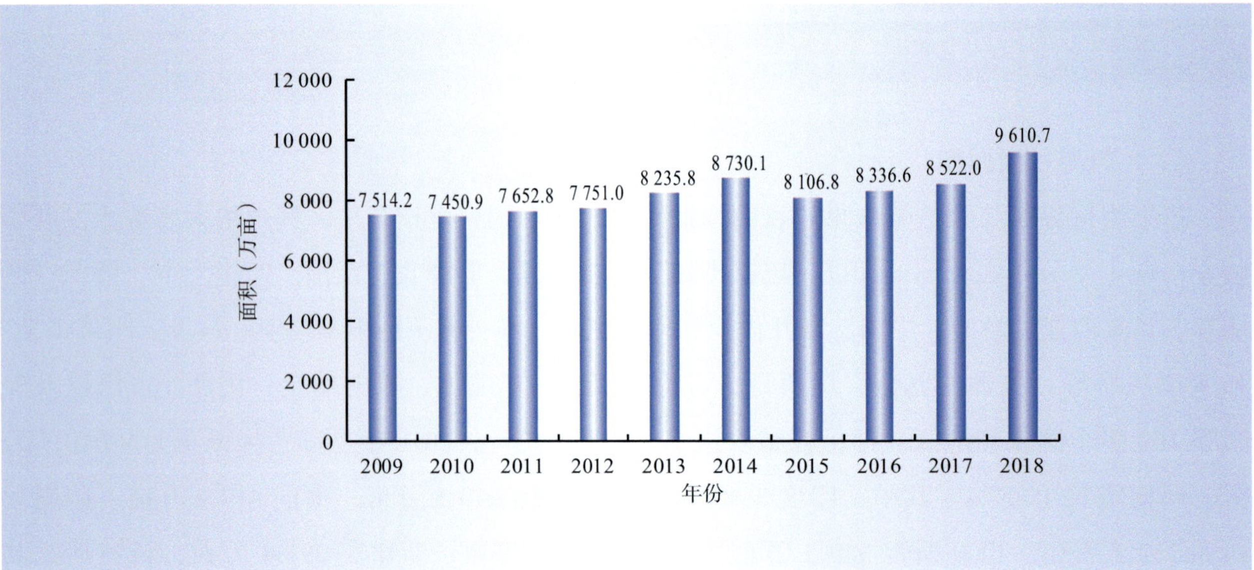

图 2　2009—2018 年世界芒果面积变化趋势

（二）世界芒果产量

2018 年，世界芒果产量为 6 037.6 万吨，同比增长 19.2%。其中，印度 2 182.2 万吨，泰国 379.1 万吨，印度尼西亚 308.4 万吨，巴基斯坦 232.0 万吨，中国 226.8 万吨，墨西哥 217.9 万吨，巴西 189.8 万吨，马拉维共和国 169.4 万吨，孟加拉国 140.7 万吨，埃及 130.8 万吨，分别占世界的 36.1%、6.3%、5.1%、3.8%、3.8%、3.6%、3.1%、2.8%、2.3%、2.2%（图 3、图 4）。

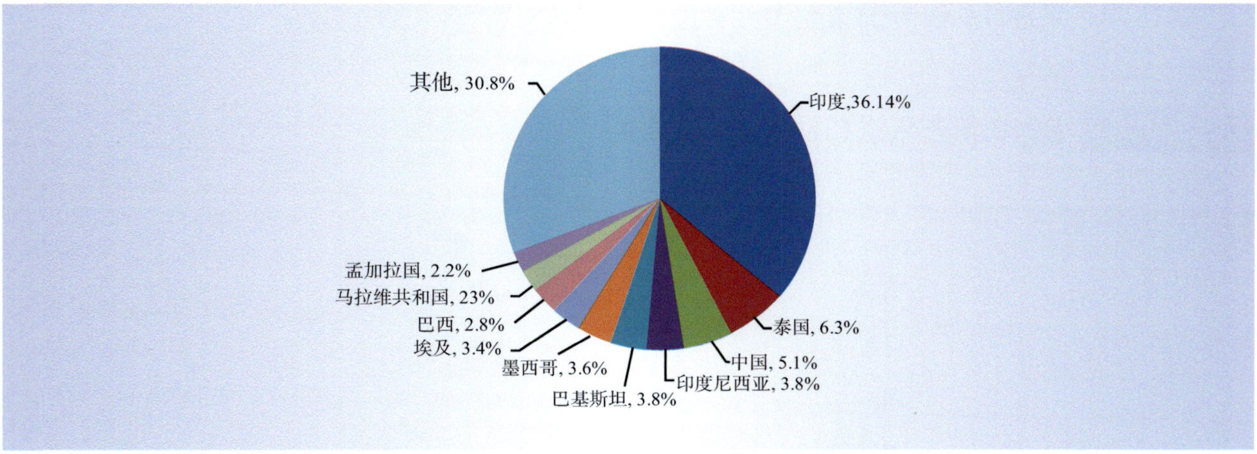

图 3　2018 年世界芒果主产国占世界总产量比重

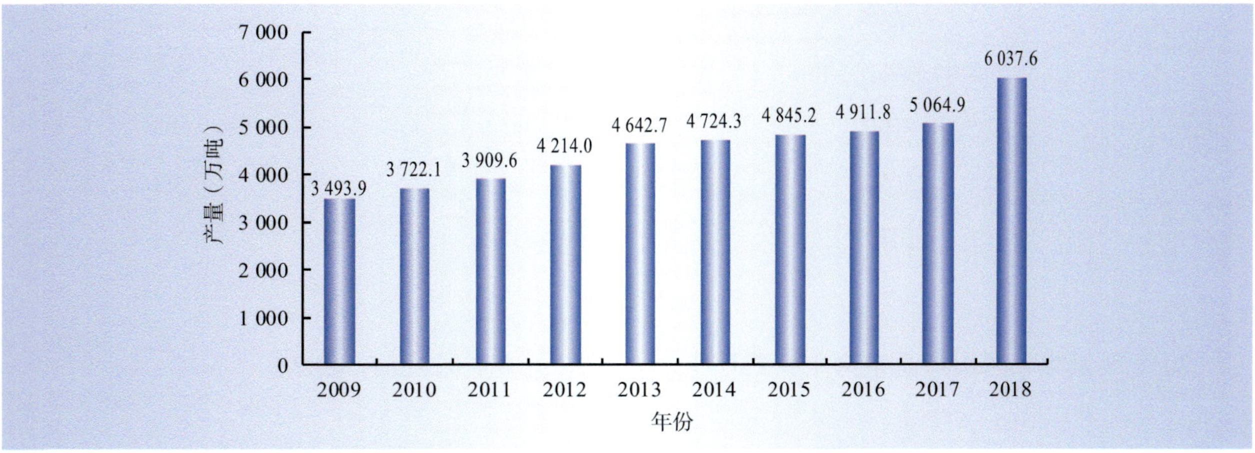

图 4　2009—2018 年世界芒果总产量变化趋势

2018 年，世界芒果单产为 628.2 千克 / 亩，同比增加 5.7%，其中，印度 644.3 千克 / 亩，泰国 591.9 千克 / 亩，印度尼西亚 874.3 千克 / 亩，巴基斯坦 664.3 千克 / 亩，中国 981.8 千克 / 亩，墨西哥 689.5 千克 / 亩，巴西 1 451.9 千克 / 亩，孟加拉国 1 916.8 千克 / 亩，埃及 718.8 千克 / 亩。

（三）世界芒果贸易情况

世界芒果主产国基本以产地内销为主。近 10 年来，国际贸易量逐渐增大，以鲜果贸易为主，世界芒果贸易市场主要有南北美市场、亚洲市场和欧洲市场。南北美市场的主要出口国为墨西哥、海地、巴西、厄瓜多尔和哥斯达黎加等，进口国主要为美国、加拿大；亚洲市场的主要出口国为印度、菲律宾、巴基斯坦和泰国，进口国主要为中东国家、马来西亚、新加坡、中国和日本；欧洲市场的主要出口国为南美国家以及印度、南非、埃塞俄比亚、科特迪瓦、澳大利亚等国，进口国主要为荷兰、德国、法国、英国、比利时和西班牙等。2018 年，世界有 100 多个国家或地区进口芒果，最大的进口国为美国、荷兰、越南和德国等。

2018 年芒果进口总额为 25.2 亿美元，进口量为 175.3 万吨（表 1）。

表 1　2018 年芒果进口额前 10 位国家

排名	国家	进口额（万美元）	进口量（万吨）
1	美国	50 670.0	48.5
2	荷兰	30 740.8	21.3
3	越南	23 521.7	15.4
4	德国	20 306.1	8.7
5	英国	16 914.4	8.4
6	法国	13 312.2	6.2
7	阿拉伯联合酋长国	9 837.0	8.8
8	西班牙	8 281.9	4.3
9	葡萄牙	5 740.6	3.1
10	比利时	5 437.9	3.1

2018 年世界芒果出口总量为 199.2 万吨，出口额为 28.1 亿美元（表 2）。

表 2　2018 年芒果出口额前 10 位的国家

排名	国家	出口额（万美元）	出口量（万吨）
1	墨西哥	45 487.3	43.6
2	泰国	27 550.9	24.4
3	荷兰	37 193.3	18.5
4	巴西	20 545.6	18.0
5	印度	18 216.6	17.2
6	秘鲁	19 177.2	16.3
7	越南	35 110.9	11.2
8	厄瓜多尔	4 483.0	5.9
9	西班牙	8 714.0	4.2
10	科特迪瓦共和国	2 248.3	4.1

荷兰是欧洲的芒果交易中心，在芒果贸易中扮演着重要角色，80% 的芒果可以再出口。

芒果加工品贸易主要是果汁、果肉等产品，市场份额较小，其他芒果产品还有果干、果酱、果罐头和糖浆等。泰国是世界果肉出口大国，果汁出口大国为埃及，芒果罐头最大出口国是墨西哥。果肉和果汁的进出口贸易主要在亚洲进行，近几年北美洲和中美洲果肉进口呈上升趋势。芒果加工产品如带芒果香味的饮料、果酱消费也在迅速增长，尤其是在欧洲，销售价格高于其他热带水果加工产品。

二、中国芒果产业基本情况

（一）种植面积

芒果是中国主要热带水果，主要分布于广西、云南、海南、四川、广东、贵州及福建 7 个省（自治区）的热带亚热带地区的 100 多个市县。据农业农村部农垦局统计，2019 年全国种植面积 484.2 万亩，同比增长 16.0%；收获面积 325.3 万亩，同比增长 40.8%。其中，广西种植面积 153.9 万亩、收获面积 94.4 万亩，分别占全国总面积的 31.8% 和 29.0%；云南种植面积 137.9 万亩、收获面积 90.9 万亩，分别占全国总面积的 28.5% 和 27.9%；海南种植面积 85.4 万亩、收获面积 78.7 万亩，分别占全国总面积的 17.6% 和 24.2%；四川种植面积 74.1 万亩、收获面积 38.0 万亩，分别占全国总面积的 15.3% 和 11.7%；广东种植面积 21.0 万亩、收获面积 19.0 万亩，分别占全国总面积的 4.3% 和 5.8%；贵州种植面积 11.3 万亩、收获面积 3.8 万亩，分别占全国总面积的 2.3% 和 1.2%；福建种植面积 0.7 万亩、收获面积 0.6 万亩，分别占全国总面积的 0.1% 和 0.2%（图 5、图 6）。

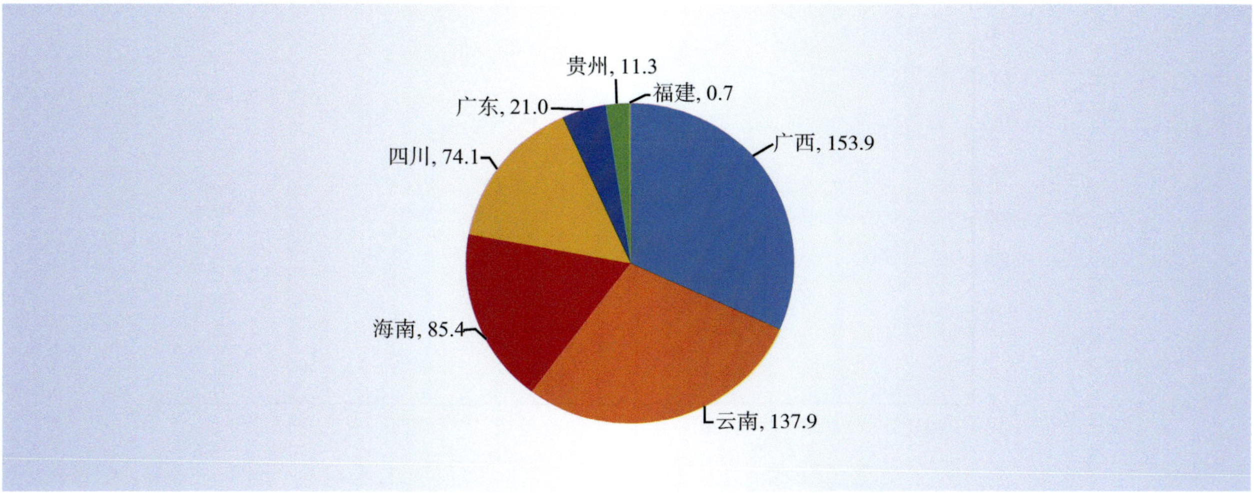

图 5　2019 年全国芒果种植面积（单位：万亩）

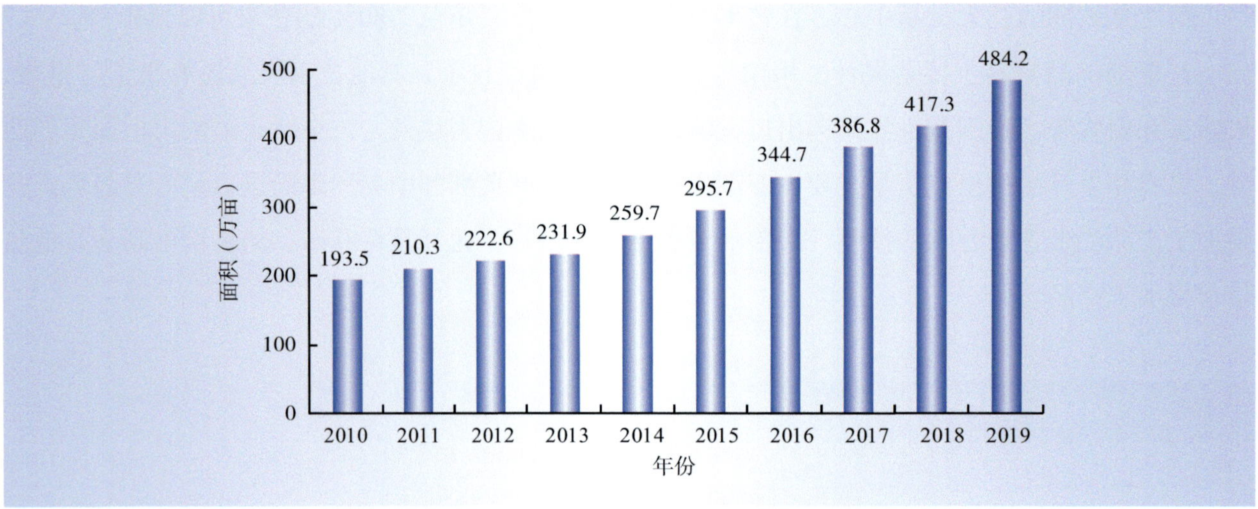

图 6　2010—2019 年全国芒果栽培面积变化趋势

（二）总产量、年产值和单产水平

2019 年全国总产量为 278.2 万吨，同比增长 22.7%，其中广西 79.8 万吨，占全国的 28.7%；云南 74.6 万吨，占全国的 26.8%；海南 67.6 万吨，占全国的 24.3%；四川 33.4 万吨，占全国的 12.0%；广东 18.1 万吨，占全国的 6.5%；贵州 3.8 万吨，占全国的 1.4%；福建 1.0 万吨，占全国的 0.3%。全国平均单产 855.2 千克 / 亩，同比减少 12.9%，其中福建 1 519.7 千克 / 亩，贵州 988.6 千克 / 亩，广东 950.0 千克 / 亩，四川 881.2 千克 / 亩，海南 858.9 千克 / 亩，广西 845.8 千克 / 亩，云南 821.0 千克 / 亩。全国总产值 190.3 亿元，同比增长 80.8%（图 7、图 8）。

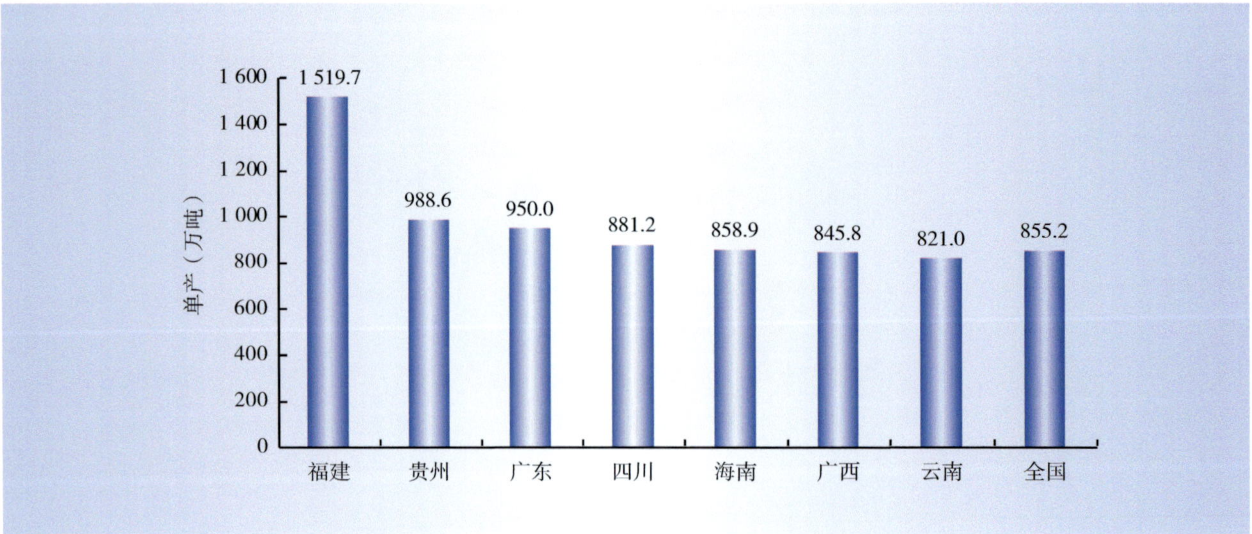

图 7　2019 年全国芒果单产量变化趋势

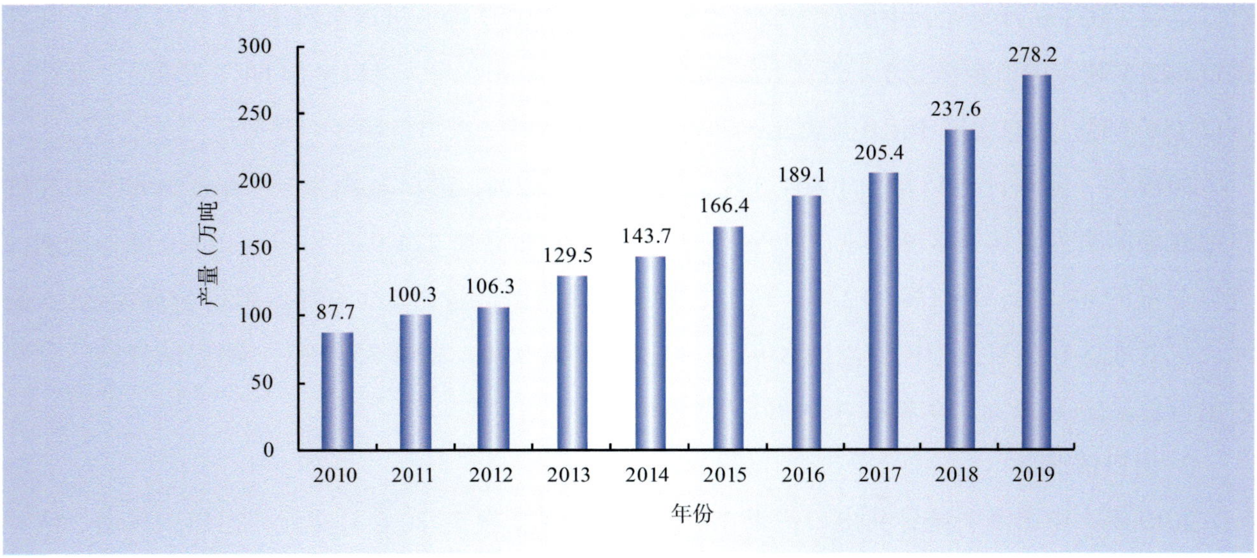

图 8　2010—2019 年全国芒果总产量变化趋势

（三）贸易情况

据海关统计，2019 年芒果出口量远远大于进口量，进口量最高出现在 6 月，出口量最高出现在 7 月。从各个月份来看，5 月之前主要从泰国、中国台湾地区、秘鲁、越南进口，8 月从中国台湾地区的进口量占比达到 88.77%（图 9）。

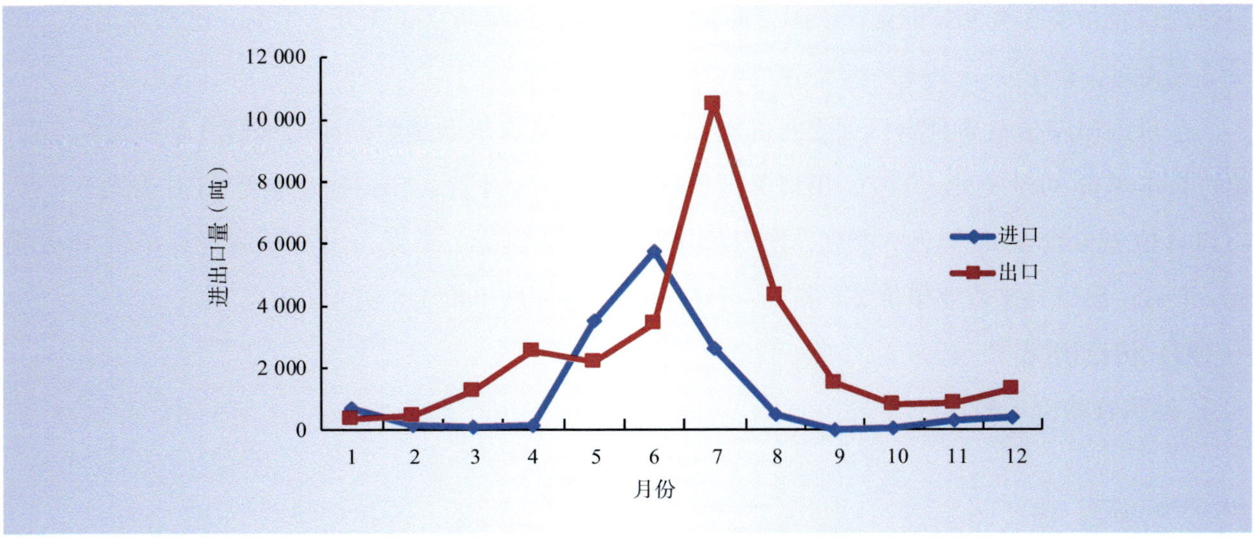

图 9　2019 年鲜果进出口数量情况

1. 进口情况

据海关统计，2019 年进口鲜芒果 1.5 万吨、进口金额 2 656.5 万美元。主要从泰国、中国台澎金马关税区、澳大利亚、秘鲁、菲律宾、越南等国家和地区进口，其中，泰国进口 8 561.9 吨，进口金额 1 033.6 万美元；中国台澎金马关税区进口 4 797.7 吨，进口金额 1 111.3 万美元；秘鲁进口 623.5 吨，进口金额 265.4 万美元；澳大利亚进口 163.1 吨，进口金额 64.7 万美元；菲律宾进口 158.4 吨，进口金额 161.0 万美元；越南进口 140.5 吨，进口金额 8.1 万美元。

2019 年，芒果汁进口量为 1 804.0 吨，同比增长 2.2%，进口金额为 259.0 万美元。主要进口地区和国家为菲律宾 879.0 吨、以色列 327.0 吨、塞浦路斯 224.0 吨和印度 215.0 吨，分别占进口总量的 48.7%、18.1%、12.4% 和 11.9%。芒果汁出口量为 221.0 吨，出口金额为 25 万美元。主要地区和国家为中国香港地区 97.0 吨、韩国 44.0 吨、朝鲜 35.0 吨、泰国 16.0 吨，分别占出口总量的 43.9%、19.7%、15.8%、7.4%。

2. 出口情况

2019 年，中国海关统计共出口芒果 3.0 万吨，出口金额 5 780.6 万美元，出口到越南、俄罗斯联邦、美国、马来西亚、新加坡等国和中国香港、中国澳门地区。其中，出口越南 1.5 万吨，出口金额 2 968.1 万美元；出口中国香港地区 7 680.3 吨，出口金额 1 621.3 万美元；出口俄罗斯 6 026.3 吨，出口金额 1 017.2 万美元；出口中国澳门地区 882.9 吨，出口金额 33.9 万美元；出口马来西亚 180.6 吨，出口金额 44.1 万美元；出口哈萨克斯坦 127.7 吨，出口金额 17.8 万美元。

3. 进出口单价情况

芒果进口单价最高是从菲律宾进口 10.2 美元 / 千克，最低是越南 0.6 美元 / 千克；柬埔寨进口单价 1.1 美元 / 千克，澳大利亚进口单价 4.0 美元 / 千克，印度进口单价 4.6 美元 / 千克，秘鲁进口单价 4.3 美元 / 千克，中国台澎金马关税区进口单价 2.3 美元 / 千克，巴基斯坦进口单价 2.8 美元 / 千克。

芒果出口单价最高是出口到墨西哥 45.1 美元 / 千克，最低是中国澳门地区 0.4 美元 / 千克；出口日本单价 39.9 美元 / 千克，出口美国单价 23.5 美元 / 千克，出口捷克单价 21.0 美元 / 千克，出口乌拉圭单价 19.8 美元 / 千克，出口韩国单价 18.7 美元 / 千克，出口斯洛伐克单价 18.8 美元 / 千克，出口马来西亚单价 2.4 美元 / 千克，出口新加坡单价 1.8 美元 / 千克。

（四）价格情况

1. 地头收购价（表 3）

表 3　地头收购价

类别	优势区	价格
早熟区	琼南部—西南部	金煌 9.0 元 / 千克、台农 1 号 6.5 元 / 千克、贵妃 9 元 / 千克、椰香 8.5 元 / 千克、红玉 5.5 元 / 千克

（续表）

类别	优势区	价格
中熟区	粤雷州半岛、桂右江河谷、滇怒江—澜沧江—红河流域	桂右江河谷产区桂热芒82号均价10.5元/千克、台农1号4.6元/千克、桂热芒10号7.0元/千克、贵妃5.0元/千克、金煌7.0元/千克 粤雷州半岛产区椰香均价18.0元/千克、台农1号6.8元/千克 滇怒江—澜沧江—红河流域产区金煌均价8.0元/千克、台农1号7.0元/千克、贵妃8元/千克、圣心均价6.0元/千克、热农1号9.0元/千克、帕拉英达8.0元/千克
晚熟区	川滇金沙江干热河谷流域、黔西南部、闽南	川滇金沙江干热河谷流域产区凯特均价5.1元/千克、金煌9.5元/千克、金百花10.8元/千克、椰香10.5元/千克 黔西南部产区金煌均价7.7元/千克、台农1号6.7元/千克 闽南产区贵妃均价7.0元/千克、金煌10.0元/千克

2. 市场情况

2019年，全国农产品批发市场的芒果均价12.4元/千克。其中以2月（13.8元/千克）最高，8月（11.7元/千克）最低。

2019年全国农产品批发市场，金煌均价10.0元/千克，其中以9月（11.9元/千克）最高，3月（8.3元/千克）最低；台农1号均价10.2元/千克，其中以12月（13.1元/千克）最高，8月（8.2元/千克）最低。

（五）科研进展

1. 资源收集保存、鉴定评价

中国多个科研单位从20世纪80年代开始联合开展了海南、广西、广东、云南、福建和四川等地区的资源考察，历时20多年，探明了中国芒果种质资源的地理分布、富集程度，涵盖6省区40多个县市，2019年底入圃保存各类芒果种质资源1 100多份，其中，引进新种2个。高贤玉等（2019）分析云南10个芒果栽培品种的果实性状和糖酸组分及含量，研究结果表明：经高效液相色谱法（HPLC）检测发现所测品种中的主要有机酸为酒石酸、苹果酸和柠檬酸，主要积累糖组分为蔗糖，平均单果重和果实硬度最大为“R2E2”，“南逗迈4号”的甜度值和总糖含量最高，“台农一号”的可溶性固形物（TSS）含量最高，“Khiew Saway”的总酸含量最高。刁毅（2019）采用RAPD分子标记技术对12个芒果品种进行遗传多样性研究，结果发现，6条RAPD引物共检测到36条清晰谱带，其中，多态性条带占比为77.78%。芒果在物种水平上遗传多样性较高，而在居群水平上遗传多样性相对较低；居群间遗传变异较高，在居群水平上，金白花的遗传多样性最高，遗传分化程度最低；乳芒和马亚的遗传多样性最低，遗传分化程度最高。聚类分析结果表明，相似系数为0.72时，12个芒果品种可分为4个大类群，金白花和鹰嘴芒的遗传一致度最大，贵妃和鹰嘴芒遗传一致度最低。

2. 新品种选育

以各类资源圃和创新中心为核心的科研单位积极开展优良品种的推广应用，目前，金煌、贵妃、红玉、桂热芒10号、桂热芒71号、南逗迈4号、帕拉英达、热农1号及凯特9个品种通过全国热带作物品种审定委员会审定或现场鉴评；台农1号、白象牙、凯特、圣心、台牙、四季芒、椰香、圣德隆、金白花、马亚、热农2号、热品4号、热品10号、桂热芒3号、桂热芒4号、桂热芒60号、桂热芒284号、桂热芒80-17号、桂热芒82号、桂热芒120号、云热-5006、云热-5007及大寨黄心芒23个品种通过省级品种审定委员会审定或认定或登记。上述32个审定或认定或登记的品种推广面积占中国现有芒果面积的90%以上。

3. 早、中、晚熟区域化技术模式

目前中国芒果已经实现鲜果周年供应，构建了早、中、晚熟区域化技术模式。

（1）早熟区域化技术模式：以贵妃等早熟品种、提早花期的花果调控技术、病虫害高效防控技术为主，集成矮化密植、营养诊断配方施肥、果实套袋等配套技术，构建了“促夏梢—控秋梢—促冬花”的早熟区域化技术模式。

（2）中熟区域化技术模式：以桂热芒71号、帕拉英达等中熟品种、放晚秋梢和控早花的花果调控技术、病虫害高效防控技术为核心，集成控冠矮化修剪、施肥穴滴灌高效水肥一体化、果实套袋等配套技术，构建了“适时放梢—控早花—壮花保果”的中熟区域化技术模式，实现丰产稳产。

（3）晚熟区域化技术模式：以热农1号、桂热芒3号、桂热芒80-17号、热品10号等晚熟品种、推迟花期和轮换结果的花果调控技术、病虫害高效防控技术为核心，集成高压注射平衡施肥、果实套袋、生草覆盖等配套技术，构建了“轮换修剪—延迟花期—壮花保果”晚熟区域化技术模式。

（六）效益分析

芒果的生产成本主要有定植费、采前作业费、采收费、芒果园的一般管理费（化肥、农药等）、土地租金、折旧费等，不同生产地区芒果的生产成本不同，一棵树的投入成本为60~160元不等，多在80~100元；同时，芒果的生产成本还与种植者的收入情况相关，经济条件好的种植者投入的成本高，获得的效益也明显，以收获芒果来考量生产成本，折合2~3元/千克。

根据不同主产区的调研情况来看，产地收购价格在不同区域、不同时间、不同品种间价格相差较大。平均来看，产地价格在4~6元/千克，亩产值在盛产期果园按照1 000千克计算，产值在4 000~6 000元。然而，芒果的实际价格还会受到芒果的供需、气候（如冬季是否有严重冷害、夏季是否有台风等），以及其他水果的产量、价格和居民的消费需求等因素的影响而产生变化。投入成本在2~3元/千克，投入产出比约为1∶2。

三、中国芒果产业发展特点

近年来，中国不同省区芒果种植面积都有所增加，广东、福建2省的种植面积变化很小，四川、云南、广西和海南的面积均有所增加，尤其是云南和四川近年来发展了很多新植园，贵州是未来几年培育新兴优势产区的目标，将有很大的发展空间。随着新植园的建立和低劣果园的改造，产量和单产提升空间大，2019年产量278.2万吨，比2010年的87.7万吨，增长了217.0%；2010年全国芒果平均单产为654.6千克/亩，2019年增长到855.2千克/亩，增长了30.6%。

中国大陆地区芒果产业发展主要是依靠引进国外和中国台湾地区的优良品种发展起来的，目前国外和中国台湾地区品种所占比例依然高达80%左右，主要为鲜食品种。中国自育的桂热82号、桂热120号、热农1号和热品4号等品种也逐渐推广开，各产区开展了大规模的适栽品种筛选研究，品种结构逐渐优化，良种覆盖率大幅度提升。

芒果电子商务方兴未艾。通过网络选购商品已经成为人们生活中不可或缺的一部分，目前仅在淘宝上卖鲜食芒果的卖家就有5 000多家，具有一定规模的果园进驻淘宝网如“特色中国·海南馆、28度果园、壮乡果”等，电子商务可以直接有效地打开流通渠道，降低成本，快速地掌握消费者数据，提升芒果知名度，实现农民增收致富。

此外，高品质的绿色芒果越来越受到人们的青睐。中国的海南三亚、广西百色、四川攀枝花都有不少企业，主打绿色、全产业链质量监督等概念，按照国家或行业标准经营果园，专做放心芒果，保证从田间生产到餐桌的安全性，品牌效应逐步显现，效益也明显高于一般企业和农户。

四、存在的主要问题和瓶颈

（一）基础设施不完善

中国芒果种植地区尤其是新植区域多处于贫穷偏远山区，道路等交通设施落后，灌溉等基础设施建设少，严重影响芒果产业健康发展。

（二）缺乏加工专用品种

目前中国芒果主要以鲜果销售为主，采后加工及衍生产品少，比例低，加工技术有待提高。栽培品种多为鲜食品种，可供加工的品种栽种少，而国内大多加工生产企业的原料多从越南、柬埔寨、缅甸等国进口，部分采购自国内的原材料多为次等果及滞销果，无统一标准。目前，国内市场上芒果加工产品主要为芒果干（脯）、芒果蜜饯及芒果汁等，芒果干（脯）及芒果蜜饯的加工原材料为金煌、台农1号、象牙芒、凯特芒等品种次等果以下果品；芒果汁的加工原材料为贵妃芒等品种。丰产性好、管理粗放适合加工的芒果品种较为缺乏。

（三）标准化程度有待进一步提高

部分主产区采取了相关措施，如广西百色地区农业主管部门针对主栽品种桂热芒82号、台农1号等的适采期，攀枝花市农业主管部门对凯特芒等的适采期有出台相关规定，并对采后果实商品化处理作出相应的规定等，但就全国而言，离标准化生产体系的建立及完善还有一定距离。

国内芒果主产区生产经营多为小农户经营，较大家庭农场及规模化企业不多，难以统一生产技术；生产过程不规范，生产的果品质量参差不齐，产业化龙头企业数量少，采后储存、保鲜和运输技术不足，深加工和采后处理技术粗放。

目前中国芒果主要以鲜果销售为主，采后加工及衍生产品少，比例低，采后加工技术有待提高。栽培品种多为鲜食品种，可供加工的品种栽种少，而国内大多加工生产企业原料多从越南、柬埔寨、缅甸等国进口，部分采购自国内的原材料多为次等果及滞销果，无统一标准。

（四）生产管理成本上升

随着农村城镇化进程加快，从事芒果产业的年轻人少，从业人员老龄化和低文化现象较普遍，同时也导致在农忙季节很难找到青壮年劳动力，劳动力市场因供不应求而导致劳动力工资高涨，劳动力成本很高。同时，土地承包费、农药化肥等价格的上涨也增加了生产成本。

（五）区域品牌推广应用有待加强

国内各主产区大多有自己的区域性芒果品牌，目前比较著名的区域品牌包括“攀枝花芒果”“百色芒果”和“三亚芒果”等，虽然取得了很大的成绩，但推广力度仍然不够，尚没有形成知名品牌价值。各种价格不一的芒果品种混淆消费者的认知，导致消费者对芒果认识不足，信任度不够，难以实现优质优价。

（六）采后保鲜缺位

随着农村电商的迅猛发展，销售芒果渠道不断拓展、销量不断增多，但是大多数果农不重视对芒果采后的商品化处理，采摘后未经过任何杀菌、消毒，未采取分级、精细包装等处理就直接上市交易，导致芒果成熟后外观和品质较差，货架期短，尚未形成成熟的现代果品销售流程。

五、中国芒果产业发展展望

（一）面积、产量

近年来，随着全民对芒果消费需求的不断增加，各产区的芒果种植效益处于上升阶段，加上一些地方政府优惠政策的鼓励与支持，中国的芒果种植面积增加明显。预计海南、福建两省的种植面积相对稳定，广东会有下降，广西、云南、四川和贵州种植面积会继续增加，2020年中国芒果种植面积基本会有小幅度上涨。前几年广西、四川和贵州等地新植的芒果园进入投产期和生产期，预计2020年产量将有所增加。

（二）市场行情

依然延续2019年价格走势，早熟和晚熟芒果价格相对较高，海南、四川攀枝花和福建、贵州的芒果价格会较高，但若受大的自然灾害和不可预计因素影响，价格会有波动。

（三）消费

近年来，国内芒果产量逐年上升且大体实现周年供应，鲜果进口量呈逐年上升趋势，虽然进口量只占到国内总产量的0.25%（2017年）、0.46%（2018年）、0.52%（2019年），但这说明国内消费者对高品质鲜食芒果的追求，倒逼我们要生产出高品质果品来满足市场需求。中国鲜食芒果出口量波动较大，但近年来除了在中国香港、中国澳门地区以及东南亚市场的占有份额逐年稳定增加外，我国也在积极拓展俄罗斯、加拿大、德国、瑞士等欧州和美州市场。

（四）贸易

近几年，中国加大了芒果加工产品的生产投入，果汁、果肉的需求量大增，加工原料几乎全部进口。预计2020年中国芒果汁和果肉进口的需求量将继续增加，成为世界芒果果汁、果肉的进口大国。

六、中国芒果产业发展建议

（一）加强基础设施建设投入

政府应将基础设施建设补助纳入财政预算中，完善基础设施建设，重点完善山坡果园水利基础设施建设，修建蓄水池。同时加强果园道路建设，保证在雨季可以排洪，旱季可以灌溉，减少由于自然灾害造成的损失。

（二）制定相关扶持政策

制定土地流转扶持政策，鼓励土地使用权依法流转，使芒果能连片种植，逐步扩大芒果产业的集约化经营；简化芒果产业开发的贷款手续，金融部门应给予利息优惠或财政部门给予适当贴息，延长还款期限，以解决芒果发展资金短缺问题，加大对芒果产业的投入；涉农保险部门应积极探索建立芒果保险政策试点，把芒果种植作为重点保障内容，提高果农抵御自然灾害等风险的能力，全面开展芒果保险的政府政策补贴扶持；加强新型职业农民培训的力度，使其成为芒果生产、销售、加工技术的带头人；建立芒果重大病虫害和重大自然灾害的预警机制与补偿机制，通过无息贷款和部分补偿款的方式提升芒果产业应对自然灾害的能力，为我国芒果产业可持续发展作出贡献。

(三)推动芒果现代产业技术体系建设

依托中国热带农业科学院和南方各省区研究、教育机构，围绕芒果产业发展需求，聚集优质资源，进行芒果共性技术和关键技术研究、集成和示范；面向用户开展技术示范和技术服务。在产业体系中通过设置国家芒果产业技术研发中心以及在各个优势区选择设立综合试验站，负责遗传育种、栽培、病虫害防治、营养、产后处理与加工、产业经济等方面的研究与组织工作，推动芒果现代产业技术体系的建设。

(四)提高芒果产业化水平

提高果农的组织化程度，可以缓解市场风险、自然风险和技术风险，各级政府应从政策上加大力度引导和重点扶持与芒果产业关联度大、带动能力强的龙头企业，加大对机制好、运转灵的民营企业的扶持力度，培育芒果专业合作社，建立芒果生产示范基地，鼓励通过生产、销售、运输及相关的技术、信息等服务，实现产、销、加工一条龙，实现生产的规模化和集约化经营，提高芒果产业化水平，带动农民发展芒果产业化经营。龙头企业和芒果农户应建立利益共享、风险共担的机制，在芒果适宜区域重点连片发展示范基地建设。

(五)加强质量安全检测和相关支撑体系的建设

建立健全质量监督检测体系，强化无公害和绿色食品质量安全标准，使芒果生产和质量检测正规化、规范化。在出口方面，加强质量检测，促进芒果产品质量的提高；进口方面，参照国际标准制定严格的芒果质量标准和植物检疫措施，对芒果果蝇等检疫性虫害进行严格控制，将农药的残留量纳入进口检疫项目，确保我国人民的健康及植物生命不受危害，必要时可作为一项技术性贸易壁垒措施。

2019 年澳洲坚果产业发展报告

一、世界澳洲坚果产业概况

（一）生产情况

1. 种植面积

近年来，世界澳洲坚果种植面积保持较快增长态势。据国际坚果与干果理事会（简称 INC）、南非澳洲坚果协会（简称 SAMAC）、澳大利亚澳洲坚果协会（简称 AMS）、美国农业部（简称 USDA）和中国农业农村部农垦局等不完全统计，2019 年世界澳洲坚果的种植面积为 607.6 万亩，同比增长 8.8%。其中，中国 367.5 万亩、南非 67.2 万亩、肯尼亚 43.4 万亩、澳大利亚 42.0 万亩和越南 24.0 万亩，分别占世界总面积的 60.5%、11.1%、7.1%、6.9% 和 4.0%。

2. 产量

据 INC 统计，2019 年世界澳洲坚果（果仁）产量为 6.0 万吨（图 1）。其中，南非 1.8 万吨、澳大利亚 1.3 万吨、肯尼亚 7 350 吨、中国 6 615 吨和美国 4 000 吨，合计占世界的 81.3%，分别占世界的 29.2%、22.2%、12.2%、11.0% 和 6.7%。2010—2019 年，世界澳洲坚果产量（果仁）从 2.8 万吨增加到 6.0 万吨，增长了 2.1 倍，年均增长 8.5%。2010—2019 年世界累计生产澳洲坚果（果仁）47.6 万吨。其中，澳大利亚 13.8 万吨、南非 12.6 万吨、肯尼亚 6.0 万吨、美国 5.1 万吨和中国 2.19 万吨，分别占世界总产量的 29.0%、26.5%、12.6%、10.7% 和 4.6%。

3. 单位面积产量

2014—2019 年澳大利亚澳洲坚果单位面积产量为 171.6~221.6 千克 / 亩，5 年平均单位面积产量为 201.3 千克 / 亩；美国单位面积产量为 139.5~192.6 千克 / 亩，5 年平均单位面积产量为 177.1 千克 / 亩。2019 年受极端干旱天气影响，澳大利亚和美国当年单位面积产量创新低（图 2）。

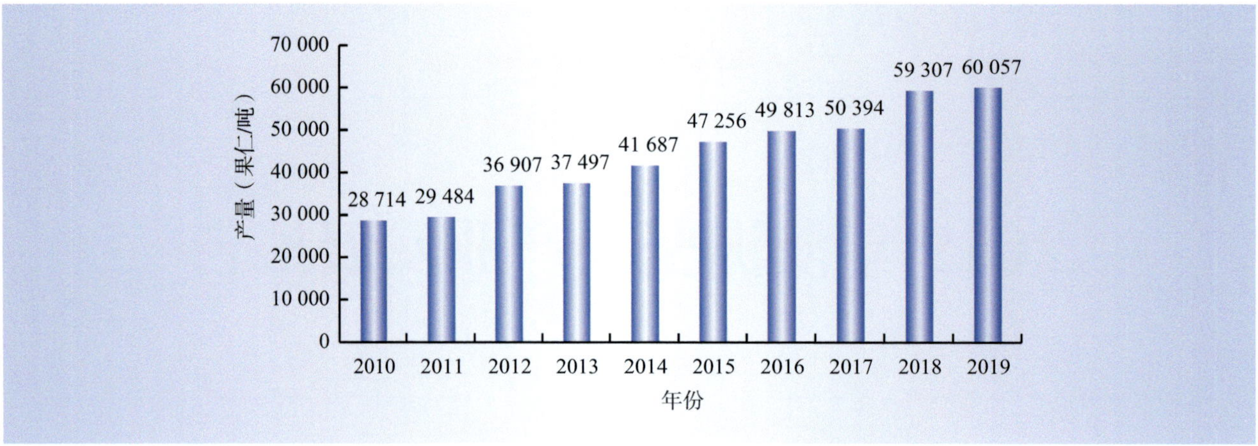

图 1　2010—2019 年世界澳洲坚果产量变化情况

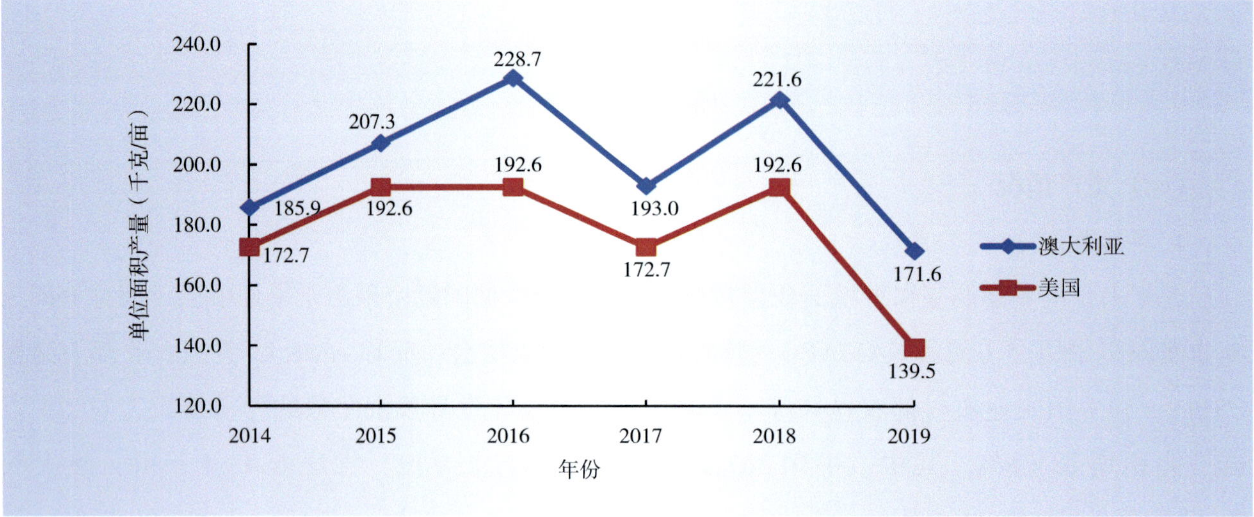

图 2　2014—2019 年澳大利亚和美国澳洲坚果单位面积产量情况

4. 生产成本

2018 年对澳大利亚 4 个区域 272 个农场的调查统计，澳大利亚澳洲坚果果园当年的生产成本为 549.2 美元 / 亩，折合成可销售果仁的成本为 622.5 美元 / 吨。生产成本中占比最高的是劳动力成本，约 133 美元 / 亩，约占总生产成本的 25%；其次是肥料，约 80 美元 / 亩，约占总生产成本的 15%。

（二）贸易情况

1. 进出口量

据 INC 统计（图 3），2009—2018 年，世界各国进口澳洲坚果（果仁）从 3.1 万吨增加到 3.7 万吨，增长了 18.0%，年均增长 1.9%；出口量则从 3.1 万吨增加到 3.7 万吨，增长了

17.9%，年均增长 1.9%。

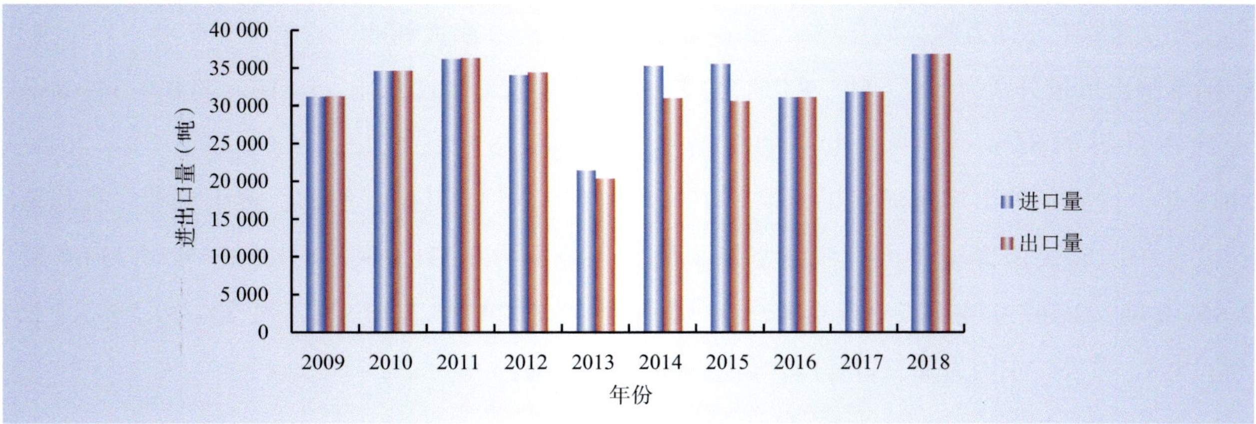

图 3 2009—2018 年世界澳洲坚果进出口情况

2. 主要进口国

澳洲坚果主要进口国为美国、中国、德国、越南和日本等。据 INC 统计（图 4），2018 年世界各国进口澳洲坚果（果仁）3.7 万吨，同比增长 15.6%。其中，美国、德国、荷兰、中国和日本等国进口量分别为 1.21 万吨、5 004 吨、2 845 吨、2 780 吨和 2 773 吨，合计占世界的 69.0%，分别占世界的 32.7%、13.6%、7.7%、7.5% 和 7.5%。2009—2018 年，世界累计进口澳洲坚果（果仁）31.99 万吨，其中，美国、中国、德国、越南和日本等国累计分别进口 7.7 万吨、5.2 万吨、3.2 万吨、2.7 万吨和 2.5 万吨，分别占世界进口总量的 24.02%、16.35%、9.9%、8.4% 和 7.8%。

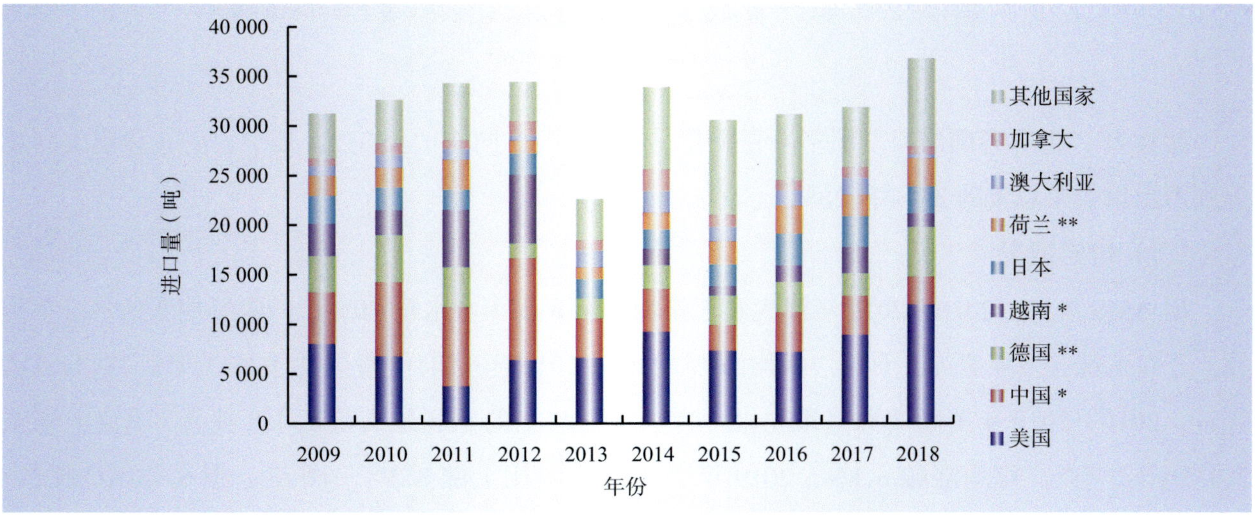

图 4 2009—2018 年世界各国的澳洲坚果进口情况

注：* 加工国，** 贸易国

3. 主要出口国

世界澳洲坚果主要出口国为南非、澳大利亚和肯尼亚等。据 INC 统计，2018 年世界各国出口澳洲坚果果仁 3.7 万吨，同比增长 15.6%。其中，南非、澳大利亚、肯尼亚、荷兰、马拉维和中国等国出口量分别为 1.1 万吨、8 751.0 吨、6 619.0 吨、1 862.0 吨、1 810.0 吨和 1 347.0 吨，合计占世界的 85%，分别占世界的 30.0%、23.7%、18.0%、5.1%、4.9% 和 3.7%。2014—2018 年，世界年均出口澳洲坚果（果仁）3.3 万吨（图 5），其中，南非、澳大利亚、肯尼亚、荷兰、中国和美国等国年出口澳洲坚果（果仁）分别为 8 231.0 吨、6 908.0 吨、5 333.0 吨、2 462.0 吨、2 367.0 吨和 2 205.0 吨，分别占世界的 24.9%、20.9%、16.2%、7.5%、7.2% 和 6.7%。另外，中国为加工贸易国，荷兰为转口贸易国。

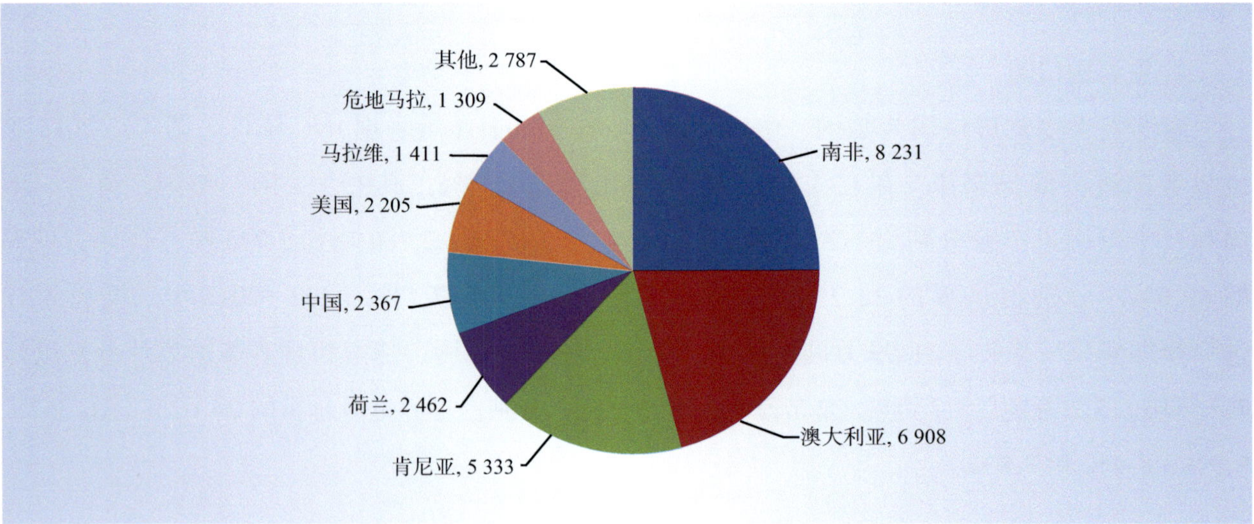

图 5　2014—2018 年世界澳洲坚果（果仁）年均出口情况（吨）年均出口情况

2018 年，世界各国出口澳洲坚果壳果超过 6.9 万吨，同比增长 3%。其中，南非和澳大利亚分别占出口壳果总量的 33% 和 28%。

（三）价格情况

据 AMS 统计，2010—2019 年澳大利亚澳洲坚果壳果（含水量 10%）的农场地头价从 2.7 美元 / 千克上涨至 5.4 美元 / 千克，年均涨幅 8.2%；2019 年壳果价格同比上涨 3.9%。据 USDA 统计，2010—2019 年美国澳洲坚果壳果（含水量 10%）的农场地头价从 1.8 美元 / 千克上涨至 3.0 美元 / 千克，年均涨幅 6.1%；2019 年壳果价格同比上涨 8.2%（图 6）。据 SAMAC 统计，2010—2019 年南非澳洲坚果壳果（含水量 10%）的农场地头价从 1.4 美元 / 千克上涨至 4.8 美元 / 千克，年均涨幅 14.2%；2019 年壳果价格同比下跌 6.2%。

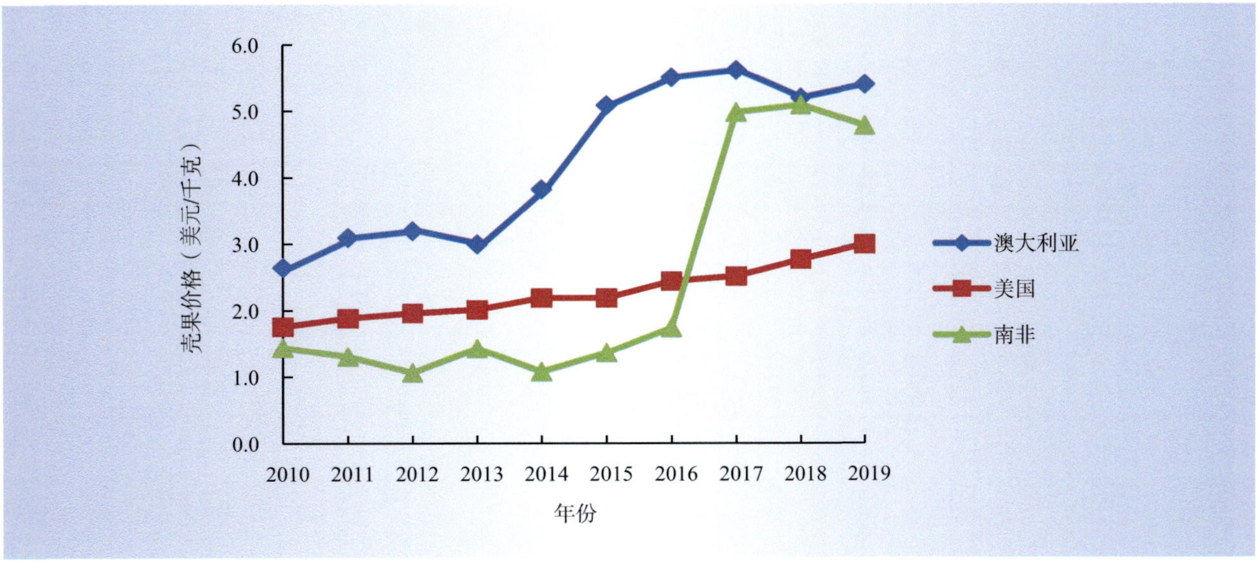

图6 2010—2019年主要生产国壳果价格情况

（四）消费情况

澳洲坚果的主要消费国为美国、中国、澳大利亚、日本和肯尼亚。据INC统计（表1），2018年各国消费澳洲坚果（果仁）6.01万吨，同比上涨20.9%。其中，美国、中国、澳大利亚、德国和日本的消费量分别为1.5万吨、7 433.0吨、4 212.0吨、3 999.0吨和2 772.0吨，合计占世界的55.8%，分别占世界的25.2%、12.4%、7.0%、6.7%和4.6%。2014—2018年，世界澳洲坚果（果仁）累计消费总量为25.4万吨。其中，美国5.5万吨、中国2.0万吨、澳大利亚1.7万吨、日本1.3万吨和德国1.0万吨，分别占世界的21.8%、7.9%、6.8%、5.3%和4.1%。2014—2018年，澳洲坚果年均消费量增长较快的国家依次为泰国、德国、法国、韩国和中国，年均增长分别为102.5%、34.5%、31.0%、30.2%和28.9%；年均消费量下降较快的国家依次为加拿大、巴西和英国，年均分别下降21.8%、0.1%和0.1%。2014—2018年，年人均消费澳洲坚果最多的国家依次为卢森堡、澳大利亚、肯尼亚、德国、新西兰、新加坡和美国，分别为1 126克、120克、84克、49克、38克、37克和34克。

（五）科研进展

1. 种质资源与育种

由于澳洲坚果野生种质栖息地片段化、开垦、野草入侵、种群数量小和气候变化等原因，野生种质的多样性正逐渐消失。澳大利亚应用全基因组关联分析技术（GWAS），对32个杂交组合、281个F_1代植株进行分析，发现5个SNP标记与壳果重紧密连锁，9个SNP标记与果仁重紧密连锁，1个SNP标记与出仁率紧密连锁，还发现10个标记中的3个与壳果重和果仁重同时连锁。在未来的澳洲坚果育种中，可利用与重要性状连锁的标记进行前期筛选，只留下有潜在优

表 1 2014—2018 年世界澳洲坚果消费情况统计

国家	2014 年		2015 年		2016 年		2017 年		2018 年		2014—2018 年			
	总消费量（吨）	人均消费量（克）	总消费量（吨）	人均消费量（克）	总消费量（吨）	人均消费量（克）	总消费量（吨）	人均消费量（克）	总消费量（吨）	人均消费量（克）	总消费量（吨）	占比（%）	年均增长（%）	人均消费量（克）
美国	10 269.0	30.0	9 907.0	31.0	8 829.0	27.0	11 319.0	35.0	15 104.0	46.0	55 428.0	21.8	10.1	34.0
澳大利亚	3 157.0	140.0	3 255.0	136.0	3 347.0	139.0	3 250.0	133.0	4 212.0	51.0	17 221.0	6.8	7.5	120.0
肯尼亚	5 209.0	110.0	4 090.0	89.0	2 634.0	54.0					11 933.0	4.7		84.0
中国	2 691.0	2.0	1 657.0	1.0	4 055.0	3.0	4 131.0	3.0	7 433.0	5.0	19 967.0	7.9	28.9	3.0
德国	1 222.0	20.0	1 869.0	23.0	2 011.0	25.0	1 219.0	15.0	3 999.0	161.0	10 320 .0	4.1	34.5	49.0
日本	1 976.0	20.0	2 250.0	18.0	3 233.0	25.0	3 116.0	24.0	2 772.0	22.0	13 347.0	5.3	8.8	22.0
马拉维	570.0	30.0									570 .0	0.2		30.0
加拿大	2 130.0	60.0	991.0	28.0	1 001.0	28.0	1 066.0	29.0	797.0	21.0	5 985 .0	2.4	−21.8	33.0
巴西	1 054.0	10.0	1 328.0	6.0	1 431.0	7.0	797.0	4.0	1 048.0	5.0	5 658 .0	2.2	−0.1	6.0
英国	472.0	10.0	639.0	10.0	436.0	7.0	504.0	8.0	471.0	7.0	2 522 .0	1.0	−0.1	8.0
卢森堡	640.0	1 200.0	596.0	1 051.0							1 236.0	0.5		1 126.0
西班牙	358.0	10.0	284.0	6.0	613.0	13.0	519.0	11.0	892.0	19.0	2 666.0	1.1	25.6	12.0
哥斯达黎加	20.0	0.0									20 .0	0.0		0.0
意大利	146.0	0.0	244.0	4.0	198.0	3.0	162.0	3.0	320.0	5.0	1 070.0	0.4	21.8	3.0
韩国	306.0	10.0	504.0	10.0	667.0	13.0	663.0	13.0	879.0	17.0	3 019.0	1.2	30.2	13.0
法国	173.0	0.0	205.0	3.0	157.0	2.0	285.0	4.0	509.0	8.0	1 329.0	0.5	31.0	3.0
新西兰	74.0	20.0	226.0	50.0	201.0	43.0					501 .0	0.2		38.0
泰国	27.0	0.0	77.0	1.0	209.0	3.0	255.0	4.0	454.0	7.0	1 022.0	0.4	102.5	3.0
马来西亚	138.0	0.0	185.0	6.0	225.0	7.0	267.0	8.0	279.0	9.0	1 094.0	0.4	19.2	6.0
新加坡	341.0	60.0	206.0	37.0	170.0	30.0	110.0	19.0			827 .0	0.3		37.0
其他	15 644.0		18 793.0		20 943.0		22 034.0		20 888.0		98 302 .0	38.7	7.5	
总计	46 617.0	6.0	47 306.0	6.0	50 360.0	7.0	49 697.0		60 057.0	8.0	254 037 .0	100.0	6.5	7.0

良性状的个体进入下一阶段的评价，可使整个育种过程缩短7年。

2. 种苗繁育

C. Searle等改进了微型嫁接，10~12周能获得无病害苗木，较常规育苗的15~24周缩短近一半时间。另外，还具有减少苗圃管理费用约50%、实现种苗的快速生产、所需的接穗大为减少、提高难嫁接品种成活率等优点。M.Alam等报道了将HAES741嫁接在种内和种间实生苗和扦插苗砧木上获得成活植株，下一步将在大田试验中筛选矮化植株。

南非研究发现，磁性水能够促进澳洲坚果种子萌发，提高苗木和根系生长速率，缩短砧木达到嫁接粗度标准的时间；可增强苗木生长势和光合作用，从而提高嫁接成活率；可减少因灌溉造成的营养袋中土壤养分的流失。

3. 栽培技术

（1）树体生理。国外许多学者讨论了幼树（<4年）的生理，为新的高密度生产系统和获得早期更高的产量提供理论依据。通过对‘A203’‘HAES741’4年幼树高密度产量情况对比研究，‘A203’由于开花更早，单产约为‘HAES741’的50倍。3~4年的‘HAES344’环剥后产量增加了1倍，但第2年继续环剥则没有增产效果。树冠体积与主干横截面有极显著的相关性（表观相关系数 r_P=0.82）。单株产量与树上果的数量密切相关（r_P=0.97），但与树冠体积不相关（r_P=0.12）。G. Chirgwin等认为，每个枝条上成熟果的数量与这个枝条上叶片的气孔导度相关。

（2）土壤与营养。S. Hill等通过不同品种多年的分析测试，发现顶端第2轮、第3轮叶片的养分状况没有差异。R. Galanti等报道，非损伤叶绿素测定仪测定叶绿素含量与叶片含N量的相关性不显著。

（3）病虫害。澳洲坚果的主要病虫害有蟒象、蛀果螟、茶黄蓟马等，澳大利亚最近提出了一种新的害虫综合管理策略，该策略基于害虫和天敌的监测，侧重于农业措施防治和生物防治，兼顾化学防治，具体包括害虫的生物学和统计、诊断方法、生物防控方法、栽培方法的改进、实验室化防药剂的初步筛选等，减少使用广谱杀虫剂。全球性的商业交易增加了病虫害大规模传播的潜在风险。在国际澳洲坚果研发中心框架下建立的病虫害种类诊断App、防治信息交换机制和合作开展澳洲坚果病虫害防治技术研究，是抵御病虫害新风险最有效的屏障。

4. 加工技术

南非Dorran Bungay报道，目前国际上没有澳洲坚果货架期的分类方法和测试标准，没有科学确定保质期和有效储存的标准。因热力学、温湿度和机械处理造成的伤害，果仁生化反应加剧，使果仁质量下降、货架期缩短。研究指出，采收不及时、粗暴的机械操作、不规范干燥技术和不当的储存条件，都会导致产品质量变差。

澳洲坚果果皮中提取的熊果苷，可用作化妆品中的美白成分，果壳中的木质素可生产天然的过滤材料，小花中高含量的香精油可制作香水。

（六）产业扶持政策和龙头企业发展

1. 澳大利亚

澳大利亚澳洲坚果的研发和市场开拓经费主要来自澳洲坚果种植者税收和政府配套资金。2019 年度澳大利亚共投入研发经费 500 万澳元用于提高果园综合管理能力、病虫害综合治理、生物防治和生物多样性、精准农业等。在市场方面，投入超过 250 万澳元投资扩大消费者认知，促进国内外澳洲坚果消费。澳洲坚果税收还支持一些前瞻性研究，如小树高产计划和授粉技术的改进。

2. 南非

南非的澳洲坚果种植者需要交 50 美分 / 千克的澳洲坚果税，用于实现南非澳洲坚果种植者协会（SAMAC）制定的目标和计划，重点支持技术研发，提高产业效益。

3. 企业并购

（1）澳大利亚和南非澳洲坚果种植者共同打造“侯爵”（Marquis）品牌。澳大利亚的 Macadamia Processing Company（MPC）与太平洋金牌澳洲坚果公司（PGM）、国际澳洲坚果贸易公司（MMI）和南非的种植者联盟（South African Grower Consortium）共同打造国际上最大的澳洲坚果种植、加工和销售公司，创建“侯爵”品牌。公司的目标为到 2024 年收入增加到 5 亿美元，销售的果仁份额占国际果仁销量的 22%、壳果将占全球的 16%，销售的澳洲坚果将占澳大利亚产量的 47%。

（2）澳大利亚的国际级澳洲坚果加工企业 Macadamia Direct（MD）公司和比利时的 Finasucre 集团合并。Finasucre 集团的现有果园一年的壳果产量为 1 800 吨，2019 年该公司在澳大利亚班德伯格收购了 1.53 万亩果园，在昆士兰州中部收购了 9 660 亩投产果园，使其成为澳大利亚最大的澳洲坚果跨国企业之一。

二、中国澳洲坚果产业基本情况

（一）生产情况

1. 种植及收获面积

据农业农村部农垦局统计，2019 年全国澳洲坚果种植面积 367.5 万亩、收获面积 93.8 万亩，同比分别增长 3.0% 和 50.8%（图 7）。其中，云南种植面积 330.0 万亩、收获面积 88.2 万亩，分别占全国的 89.8% 和 94.0%；广西种植面积 36.6 万亩、收获面积 6.4 万亩，分别占全国的 11.1% 和 6.4%；贵州种植面积 0.9 万亩，占全国总面积的 2.5 %。

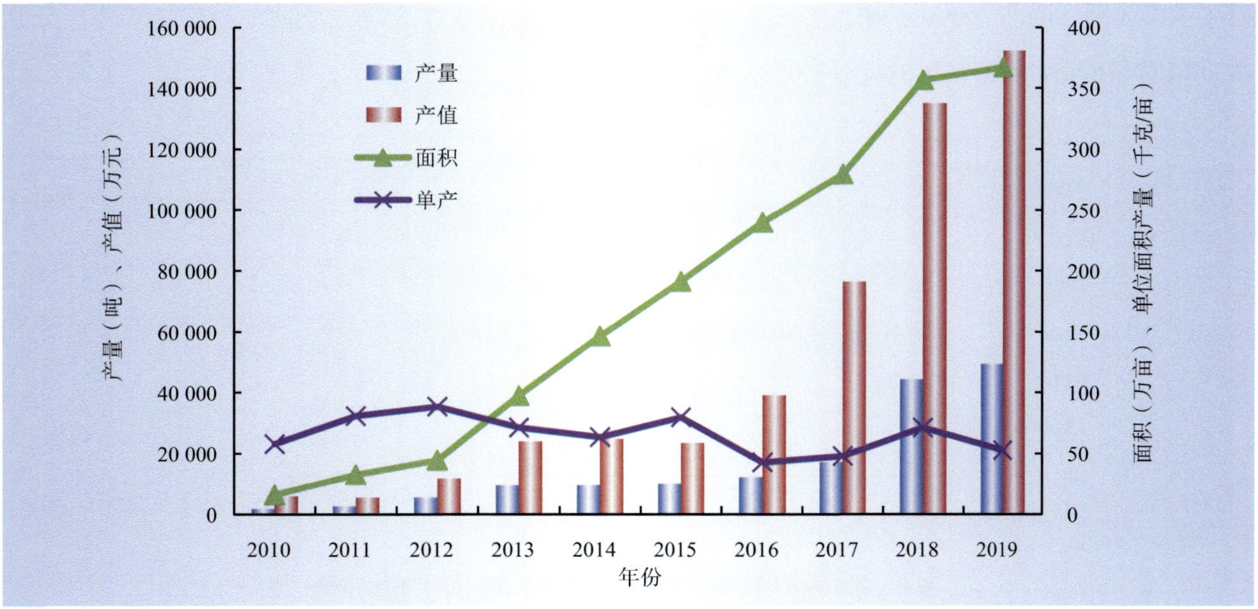

图7 2010—2019年全国澳洲坚果生产情况

2. 总产量、年产值及单产水平

2019年，中国澳洲坚果（壳果）总产量4.9万吨，较2010年的1 789.7吨增长了27.6倍，年均增长44.6%；较上年度增长11.4%（图7）。其中，云南产量4.7万吨，占全国总产量的94.7%；广西2 615.0吨，占5.3%。2019年，中国澳洲坚果总产值15.2亿元，较2010年的5 926.4万元增长25.7倍，年均增长43.4%；同比增长12.8%，增幅放缓的主要原因是2019年云南产区持续干旱，造成老果园严重减产，抵消了部分新增投产果园的增幅。2019年，中国澳洲坚果平均单产52.7千克/亩，较上年下跌26.0%。其中，云南53.0千克/亩，广西47.1千克/亩。

3. 主栽品种

云南的主栽品种为‘O.C’‘HAES344’‘A16’‘A4’‘HAES788’；广西的主栽品种为‘桂热一号’‘O.C’‘A16’‘HAES695’；贵州的主栽品种为‘O.C’‘HAES788’；广东的主栽品种为‘桂热一号’‘HAES695’‘O.C’‘A16’‘南亚3号’等。

（二）贸易情况

2019年，中国澳洲坚果的主要进口国为澳大利亚、南非、美国、津巴布韦和危地马拉，主要出口国为澳大利亚、吉尔吉斯斯坦、美国、日本和意大利。

1. 贸易量

据中国海关统计（图8），2019年中国澳洲坚果（以果仁计）的进口量为1.0万吨，较2010年的7 459.0吨增长36.7%，年均增长3.5%；比上一年度增长69.2%。其中，从澳大利亚进口 5 582.3 吨，南非 2 099.5 吨，美国 1 323.2 吨，津巴布韦 577.5 吨，危地马拉 274.4 吨，分别占进口总量的 54.8%、20.6%、13.0%、5.7% 和 2.7%。

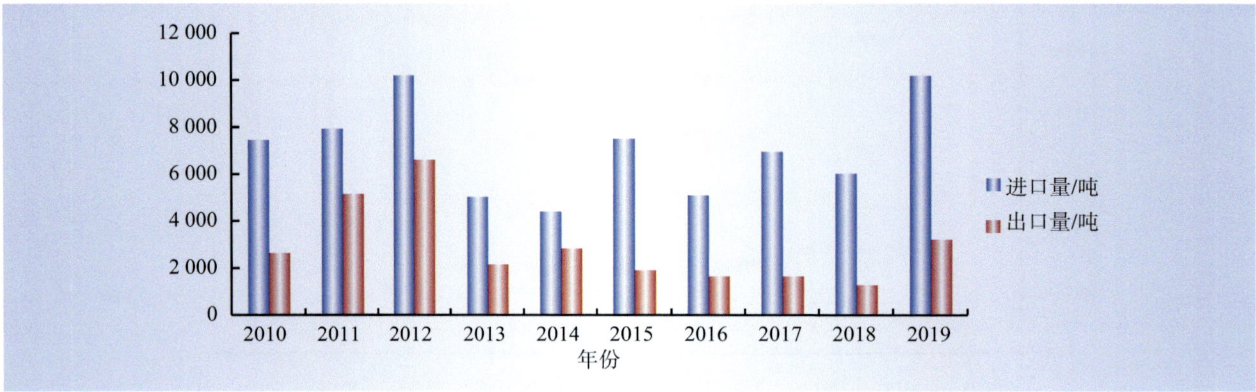

图 8　2010—2019 年中国澳洲坚果（以果仁计）进出口量

2019 年，中国澳洲坚果（以果仁计）的出口量为 3 212.7 吨，较 2010 年的 2 629.0 吨增长 22.2%，年均增长 2.3%；较上年增长 153.0%。其中，出口到澳大利亚 1 685.1 吨，吉尔吉斯斯坦 547.7 吨，美国 303.3 吨，日本 174.8 吨，意大利 118.1 吨，分别占出口总量的 52.5%、17.1%、9.4%、5.4% 和 3.7%。

2. 贸易额

据中国海关统计，2015—2019 年中国澳洲坚果进口贸易额总体呈上升趋势（图 9），从 2015 年的 8 647.0 万美元上升到 2019 年的 1.5 亿美元，年均上涨 15.3%。其中，进口壳果从 2015

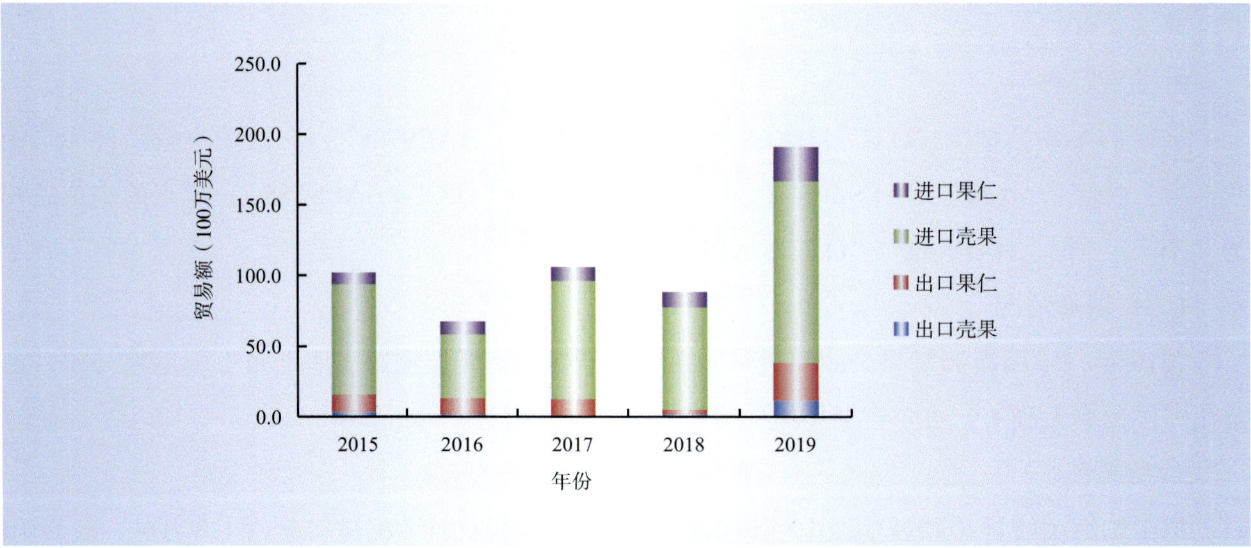

图 9　2015—2019 年中国澳洲坚果进出口贸易额情况

年的 7 845.5 万美元上升到 2019 年的 1.3 亿美元，年均上涨 13.2%；进口果仁从 2015 年的 801.5 万美元上升到 2019 年的 2 401.5 万美元，年均上涨 31.6%。

2015—2019 年，中国澳洲坚果出口贸易额总体则呈上升趋势，从 2015 年的 1 568.2 万美元上升到 2019 年的 3 811.2 万美元，年均上涨 24.9%。其中，出口壳果从 2015 年的 375.1 万美元上升到 2019 年的 1 167.6 万美元，年均上涨 32.8%；出口果仁从 2015 年的 1 193.1 万美元上升到 2019 年的 2 643.7 万美元，年均上涨 22.0%（图 9）。

3. 贸易方式

据中国海关统计，2019 年进口壳果的贸易方式以一般贸易为主，数量为 1.2 万吨，占进口壳果贸易总量的 45.0%；其次依次为进料加工贸易、海关特殊监管区域物流货物和保税监管场所进出境货物，数量分别为 9 465.9 吨、2 491.1 吨和 2 309.2 吨，分别占进口壳果贸易总量的 36.5%、9.6% 和 8.9%。2019 年进口果仁的贸易方式以来料加工贸易为主，数量为 1 569.6 吨，占进口果仁贸易总量的 65.0%；其次为一般贸易、保税监管场所进出境货物和海关特殊监管区域物流货物，数量分别为 737.5 吨、64.9 吨和 42.2 吨，分别占进口果仁贸易总量的 30.6%、2.7% 和 1.8%。

2019 年出口壳果的贸易方式以边境小额贸易为主，数量为 1 830.9 吨，占出口壳果贸易总量的 94.4%；其次依次为一般贸易、保税监管场所进出境货物和来料加工贸易，数量分别为 60.3 吨、25.4 吨和 24.0 吨，分别占出口壳果贸易总量的 3.1%、1.3% 和 1.2%。2019 年出口果仁的贸易方式以来料加工贸易为主，数量为 1 893.1 吨，占出口果仁贸易总量的 72.0%；其次为进料加工贸易，数量为 723.4 吨，占出口果仁贸易总量的 27.5%。

4. 进出口价格

据中国海关统计，2019 年中国进口壳果的价格为 2.3~5.5 美元 / 千克，平均价格为 5.0 美元 / 千克，同比上涨 7.6%；中国进口果仁的价格为 1.0~34.3 美元 / 千克，平均价格为 10.0 美元 / 千克，同比上涨 23.9%。

2019 年，中国出口壳果的价格为 1.5~9.5 美元 / 千克，平均价格为 6.0 美元 / 千克，同比上涨 1.0%；中国出口果仁的价格为 5.4~21.0 美元 / 千克，平均价格为 10.1 美元 / 千克，同比上涨 32.2%。

2015—2019 年，进口壳果的价格从 3.9 美元 / 千克上涨至 5.0 美元 / 千克，年均上涨 6.3%；进口果仁的价格从 5.4 美元 / 千克上涨至 10.0 美元 / 千克，年均上涨 16.4%。

2015—2019 年，出口壳果的价格从 4.6 美元 / 千克上涨至 6.0 美元 / 千克，年均上涨 7.1%；进口果仁的价格从 7.2 美元 / 千克上涨至 10.1 美元 / 千克，年均上涨 8.6%（图 10）。

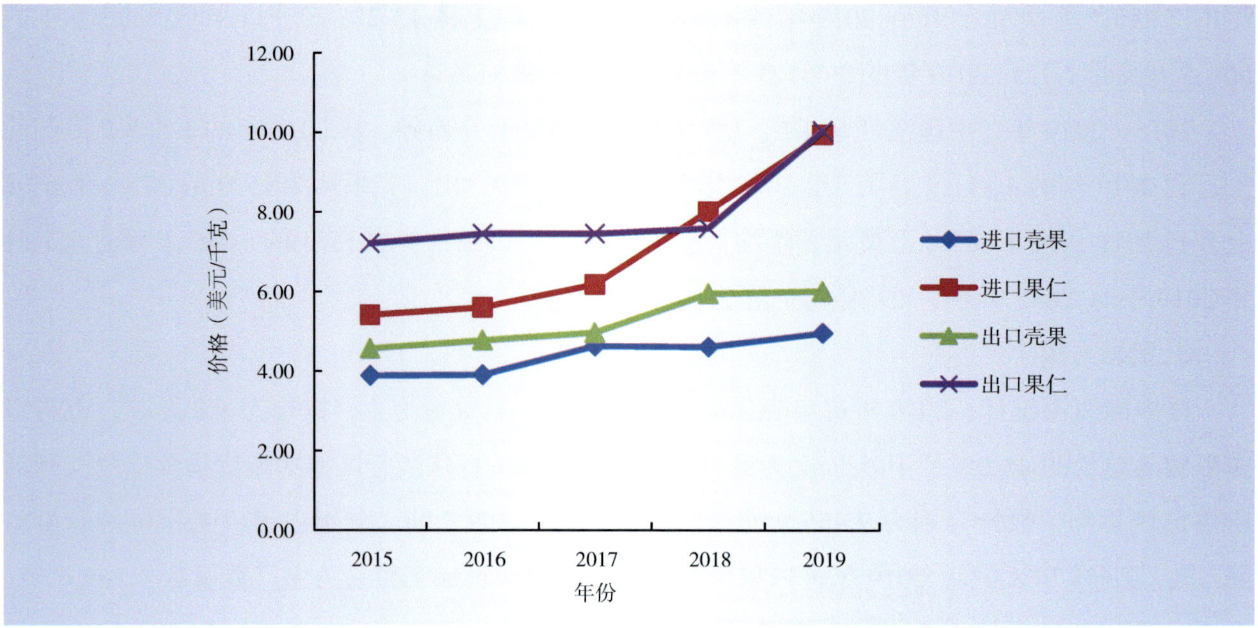

图 10　2015—2019 年中国澳洲坚果进出口价格情况

（三）价格情况

1. 地头收购价格

受各产区新增加工厂较多，产能增长较快，加工商抢夺原料和市场需求旺盛的影响，2019 年全国澳洲坚果的地头收购价有较大幅度的上涨。

据调查，2019 年中国澳洲坚果壳果（含水量约 10%）的平均地头收购价为 32.3 元 / 千克，比上年上涨 15.0%。其中，云南 32.8 元 / 千克，广西 27.9 元 / 千克，贵州 34.9 元 / 千克；全国壳果地头收购的最高价为 41.9 元 / 千克，最低价为 23.3 元 / 千克，同比分别上涨 16.4% 和 25.4%。国内自产壳果在 11 月基本售罄。

2. 电商价格

2019 年对国内线上销售的 45 个品牌、212 个澳洲坚果产品的价格调查结果表明：开口壳果产品的平均售价为 119.7 元 / 千克，同比上涨 26.0%；最高为 421.3 元 / 千克，同比下跌 45.4%；最低为 28.0 元 / 千克，同比下跌 58.0%。果仁产品的平均售价为 347.7 元 / 千克，同比下跌 20.9%；最高为 791.1 元 / 千克，同比上涨 7.9%；最低为 127.9 元 / 千克，同比下跌 19.1%。澳洲坚果油的平均售价为 440.1 元 / 升，最高 560 元 / 升，最低 340 元 / 升。

（四）加工情况

1. 初加工情况

全国已建成初加工厂 30 多座，青皮果的加工能力超过 15 万吨，远高于实际产量处理的需要。初加工厂基本上位于云南，集中分布于德宏、临沧、普洱和西双版纳，其中，云南迪思企业集团坚果有限公司在德宏的芒市和盈江各拥有一座1万吨青皮果初加工厂，为现有最大的加工企业。

2. 成品加工企业分布

进口壳果原料的加工主要集中在广东、浙江等沿海地区，其中广东占47%，浙江占29%，并且是以来料加工和进料加工的形式进行。云南、广西的加工企业原料以当地自产的为主。

3. 成品产品结构

2019年，中国澳洲坚果的加工产品仍然以开口壳果（开口笑）为主，约占95%，主要有奶油味和原味产品，也出现了白桃味和酸奶味等新口味。果仁产品比例约占5%，主要以奶油味、原味和淮盐味为主，蜂蜜味和咖啡味等新口味也开始受到消费者喜爱。

（五）消费情况

据调查，从休闲零食的市场结构来看，包括澳洲坚果在内的坚果类食品位居休闲零食市场首位；从澳洲坚果消费人群来看，80后、90后占据市场主体，26~35岁消费人群占56.3%；从城市线级来看，三线及以下城市澳洲坚果消费人群增速突出，可见更多小镇青年正积极加入消费行列；从消费者购买澳洲坚果时的考虑因素来看，由高到低依次为口味、品质、价格、新鲜程度、营养价值、安全性、口碑、品牌知名度、有机绿色健康、购买便捷性、包装和产地。

（六）科研进展

1. 种质资源与育种

2019年，云南省热带作物科学研究所（简称云南省热作所）应用牛津纳米孔技术（Oxford Nanopore Technologies）对澳洲坚果粗壳种（*Macadamia tetraphylla*）基因组进行了测序，组装获得全长为750.54 Mb的基因组，其contig N50长度为1.18 Mb，为后续开展分子物学和育种研究奠定了基础。中国热带农业科学院南亚热带作物研究所（简称热科院南亚所）筛选出早花优良单株3个。云南云澳达坚果有限公司引进的矮化种质，正在作为中间砧开展试验，初步表现出具有一定的矮化效果。

2. 栽培技术

热科院南亚所在叶片黄化生理研究表明，叶片PS Ⅱ反应中心受到高温损伤，经转录组与代谢组分析发现，叶绿素与花青素代谢基因及其代谢产物发生了明显变化。中国农业大学联合云南省热作所在云南开展了澳洲坚果配方肥试验，施用配方肥增产效果明显，单株增产青皮果10千克以上。广西南亚热带农业科学研究所（简称广西南亚所）研究发现，叶面喷施适量的种植用有机硒素可提高澳洲坚果果仁中硒含量和单株产量，果仁中硒含量随施硒浓度减少而降低，产量随施硒浓度的减少呈先升高后降低的趋势。

3. 加工技术

云南省热作所摸索出一种澳洲坚果壳果的水浮选方法，将含水量为11%~15%带壳果放入水浮选装置，下沉果的缺陷果率比例小于3%，解决了长期以来开品壳果“开口笑”产品缺陷果无损检测难、剔除难、比例高等问题，显著提高产品质量。贵州亚热带作物研究（简称贵州热作所）开展了从澳洲坚果油中富集 Ω-7 脂肪酸的方法，研发了第二代澳洲坚果油面膜。姚增玉报道采用蒸汽爆破预处理技术增加了澳洲坚果果壳的表面积和 pH 值，从而使果壳对铅等重金属的吸附能力大大提高。

4. 成果情况

（1）获奖情况

2019 年国内澳洲坚果获奖成果 4 项，分别是广西南亚所“澳洲坚果新品种‘桂热 1 号’选育及配套栽培技术研究与推广应用”获全国农牧渔业丰收奖农业技术推广成果奖二等奖，“澳洲坚果全产业链关键技术创新与应用”获中国产学研合作创新成果奖二等奖，“澳洲坚果种苗繁育及集成技术示范”获广西农业科学院科技进步奖二等奖；云南省热作所“澳洲坚果品种选育与栽培关键技术研究及示范推广”获云南省科技进步二等奖。

（2）品种审（认）定和新品种注册登记

2019 年全国通过省级良种审定和认定的品种各 2 个，通过注册登记的新品种 4 个。具体是：云南省热作所申报的澳洲坚果品种‘A4’和‘A16’通过了云南省林木良种审定；贵州热作所申报的‘788’‘O.C’2 个品种通过贵州省林木良种认定。云南省热作所申报的‘云研 1 号’‘云研 2 号’杂交品种和‘云研 3 号’‘云研 4 号’实生选种品种通过云南省园艺植物新品种注册登记，其中，‘云研 1 号’‘云研 2 号’是国内首次通过注册登记的杂交新品种。

（3）标准制（修）订

2009 年以来，中国在澳洲坚果标准制（修）订做了大量工作，目前发布的澳洲坚果及其紧密相关的标准有 25 项，其中行业标准 10 项，地方标准 4 项，地方规范 10 项，团体标准 1 项，涵盖种质资源、品种审定及试验、种苗、栽培、产品及检测等产业链各个方面，特别是云南省临沧地区发布的临沧澳洲坚果 10 项标准形成了国内第一个比较完整的澳洲坚果标准体系。此外，还有 1 项林业行业标准、7 项地方标准和 8 项团体标准正在积极推进，预计在 2020 年内发布。

（4）专利

2019 年获授权发明专利 5 件，其中产品研制 2 件，果园生产 2 件，加工设备 1 件。申报主体是大学和研究所。

2019 年获实用新型专利 32 件，其中加工设备装置 27 件，产品研制 2 件，种苗繁育技术及生产机械装置 3 件。申报主体为研究所、澳洲坚果龙头企业和个人。

（七）各地产业扶持政策

云南省永德县被云南省政府纳入“一县一业”澳洲坚果示范县，省级财政每年安排创建补助资金3 000万元，经年度综合评价合格的，连续补助3年。补助资金重点用于公共基础设施建设、绿色有机认证、物联网示范基地建设、产品质量追溯体系建设、技术改造提升、品牌打造、产品研发、冷链物流、贷款贴息等环节。云南省每年在全省范围内开展绿色食品“10大名品”评选活动，2018—2019年2家澳洲坚果生产企业先后成功入选，并获得奖励。云南还鼓励开展澳洲坚果绿色基地和有机基地创建，通过认证的绿色基地、有机基地，由省财政一次性分别补贴150元/亩和300元/亩。

广西桂平、崇左、梧州和南宁等多地对林农和企业购买的澳洲坚果种苗按300元/亩或市场价50%进行补助，对种植澳洲坚果贫困户和加工企业给予500~800元/亩的补助。国家林业和草原局将澳洲坚果项目纳入了中央财政林业科技推广项目，给予100万元/项支持；省级林业和草原局将澳洲坚果项目纳入了地方财政林业科技推广项目，给予50万元/项支持。

三、中国澳洲坚果产业效益分析

（一）规模化农场产业效益分析

以云南省景洪市的5 400亩澳洲坚果农场为例，该农场的澳洲坚果树龄在20年以上，2013—2019年壳果平均产量为1 039.6吨，年均价格为2.6万元/吨，年均总产值为2 681.5万元，年均净利润1 109.4万元，年均总支出1 566.8万元，年均利润率40.6%，年均单位面积产量192.5千克/亩，年均单位面积产值4 922.7元/亩（近3年超过6 000元/亩），年均单位面积净利润2 054.5元/亩（近3年超过2 700元/亩），展现出良好的经济效益。

2019年虽然受几十年一遇的极端干旱天气影响，农场同比减产26.6%，但由于商业壳果价格上涨40%，总产值仍然增长2.6%（表2）。

表2 规模化澳洲坚果农场收支情况分析

年份	壳果（吨）	平均壳果价格（万元/吨）	总产值（万元）	净利润（万元）	实交税金（万元）	总支出（万元）	利润率（%）	单位面积产量（千克/亩）	产值（元/亩）
2013	1 141.8	1.7	1 896.7	813.7	0.7	1 083.0	42.9	211.5	3 512.5
2014	1 090.6	2.1	2 265.2	918.6	0.8	1 346.6	40.6	202.0	4 194.8
2015	908.1	2.2	1 960.1	701.1	0.7	1 259.1	35.8	168.2	3 629.9
2016	815.7	2.5	2 064.5	695.6	0.7	1 368.8	33.7	151.1	3 823.1

（续表）

年份	壳果（吨）	平均壳果价格（万元/吨）	总产值（万元）	净利润（万元）	实交税金（万元）	总支出（万元）	利润率（%）	单位面积产量（千克/亩）	产值（元/亩）
2017	1 029.5	3.6	3 749.3	1 695.8	1.1	2 053.4	45.2	190.7	6 943.1
2018	1 321.2	2.6	3 373.8	1 472.8	0.1	1 863.6	43.6	244.7	6 247.8
2019	970.4	3.6	3 461.0	1 468.3	—	1 992.7	42.4	179.7	6 108.0

（二）小规模农庄产业效益分析

以云南省双江县的90亩澳洲坚果农庄为例，2016—2019年平均支出531.2元/亩，其中，果实采收平均支出占比最高，占总支出的61.1%；其次为除草和肥料投入，平均分别占当年总支出的18.1%、15.4%。2016—2019年，每亩果园的产值分别为2 438.7元、4 988.4元、2 916.2元和1 025.6元，每亩的纯利润分别为1 839.1元、4 336.2元、2 396.2元和673.1元。2019年澳洲坚果地头收购价虽然同比上涨30%，但因受云南省干旱天气影响，落果严重，加之2018年果园田间管理方面投入太少，树势衰退，产量严重下降，收入降低（表3）。

表3 小规模农庄产业效益分析

年份		2016年		2017年		2018年		2019年	
	支出科目	支出金额（元）	科目支出占比（%）	支出金额（元）	科目支出占比（%）	支出金额（元）	科目支出占比（%）	支出金额（元）	科目支出占比（%）
支出	除草	8 000.0	14.8	8 000.0	13.6	8 700.0	18.6	8 000.0	25.2
	果实采收	30 523.5	56.6	41 178.0	70.2	38 146.8	81.4	11 520.0	36.3
	修剪	2 200.0	4.1	2 200.0	3.8	0.0	0.0	0.0	3.9
	化肥	8 300.0	15.4	2 380.0	4.1	0.0	0.0	8 500.0	26.8
	施肥用工	3 840.0	7.1	3 840.0	6.5	0.0	0.0	2 500	7.9
	其他投入	1 100.0	2.0	1 100.0	1.9	0.0	0.0	1 200.0	3.8
	合计	53 963.5	100.0	58 698.0	100.0	46 846.8	100.0	31 720.0	100.0
	投入（元/亩）	599.6		652.2		520.5		352.4	531.2
收入	青皮果产量（吨）	20.4		29.9		26.3		7.1	
	均价（万元/吨）	1.1		1.5		1.0		1.3	
	总收入（元）	219 480.0		448 960.0		262 500.0		92 300.0	
	收入（元/亩）	2 438.7		4 988.4		2 916.7		1 025.6	
利润	毛利润（%）	75.4		86.9		82.2		65.6	
	利润（元/亩）	1 839.1		4 336.2		2 396.2		673.1	

（三）产业在扶贫工作中发挥的作用

澳洲坚果在产业扶贫中发挥着重要作用。据统计，云南省种植澳洲坚果的贫困县20个，贫困人口约100万人，其中有建档立卡户6万多户，近20万人，通过发展澳洲坚果产业实现脱贫致富。例如，云南省德宏州芒市三台山乡早内合作社通过“双带”提升，统一对社员培训，统一管理，统一技术标准，科学规范全社群众栽培管理和防治病虫害等技术。充分发挥基层党支部战斗堡垒作用，党员、村干部、致富带头人积极开展“传”“帮”“带”，转变了贫困群众“等”“靠”“要”的思想，在全村形成一股“赶”“超”“比”发展氛围。通过支部和合作社强力助推帮扶，使村内的贫困户成功走向致富道路，三台山乡全国劳模荀有生的果园，近几年亩产青皮果连续超过800千克，最高达1吨，产值过万元。该乡在党委政府的有力推动下，早内村民小组47户207人，2018年累计种植澳洲坚果2 400余亩，青皮果产量150吨，产值210万元，年收入20万元以上有2户，15万元以上6户，多数在5万元以上，成为依托澳洲坚果产业稳定增收脱贫的典型示范村。

四、中国澳洲坚果产业发展特点

（一）生产水平整体不高，总体处于跟跑阶段

由于中国澳洲坚果商业化种植的时间不足30年，与美国、澳大利亚、南非等国家的生产水平还存在较大差距，主要体现在机械化水平、劳动生产率、单位面积产量、产品质量、加工技术、营销手段、科技投入及组织形式等各个方面。目前，中国仅在开口壳果加工技术和相关设备方面处于世界领先水平，其他方面与澳洲坚果生产先进国家还有较大差距。

（二）产业发展迅速，逐渐成为世界产业的中心

中国澳洲坚果的面积超过世界总种植面积的60%，预计未来产量也将位居世界第一。加之中国消费市场巨大，世界各国都看好中国市场。中国相关部门也在为打造世界澳洲坚果产业中心创造条件，每年在云南临沧举办国际澳洲坚果发展年会，为澳洲坚果国际合作提供必要的经费，推动世界澳洲坚果产业发展。

（三）产业重心发生转变，提质增效成为主题

近年来，澳洲坚果产业的重心发生转变，不再一味追求产业规模的迅速扩张，转为更加注重产业发展的质量和效益。随着育种科研的不断深入和栽培技术水平的提高，良种不断涌现，良法逐渐形成，近几年各地积极开展澳洲坚果果园良种化改造、整形修剪、施肥和病虫害防控等重要管理技术的工程化施工，以期达到果园提质增效的目标。

（四）顺应消费升级，下游龙头企业积极布局澳洲坚果产业

近年来，伴随着消费升级，消费者在休闲零食的选择上更青睐于澳洲坚果之类的绿色健康、营养均衡的产品，下游龙头企业如“三只松鼠”“良品铺子”等坚果品牌强势崛起，带动澳洲坚果产业快速增长。传统炒货企业“洽洽食品”也不甘落后，推出“产品双元化”战略，在原有的葵花籽产品基础上，增加坚果类产品。这些龙头企业采取自建澳洲坚果种植基地或与产区龙头企业签订长期合作协议的方式确保原料供应，增加市场供给。

五、存在的主要问题和瓶颈

（一）缺少统一的引导体制，产业发展缺乏指导

在澳大利亚、南非等国澳洲坚果产业主要是通过协会来组织、协调和落实政策，国家从政策和资金等方面给予扶持，总体而言，产业发展得有序、政策执行有力，连续性较好。中国虽然也成立了很多澳洲坚果相关的协会和联盟，但联结不够紧密，缺乏必要的政策执行手段，协调能力有限，引导产业有序发展的能力羸弱。

（二）基础设施差，果园效益低

由于澳洲坚果在中国90%以上是山地种植，目前绝大多数果园基础设施差，特别是果园道路通行能力差，缺乏灌溉条件，短期内难以解决。遇到雨水多的年份，果实采收后难以得到及时加工、干燥和向外运输销售；遇到极端干旱年份，果园减产严重，果品质量下降。果园基础设施不完善，造成种植者效益差，收入很不稳定。

（三）采收与采后处理技术不完善，对果品质量影响大

目前，中国的澳洲坚果采收绝大多数是果农一次性地从树上将果实敲落。由于澳洲坚果花期长，品种的成熟期也有差异，这种采收法造成许多未成熟果被提前采收，严重影响品质。云南省热作所2019年对云南4家龙头企业5个批次的商业壳果进行抽样调查，结果显示，云南澳洲坚果本身的品质优良，但由于采后处理不完善使得果品质量下降严重。

（四）产业各环节利益联结水平低，产业链脱节

目前，澳洲坚果产业链的联结机制主要还是低水平的“买断型”，即龙头企业和下游加工企业对农户生产的澳洲坚果一次性收购，双方不签订合同，自由买卖，价格随行就市。除此之外，双方没有任何形式的经济联系和经济约束，这种利益联结机制较为松散，双方的合作关系也不稳定：在市场景气时，企业收不到足够的原料；市场不景气时，果农卖果难。由于是一次性收购，没有稳定的预期，双方的生产都没有保障，不利于投资、扩大再生产和产品质量的提高，还容易造成生产、加工、流通、储藏及物流配送等环节彼此脱节，产品和市场难以形成有效对接，产品的供应量、品质、保鲜、销售等问题难以保障，产品的增值效益不明显，产业抗市场风险能力差。

（五）市场开拓重视不够，产地品牌影响力弱

中国对澳洲坚果市场开拓的重视程度与澳大利亚存在巨大差距，投入很少，对消费者的行为习惯研究几乎是空白。目前企业主要精力放在国内市场，忽略了对国外市场的开拓。国内市场日渐饱和，容易引发企业间的恶性竞争，不利于产业的持续健康发展。

由于澳洲坚果产地的龙头企业实力有限，营销手段单一，品牌建设投入不足，品牌影响力弱，对产业的带动作用不强。产地的原料仅有不到20%在产地实现加工，走向流通市场，绝大部分以原料的形式销售到沿海发达省份进行加工，不利于产地企业实力壮大和产地农户持续增收。

（六）研发经费与产业资金投入严重不匹配

澳大利亚澳洲坚果协会每年的研发投入在200万美元以上，每年都可支持20个左右的项目进行产业技术研发。中国在澳洲坚果产业技术的研发投入严重不足，且不连续、不稳定，难以维持科技人员正常的研发活动，技术支撑能力弱，这严重制约了中国澳洲坚果产业的发展。

（七）技术推广体系不健全，果农掌握种植技术不到位

虽然我国拥有澳洲坚果产地的各省市县都存在技术推广的部门，但熟练掌握澳洲坚果栽培技术的技术人员较少，难以满足果农的技术需求。中国农业大学和云南省热作所联合对云南省澳洲坚果种植户技术培训途径的随机抽查结果表明：在果农获得技术培训的途径中，通过农业科研单位的占39%，通过县乡农技人员的占2%，通过企业基地技术员的占6%，通过农资经销商的占4%，剩下49%的果农未参加过任何种植技术培训，靠自己摸索；果农掌握规范的澳洲坚果栽培技术有限，不利于产业的高质量发展。

六、中国澳洲坚果产业发展展望

（一）种植面积仍然会增长，但增速放缓

受澳洲坚果行业景气度较高，市场前景看好的影响，传统种植区通过在茶叶地、咖啡地上间种澳洲坚果，继续扩大种植面积。新种植区，如云南的文山州和红河州开始逐步扩大种植面积，广东农垦的阳江、茂名等部分农场正准备将部分低产橡胶林改种澳洲坚果。由于适宜种植澳洲坚果的土地有限，新增种植面积明显放缓。

（二）总体产量增加，品质下降

据气象预测，云南产区2020年将继续受干旱影响，特别是花期降水稀少，坐果率偏低，落果严重，造成老果园有一定幅度的减产。但新增投产果园面积大幅增加，产量增加较快。总体而言，2020 年产量仍然会有一定幅度增加。干旱造成膨果不充分，小果比例增加，果壳变厚，出仁率下降，果实发育不良，油分积累不够，缺陷果比例增加，导致果实品质总体下降。

（三）市场供应有限，价格大概率上涨

澳大利亚等澳洲坚果生产国由于受严重干旱影响，纷纷下调 2020 年预期产量，其中，澳大利亚预测同比减产 7 600 吨，减产幅度达 16%；肯尼亚和马拉维同样受干旱影响，预期减产 10%。干旱使得小果和中果比例大幅增加，造成有效供给减少，0 号、1 号大果仁供应更少，价格大涨。这两方面的因素，给市场造成供应量有限的预期。而市场需求仍然旺盛，特别是美国、欧洲和日本 2019 年进口同比增幅超过 25%，创下新的历史纪录，需求增长强劲，带动澳洲坚果原料和产品价格上涨。然而，欧美等发达国家经济体基本面总体欠佳，增长乏力，削弱了价格上涨的动能。

（四）“绿色发展”理念，逐渐渗透到产业发展中

习总书记“绿水青山就是金山银山”的绿色发展理念深入人心，并逐步渗透到澳洲坚果的产业发展之中。打造“绿色食品”成为发展澳洲坚果产业的重要目标之一，各级政府积极鼓励企业、合作社和种植大户开展“绿色基地”“有机基地”认证，严格管控果园投入品的使用，严把产品质量关，澳洲坚果逐步实现绿色生产、绿色加工和绿色食品的目标，满足消费者对产品的更高要求。

七、中国澳洲坚果产业发展建议

（一）加强产业的组织领导，促进产业有序发展

由于澳洲坚果产业链涉及政府管理部门和行业较多，协调工作难度大。建议在省级层面成立澳洲坚果产业发展领导小组，来统一协调澳洲坚果产业发展事务，落实国家和省级有关政策措施，协调行业管理相关部门，形成工作合力。深入了解澳洲坚果产业发展的政策需求，研究制定更有针对性的促进澳洲坚果产业发展的扶持政策，加强对澳洲坚果产业发展的宏观和微观指导，促进产业有序发展。

（二）加大果园基础设施建设投入，建立高标准果园

整合农业综合开发、土地整治、农田水利、村村通和产业扶贫等各类项目资金，加大果园基础设施，特别是灌溉设施、道路系统、电力和通信设施等建设，逐步改变“靠天吃饭”的现状，提高果园抵御自然灾害的能力，实现果园丰产稳产、旱涝保收的目标。

（三）改进现有采收制度和采后处理技术，提高果品质量

改变现有一次性全部采收的果实采收制度，实行根据各产区气候特点、品种特性，分批次从地面捡拾落果的采收制度，确保果实的充分成熟，把果园作为“第一车间”，从种植环节就开始抓好产品质量。果实采收后，要根据果实的特点，及时组织采后处理。按照标准化采后处理程序，先行青皮果分级，再脱皮、清洗、壳果分级、预干燥、水浮选、干燥和包装，避免因不当采后处理，造成果品质量下降，确保种植者和加工者获得应有的经济收益。

（四）建立合理的利益联结机制，完善产业链

企业需要稳定的原料供给，农户需要稳定的产品销路，这是双方建立利益联结机制的客观基础。政府部门要鼓励上下游企业和种植者进一步深化合作，引导双方根据实际情况，本着自愿、平等和互利的原则，建立更加紧密的利益联结机制，如“保护型”“服务型”“返利型”和“合作型”等，并签订正式的合同，严格履约，逐步完善从种植到加工、流通、仓储和物流配送各个环节，形成完整产业链。

（五）加强市场开拓，打造产地知名品牌

各级政府和澳洲坚果产业从业者要着眼国内、国外两大市场、两种资源，充分应用现代公共媒体，全方位、多角度宣传“中国澳洲坚果”品质独特、绿色健康的特点，提升“中国澳洲坚果”品牌的认知度、美誉度、公信力和影响力。深化对外交流合作，主动融入世界坚果大家庭，承担国际义务，借鉴各国品牌建设和推广的先进经验。研究各国特有的消费习惯，开发消费者喜爱的澳洲坚果产品，并加大宣传推介，提升“中国澳洲坚果”绿色食品的国际影响。

（六）建立与产业发展水平相协调的研发投入制度，提高产业技术水平

中国澳洲坚果以年均40%以上的增长速度在发展，迫切需要建立与产业发展水平相协调的研发投入制度，确保必要的科研经费。建议建立省级、国家级澳洲坚果现代农业产业体系，为澳洲坚果产业技术的科学研究提供长期的、稳定的经费支持，专注于解决产业发展过程中遇到的科技问题，提出发展战略，提高果园种植、加工和新产品开发及装备水平，确保产品供应、品质和产业效益。

（七）完善技术培训推广体系建设，提高果农规范化栽培水平

完善省市县三级技术培训推广体系，着重对各级农技部门的技术推广人员进行培训，使他们真正成为懂得澳洲坚果栽培和加工理论、会实际操作、了解农民需求的技术骨干，并将规范的澳洲坚果栽培和加工技术送到田间地头和加工厂，提高产业的总体效益。

2019年咖啡产业形势分析报告

一、世界咖啡产业概况

（一）产业基本情况

咖啡的商业化种植和贸易可以追溯到15世纪。目前，咖啡商业化生产国家达76个，全世界每天咖啡饮用超过30亿杯。咖啡产量已从1990年的600万吨左右增加到目前的超过1 000万吨，产量增长超过65%。全世界大约2 500万农户以咖啡为生，咖啡产业的年收入估计超过2 000亿美元，咖啡生产国的出口收入约为200亿美元。在全球范围内，咖啡消费正以每年2.2%的速度稳步增长（数据来源：ICO，2019A）。

1. 生产情况

近年来，世界咖啡产量保持相对稳定。2019—2020年度，世界咖啡产量1 016.0万吨（图1），同比减少3.0%。其中，巴西348.0万吨、越南193.4万吨、哥伦比亚85.8万吨、印度尼西亚64.2万吨和埃塞俄比亚44.1万吨，分别占世界总产量的34.3%、19.0%、8.5%、6.3%和4.3%，合计占世界咖啡总产量的72.4%。

2019—2020年度，世界小粒种咖啡总产量574.59万吨（图1），占世界咖啡总产量的56.56%，同比减少7.81%。其中，巴西239.40万吨、哥伦比亚85.80万吨、埃塞俄比亚44.10万吨、洪都拉斯39.0万吨和秘鲁27.0万吨，分别占世界小粒种咖啡总产量的41.7%、14.9%、7.7%、6.8%和4.7%，合计占世界小粒咖啡总产量的75.8%。

2019—2020年度，世界中粒种咖啡总产量441.4万吨（图1），占世界咖啡总产量的43.4%，同比增长4.0%。其中，越南186.6万吨、巴西108.6万吨、印度尼西亚56.7万吨、印度23.5万吨和乌干达21.0万吨，分别占世界中粒种咖啡总产量的42.3%、24.6%、12.9%、5.3%和

4.8%，合计占世界中粒咖啡总产量的 89.8%。

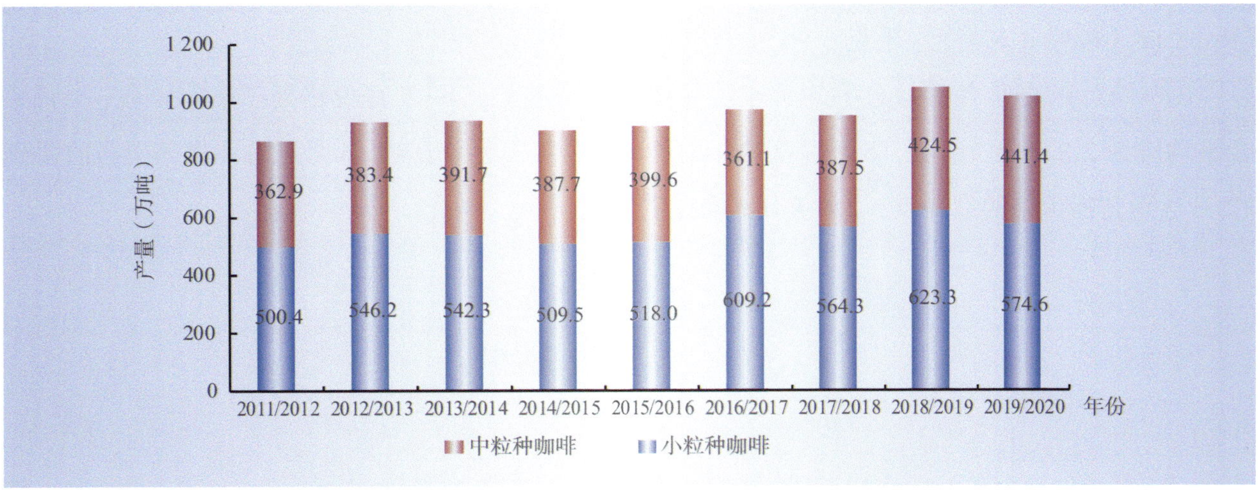

图 1　2011/2012—2019/2020 年度世界咖啡产量变化情况

2. 价格情况

2016 年以来，咖啡的市场价格一路下跌，今天的咖啡价格比十年前的平均水平降低了近 30%（ICO，2019 年）。市场低迷直接影响全球 2 500 万咖啡生产者的生计。长时间的低咖啡价格阻碍了农场主投资于农场现代化以及提高其适应气候变化的能力，影响了未来咖啡供应的数量和质量，给全球咖啡行业带来了严峻挑战（ICO，2018 年）。

2019 年，国际咖啡组织（ICO）综合平均价为 2.2 美元 / 千克（图 2），同比下跌 7.8%。其

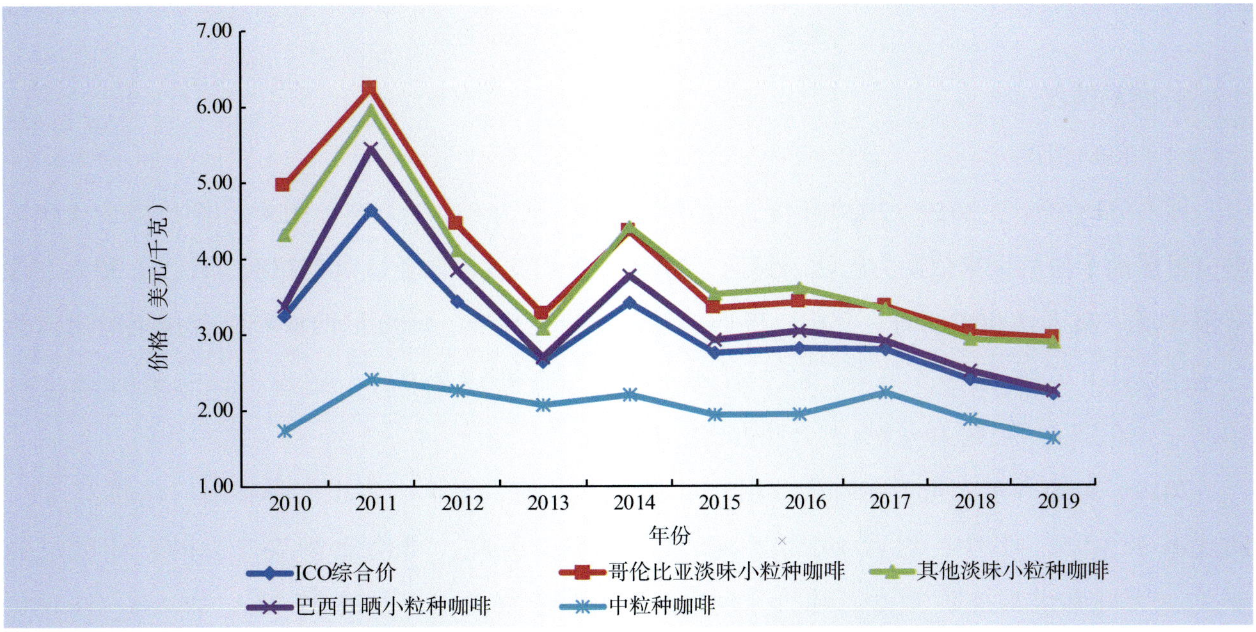

图 2　2010—2019 年世界咖啡价格年际变动趋势

中，哥伦比亚淡味（Colombian Milds）小粒种咖啡 2.9 美元 / 千克，其他淡味（Other Milds）小粒种咖啡 2.9 美元 / 千克，巴西日晒（Brazilian Naturals）小粒种咖啡 2.2 美元 / 千克，中粒种（Robustas）咖啡 1.6 美元 / 千克。

ICO 统计的咖啡各月综合平均价年线呈震荡上行趋势，1—5 月价格处于下行阶段，1 月综合平均价为 2.2 美元 / 千克，5 月跌至全年的最低点 2.1 美元 / 千克，6 月后总体进入上行阶段到 12 月达到全年价格的最高点，2.6 美元 / 千克（图 3）。

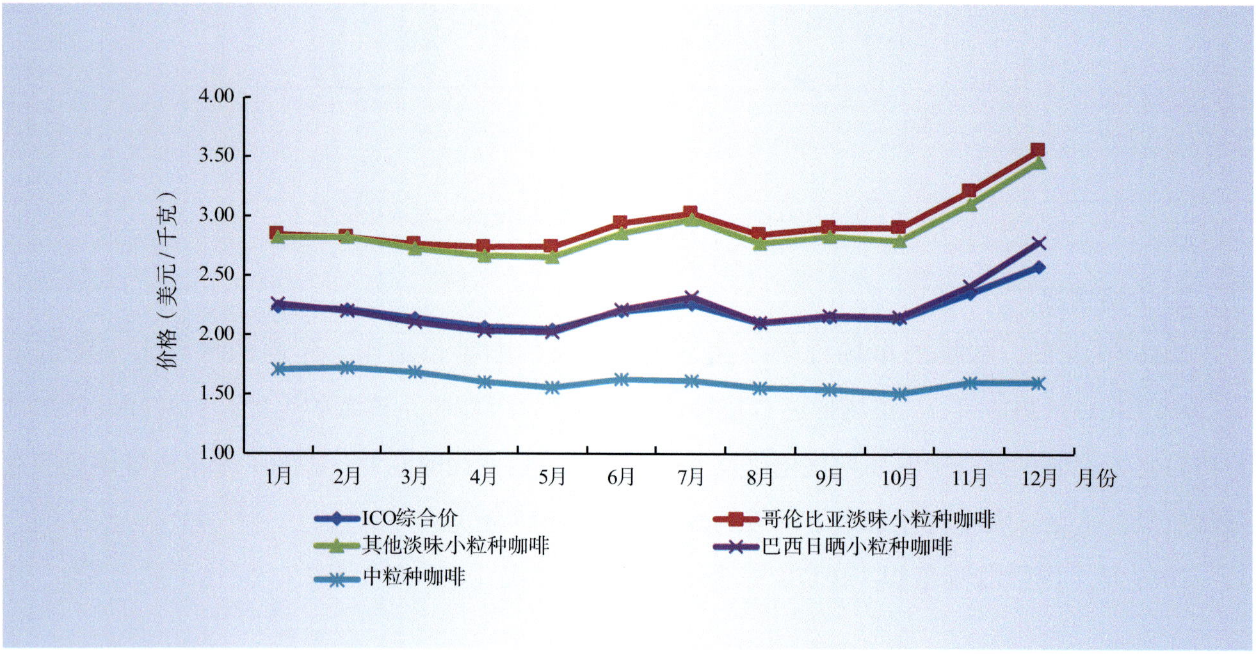

图 3　2019 年世界咖啡价格变动趋势

3. 贸易情况

（1）出口情况

据 USDA 统计，2019—2020 年度，世界咖啡出口量为 810.1 万吨（图 4），同比减少 4.0%。出口量居前十位的国家依次为巴西、越南、哥伦比亚、印度尼西亚、洪都拉斯、印度、秘鲁、埃塞俄比亚、乌干达和墨西哥。其中，巴西、越南、哥伦比亚、印度尼西亚和洪都拉斯的出口量分别为 211.9 万吨、169.5 万吨、82.2 万吨、44.4 万吨和 37.2 万吨，各占出口总量的 26.2%、20.9%、10.2%、5.5% 和 4.6%，合计占比达 67.3%。

2019—2020 年度，世界咖啡生豆出口量 574.59 万吨（图 4），占世界咖啡出口量的 85.5%，同比减少 3.9%。其中，巴西 192.0 万吨、越南 153.0 万吨、哥伦比亚 76.2 万吨、印度尼西亚 37.8 万吨和洪都拉斯 37.2 万吨，分别占世界咖啡生豆总出口量的 27.7%、22.1%、11.0%、5.5% 和 5.4%，合计占世界咖啡生豆总出口量的 71.7%。

2019—2020年度，世界焙炒咖啡出口量22.8万吨（图4），占世界咖啡出口量的2.8%，同比减少3.4%。其中，欧盟9.0万吨、瑞士7.8万吨、越南3.3万吨、墨西哥1.1万吨和哥伦比亚0.6万吨，分别占世界焙炒咖啡出口量的39.6%、34.3%、14.5%、5.0%和2.6%，合计占世界焙炒咖啡出口量的96.0%。

2019—2020年度，世界速溶咖啡出口量95.1万吨（图4），占世界咖啡出口量的11.7%，同比减少4.7%。其中，巴西19.8万吨、马来西亚18.6万吨、越南13.2万吨、印度11.2万吨和印度尼西亚6.3万吨，分别占世界速溶咖啡出口量的20.8%、19.6%、13.9%、11.8%和6.6%，合计占世界速溶咖啡总出口量的72.7%。

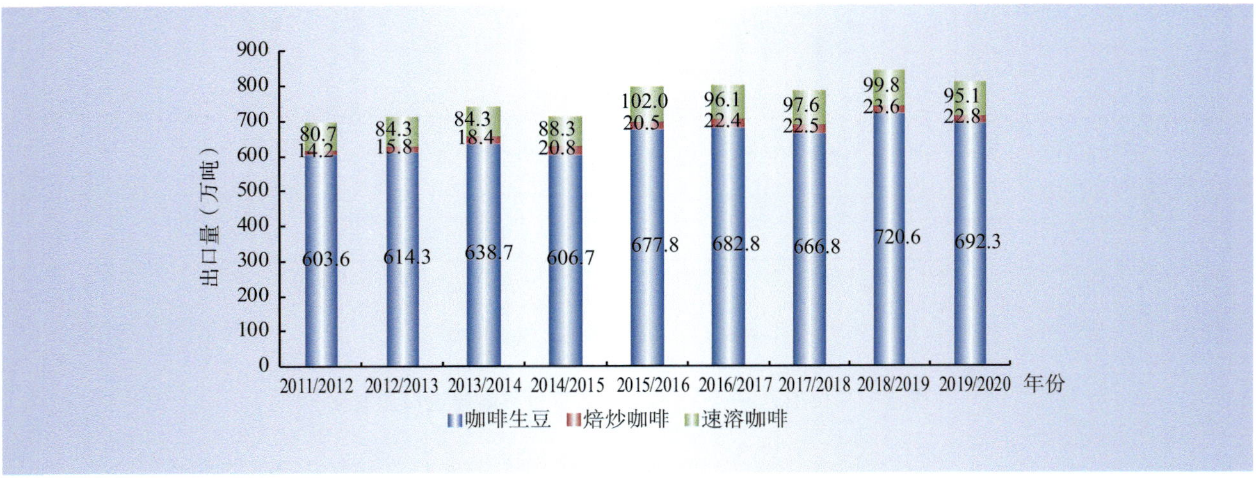

图4　2011/2012—2019/2020年度世界咖啡出口量变化

（2）进口情况

据USDA统计，2019—2020年度，世界咖啡进口量为789.6万吨（图5），同比减少2.6%。进口量居前十位的国家依次为欧盟、美国、日本、菲律宾、加拿大、俄罗斯、瑞士、韩国、中国（统计数据不含中国港澳台地区）和阿尔及利亚。其中，欧盟、美国、日本、菲律宾和加拿大进口量分别为288.0万吨、160.8万吨、48.6万吨、36.6万吨和29.1万吨，各占进口总量的36.5%、20.4%、6.2%、4.6%和3.7%，合计占世界咖啡进口总量的67.3%。

2019—2020年度，世界咖啡生豆进口量674.7万吨（图5），占世界咖啡进口量的85.5%，同比减少2.8%。其中，欧盟288.0万吨、美国157.2万吨、日本42.0万吨、加拿大18.0万吨和俄罗斯17.4万吨，分别占世界咖啡生豆总进口量的42.7%、23.3%、6.2%、2.7%和2.6%，合计占世界咖啡生豆总进口量的77.5%。

2019—2020年度，世界焙炒咖啡进口量19.7万吨（图5），占世界咖啡进口量的2.5%，同比减少5.5%。其中，越南3.0万吨、俄罗斯2.9万吨、乌克兰2.0万吨、加拿大1.8万吨和中国（统计数据不含中国港澳台地区）1.8 万吨，分别占世界焙炒咖啡进口量的 15.2%、14.5%、9.9%、9.1% 和 9.1%，合计占世界焙炒咖啡进口量的 57.8%。

2019—2020 年度，世界速溶咖啡进口量 95.2 万吨（图 5），占世界咖啡进口量的 12.1%，同比减少 0.5%。其中，菲律宾 33.0 万吨、加拿大 9.3 万吨、中国（统计数据不含中国港澳台地区）9.0 万吨、俄罗斯 7.8 万吨和日本 6.0 万吨，分别占世界速溶咖啡进口量的 34.7%、9.8%、9.5%、8.2% 和 6.3%，合计占世界速溶咖啡总进口量的 68.4%。

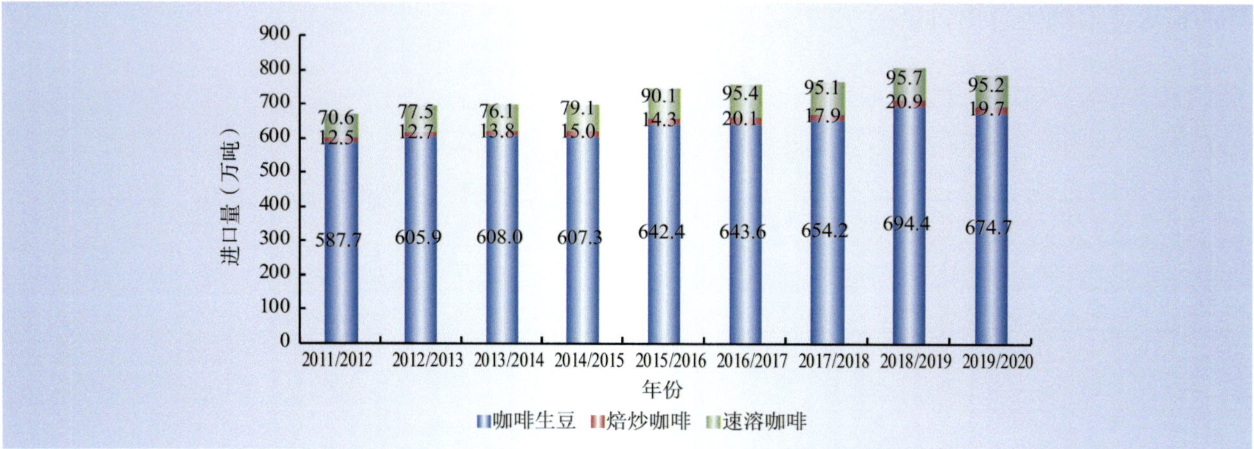

图 5　2011/2012—2019/2020 年度世界咖啡进口量变化

4. **消费情况**

据 USDA 统计，2019—2020 年度，世界咖啡消费量为 998.2 万吨（图 6），同比增长 1.0%。消费量居前 10 位的国家或地区为欧盟、美国、巴西、日本、菲律宾、印度尼西亚、加拿大、俄罗斯、埃塞俄比亚和中国（统计数据不含中国港澳台地区）。消费量超过 10.0 万吨的有欧盟、美

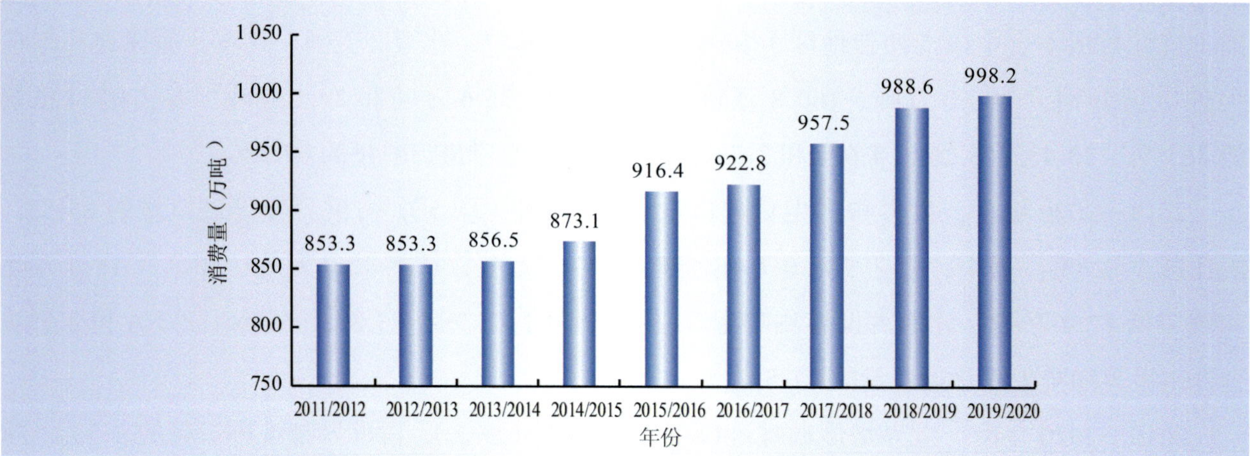

图 6　2011/2012—2019/2020 年度世界咖啡消费量变化

国、巴西、日本、菲律宾、印度尼西亚、加拿大、俄罗斯、埃塞俄比亚、中国（统计数据不含中国港澳台地区）、越南、韩国、墨西哥、阿尔及利亚、哥伦比亚和澳大利亚 16 个国家或地区，总消费量达 885.6 万吨，占世界消费总量的 88.7%。其中，欧盟、美国、巴西、日本和菲律宾的消费量分别为 277.2 万吨、163.7 万吨、141.2 万吨、48.6 万吨和 39.3 万吨，占世界咖啡消费总量的 27.8%、16.4%、14.1%、4.9% 和 3.9%（图 7）。

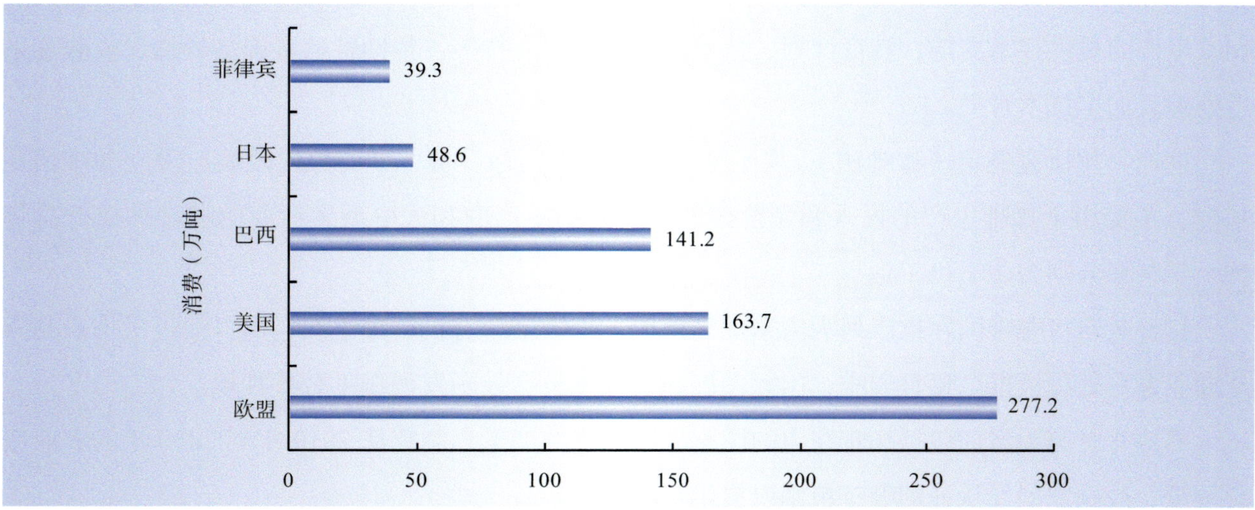

图 7　2019/2020 年度消费前 5 位国家和地区咖啡消费量

5. 库存情况

2019—2020 年度，世界咖啡库存总量为 209.9 万吨，同比减少 1.3%，其中，欧盟 84.0 万吨、美国 41.4 万吨、越南 24.7 万吨、日本 19.3 万吨和印度尼西亚 11.9 万吨，分别占世界库存总量的 40.0%、19.7%、11.8%、9.2% 和 5.7%（图 8），合计占世界库存总量的 86.4%。

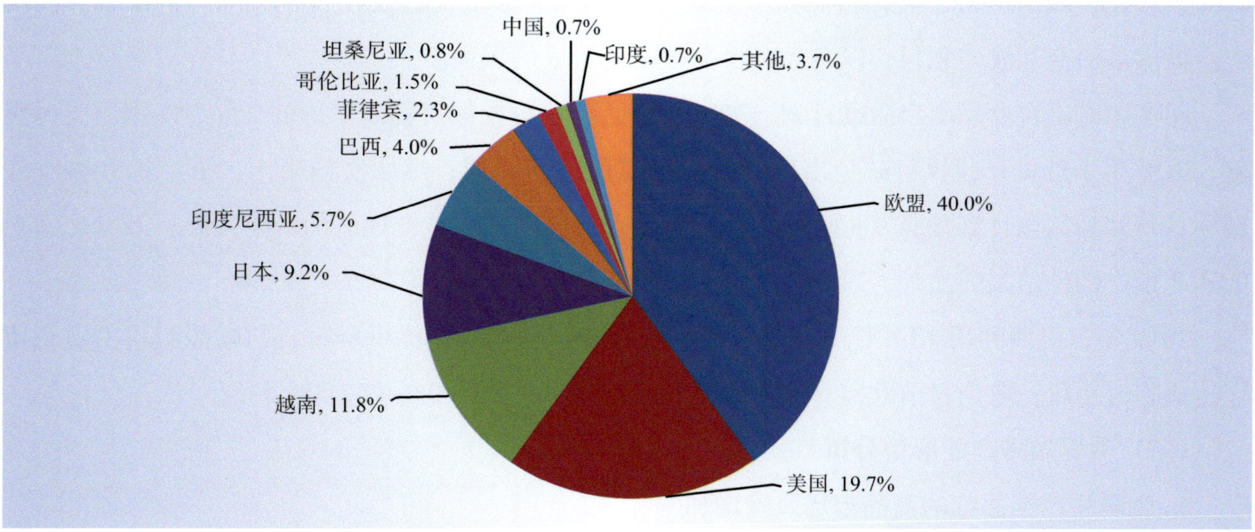

图 8　2019/2020 年度世界咖啡库存比例

（二）世界咖啡主产国政策分析

埃塞俄比亚政府主导咖啡销售系统，禁止出口商囤积可出口的咖啡，出口商在没有签订合同的情况不得储存500吨以上的咖啡，鼓励咖啡直接进入国际市场。

由于国际市场价格下降，哥伦比亚政府通过直接补助的方式保护种植者收入，2019年，下发补助款项约5 000万美元。此外，政府还向咖啡种植者提供了额外的金融援助，如再融资或部分免除种植者债务，农业部门还提供具有贴现偿还条款的贷款和特殊类别贷款；推广服务部门向咖啡生产商提供技术支持、教育计划、技术培训和销售支持等，帮助种植者提高种植、收获和采后处理及加工技术水平。

危地马拉研究制定《咖啡法》，规定种植户购买肥料和设备可享受免税政策；设立咖啡信托基金，主要用于咖啡生产的投入和无偿援助，面向小生产商和大中型生产商的咖啡种植低息贷款，年利率分别为2%和3%。

秘鲁政府将咖啡国际推广列为国家优先事项，积极推广有机咖啡生产；出口促进机构及其海外商业办事处积极推广秘鲁咖啡；国家发展和禁毒委员会鼓励发展咖啡替代种植。

墨西哥政府为增加包括咖啡在内的国家战略作物的产量，制定从2019年到2030年的农业粮食政策；鼓励发展经认证的咖啡苗圃以提供优质种苗。

坦桑尼亚政府将咖啡列为优先出口的传统作物之一，2019年解除了对本地咖啡种植户和外国贸易商直接出口咖啡的限制。

乌干达政府制定了关于促进咖啡市场多样化、生产增值、增加国内消费及取消出口征税的政策。

厄瓜多尔对咖啡出口不征收任何费用，并通过提供财政补助和技术援助，加快品种更新等来支持咖啡生产。

萨尔瓦多政府出台了向种植面积不足45亩的咖啡种植者无偿提供抗锈病品种的计划，向小农户提供杀菌剂和液体肥料，以有效减少咖啡锈病造成的损失。

印度政府出台商品出口激励计划，咖啡出口商可获得投保货物离岸价的2%~7%用于支付税款；2020年1月1日起执行减免出口产品关税或税款的计划；继续实施第十二五“综合咖啡发展项目”计划，该计划预算9 300万美元，用于支持传统和非传统地区的咖啡发展，鼓励更新老旧和非生产性种植园的品种，以提高咖啡种植园的产量和生产力。

2019年，巴西利用12.6亿美元咖啡经济防御基金为咖啡业提供资金；与欧盟就自由贸易协定达成临时协议，取消目前欧盟对速溶咖啡和焙炒咖啡征收的9%和7.5%关税。

（三）世界咖啡产业形势分析

1. 咖啡生产国面临的商品市场风险增加

巴西、越南和哥伦比亚这3个最大的咖啡生产国对咖啡的依赖程度相对较低，占总出口的比例分别为3.0%、2.0%和6.0%。在一些如洪都拉斯、埃塞俄比亚等中等产量国家，乌干达、卢旺达和布隆迪等其他较小的生产国却高度依赖咖啡出口。作为大宗商品的咖啡，其市场的波动性会直接影响政府的财政稳定性和公共支出空间，过度依赖咖啡，经济缺少多样性，使得各国面临重大的商品市场风险（UNCTAD，2019年）。

2. 咖啡消费将保持增长态势

在过去的20年中，全球的咖啡需求以每年约2.2%的速度增长。截至目前，全球的咖啡需求已增长了65%。不同市场的增长率有所不同。人均消费率较高的传统市场（如欧洲、北美和日本）的消费量增长不大，仅为1.1%。非传统市场的重要性日益增加，新兴市场和咖啡生产国消费的消费量增速较快：在亚洲，咖啡消费以平均每年5.5%的速度增长；拉丁美洲和非洲市场的增速放缓，增长率分别为2.8%和3.2%。鉴于全球人口增长以及传统咖啡消费国和非传统咖啡消费国之间人均消费率的持续趋同，整个咖啡市场仍有显著的增长潜力。

3. 价格仍在低位徘徊

尽管咖啡行业总体增长，但咖啡价格自2016年以来一直呈下降趋势，比过去10年的平均水平下降了30%。需求和供给的基本面是价格水平的关键决定因素，当前咖啡的低价格主要是生产过剩的结果。连续两年的供给过剩，导致全球咖啡供过于求，尽管消费稳步增长，但供过于求是当前咖啡价格低迷的关键因素。

二、中国咖啡产业基本情况

（一）种植情况

1. 种植面积和收获面积

据农业农村部农垦局统计，2019年，中国咖啡种植面积为140.3万亩、收获面积为109.3万亩（图9），种植面积同比分别减少23.8%和减少22.6%。其中，云南省种植面积为138.8万亩，同比减少24.0%；海南省种植面积为1.4万亩，同比增长22.8%；四川省种植面积为0.1万亩，同比减少66.7%。

2. 产量、单产和产值

据农业农村部农垦局统计，2019年，中国咖啡总产量145 499.5吨（图9），同比增长5.5%。其中，云南省产量为145 000.0吨，占总产量的99.7%，同比增长5.6%；海南省产量435.0吨，占总产量的0.3%，同比增长20.5%；四川省产量为64.5吨，占总产量的0.03%，同比减少67.8%。平均单产为133.1千克/亩，同比增长36.3%，其中，云南省平均单产为133.2千克/亩，同比增长36.4%；海南省平均单产为145.0千克/亩，同比增长0.4%；四

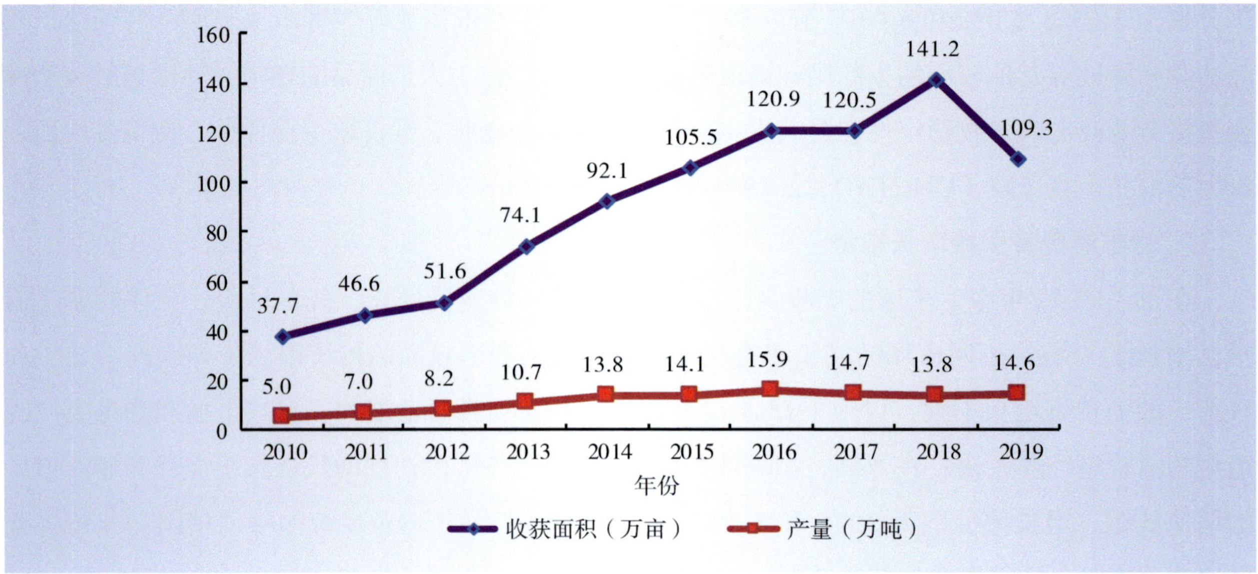

图 9　2010—2019 年度中国咖啡生产变化趋势

川省平均单产为 64.5 千克 / 亩，同比下降 59.7%。总产值为 223 733.8 万元，同比增长 9.5%。其中，云南省总产值为 222 839.0 万元、同比增长 9.8%；海南省总产值为 869.0 万元、同比增长 20.4%，四川省总产值为 25.8 万元，同比减少 95.2%。

（二）市场及贸易情况

1. 全年的价格走势

2019 年，云南市场综合平均价 14.7 元 / 千克，同比下跌 7%。全年各月综合平均价年线呈震荡上行趋势，1—4 月价格处于下行阶段，1 月综合平均价 13.6 元 / 千克，4 月跌至全年的最低点 11.9 元 / 千克，5 月后总体呈上行阶段，全年最高点出现在 12 月，达 18.1 元 / 千克（图 10）。

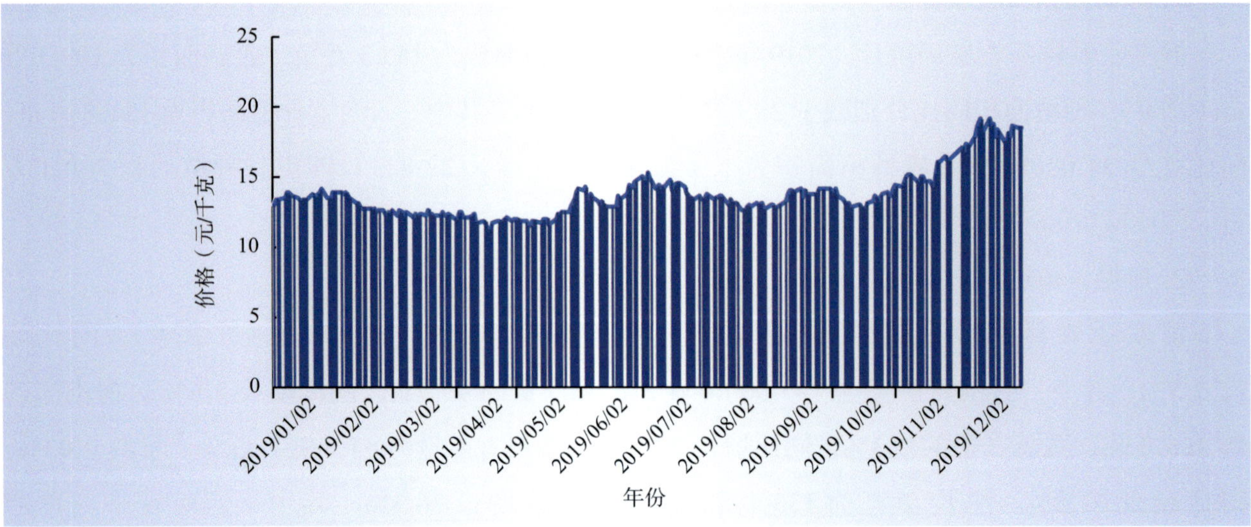

图 10　2019 年中国咖啡综合平均价走势

2. 进出口贸易

据中国海关统计（表 1），2019 年，中国咖啡进口量为 10.3 万吨，同比增长 0.7%，进口贸易额 4.5 亿美元。其中，咖啡生豆 5.2 万吨，1.4 亿美元；焙炒咖啡 1.3 万吨，1.3 亿美元；咖啡饮料及其制品 3.8 万吨，1.8 亿美元。中国咖啡出口量为 9.58 万吨，同比减少 17.3%，出口贸易额 2.1 亿美元。其中，咖啡生豆 6.7 万吨，1.3 亿美元；焙炒咖啡 0.2 万吨，0.2 亿美元；咖啡饮料及其制品 0.9 万吨，0.6 亿美元。

表 1　2017—2019 年中国咖啡贸易情况

（单位：万吨、亿美元）

年度	贸易类型	咖啡生豆		焙炒咖啡		咖啡饮料及其制品		合计	
		数量	金额	数量	金额	数量	金额	数量	金额
2017	进口	4.8	1.3	1.8	1.3	3.3	0.6	9.9	3.2
	出口	6.7	1.3	1.1	0.7	2.0	2.0	9.8	3.9
2018	进口	5.1	1.4	1.5	1.7	3.6	1.8	10.3	4.8
	出口	9.9	1.9	0.4	0.4	1.3	1.0	11.6	3.3
2019	进口	5.2	1.4	1.3	1.3	3.8	1.8	10.3	4.5
	出口	6.7	1.3	0.2	0.2	0.9	0.6	9.6	2.1

3. 国内消费市场分析

中国咖啡市场已经进入高速发展期。2019 年，国内咖啡厅数量已突破 14 万家，是 2007 年的 1.59 万家的 8.81 倍，市场规模已超过千亿元，保持约 15% 的年增长率。但是，中国年人均咖啡消费量仍在 6~7 杯的较低水平。规模大、增速快，但人均水平仍然较低，意味着国内咖啡产业发展空间巨大。速溶咖啡占据市场规模的 65%~70%，现磨咖啡为 15%~20%，即饮咖啡约占 10% 的市场规模，咖啡豆、胶囊咖啡、挂耳咖啡等小众的咖啡消费呈增长态势。

（三）产业综合效益

咖啡种植主要集中在云南少数民族地区，发展咖啡生产对于促进本地区农业结构调整、拓宽农民增收渠道、改善生态环境，乃至推动区域经济社会发展，都具有十分重要的意义。据云南省农业农村厅监测数据，2019 年从事咖啡产业的农户数量约 25 万户、125 万人，亩均产值 2 184 元，亩均生产成本 1 820 元，亩净产值为 364 元，同比减少 42.9%。其中，劳动力成本 1 255 元、肥料成本 200 元、农药成本 20 元、加工费 145 元、土地租金及其他 200 元。咖啡产业链上游种植环节生豆的价值贡献为 17.1 元 / 千克，中游深加工环节烘焙豆的价值贡献为 83.0 元 / 千克，下游流通环节的价值则暴增至 1 567.0 元 / 千克，三个环节的利益分配占比分别为 1%、6% 和 93%。

（四）科研进展

1. 种质资源

国内相关研究机构分析了咖啡品种基因多样性以及关键性状的群体结构，结果表明，肯尼亚马萨比特山的咖啡野生品种对于肯尼亚栽培咖啡的驯化具有重要意义。肯尼亚栽培咖啡和野生咖啡与其他国家的咖啡品种遗传分化较大，这种分化差异可应用于种质改良。

2. 农林复合系统

国外一些传统单一咖啡种植区已有开展咖啡农林复合种植的案例，云南作为我国的咖啡主产区，近年来也开展了关于单一种植向复合种植模式调整的研究，并取得了一些理论成果。

3. 烘焙工艺及理化指标检测

通过对咖啡烘焙工艺的研究，获得不同烘焙程度的最佳工艺参数，对浅焙、中焙、深焙咖啡豆的硬度值、剪切力、初始破裂力等物理指标和绿原酸、咖啡因、咖啡酸、葫芦巴碱等化学指标进行检测分析，获得理化指标与烘焙程度之间的相关性。依据不同烘焙程度的最优烘焙参数和主要影响因素，设计咖啡烘焙设备的自动控制系统，使烘焙过程自动化，与手工烘焙相比，咖啡豆抗氧化性指标和营养成分不存在显著性差异。

4. 知识产权状况

2019 年全年咖啡专利申请数量达 1 173 件，其中，发明专利 340 件，实用新型专利 143 件，实用新型专利 690 件。全年年专利申请公开数量为 892 件，其中发明专利 282 件，实用新型专利 88 件，实用新型专利 522 件。

三、中国咖啡产业发展特点

（一）原料销售模式向“原料 + 深加工产品”模式转型

近年来，爱伲、漫崖、景兰和比顿等企业分别建立自己的精深加工生产线，焙炒豆、焙炒粉、挂耳咖啡、速溶粉等新产品不断出现。中国咖啡销售模式从以传统的原料销售为主向“原料 + 深加工产品”并存转型。

（二）采后处理加工机械化水平有较大提升

国内相关科研机构和企业针对国内咖啡初加工生产机械存在的问题，研发出咖啡鲜果分级去石机，自动化咖啡鲜果脱皮、筛选机，咖啡脱胶机，自动化咖啡干豆收集脱壳风选装袋一体机，高效咖啡干豆脱壳机等加工机械，并通过集成智能化烘干系统和自动化定量打包一体机，实现咖啡初加工设备集成配套。相关技术和配套设备在保山、临沧、普洱、文山等咖啡产区得到大面积推广应用，进一步提高了咖啡初加工效率和质量。

（三）消费需求处于从速溶到现磨的过渡时期

世界范围内，现磨咖啡在咖啡总消费量中的占比超过 87%，速溶咖啡占比小于 13%。而中国速溶咖啡的市场份额超过 84%，现磨咖啡市场份额不足 16%。近年来，国内速溶咖啡市场规模的增速远低于现磨咖啡市场，消费需求处于从速溶到现磨的过渡时期。

四、存在的主要问题和瓶颈

（一）基础设施建设滞后，抗风险能力弱

中国咖啡产区主要集中在山区、半山区，田间道路、水利等设施薄弱，有效灌溉面积不足 50% 。咖啡产区低温寒害、冰雪霜冻和季节性干旱突出，抗自然风险能力弱。同时，基础设施问题还制约了先进生产技术的应用和生产潜力的发挥。

（二）标准化生产程度低，品质不稳定

中国咖啡产区鲜果采收生产环节标准化程度低，初加工仍以小农户采收鲜果后分散加工为主，导致咖啡品质参差不齐。受近年来咖啡价格低的冲击，出现不采果、不施肥和少施肥、成熟果和未熟果一起采收等现象，进一步加剧了品质不稳定的问题。

（三）精深加工缺乏，产业附加值低

当前咖啡加工产业仍处于初级阶段，主要以咖啡生豆和速溶咖啡为主，咖啡加工企业普遍小、散、弱，初加工技术落后，精深加工能力不足，致使咖啡产业发展一直在低水平层面上运行，产业的附加值和综合效益没有得到体现。

五、中国咖啡产业发展展望

（一）种植面积呈现下降趋势

国内咖啡价格自 2011 年达 25.3 元 / 千克峰值以来，价格持续下滑，面对价格下滑和成本上升的双重压力，咖啡种植业处于保本或微利状态，导致咖啡园失管、撂荒和改种其他作物的现象频发，咖啡种植面积出现下降趋势。

（二）原料出口与加工产品进口并存

中国咖啡产业的深加工能力、营销能力以及本土品牌的知名度等都比较欠缺，还没有可以和国际知名品牌直接竞争的高质量本土品牌。国内生产的咖啡主要以原料形式出口到国外，国内咖啡消费产品主要是国外进口的精深加工产品，进口咖啡仍然主宰着中国的消费市场。

（三）现磨咖啡成为未来咖啡消费新趋势

中国的咖啡行业不断取得突破，国内咖啡消费水平不断提高。追求品质成为咖啡消费的主要驱动因素，现磨咖啡成为国内咖啡市场的新宠，近年来现磨咖啡的市场份额不断增长，逐步成为我国咖啡市场的主要产品，市场占比逐年上升。

六、中国咖啡产业发展建议

（一）加大咖啡园区基础设施建设投入

针对咖啡主产区降雨偏少且冬春干旱严重的实际情况，须改善咖啡产区的水利等基础设施，建议各级农业农村主管部门统筹项目资金，每年优先安排一定数量用于咖啡产区的基础设施建设，切实改善生产条件。

（二）推进咖啡生产标准体系建设

围绕市场需求，进一步完善咖啡全程标准化生产技术体系，从源头上把控咖啡品质，推动咖啡产业从生产“商品豆”向生产“精品豆”转变，提高种植效益。

（三）启动价格指数保险试点

当前咖啡价格低迷，咖农收入得不到保障，咖啡种植面积难以巩固，建议启动咖啡价格指数保险，保费由省级财政、市级财政、区级财政、咖农（咖企）承担，化解咖啡市场价格风险，稳定咖农收入，减少弃管和改种情况，稳定现有咖啡种植面积。

2019年剑麻产业发展报告

一、世界剑麻产业概况

（一）生产情况

剑麻是多年生、单子叶、旱生、肉质一稔植物，原产于中美洲热带、亚热带干旱半荒漠地区，物种的起源中心位于墨西哥尤卡坦平原。剑麻有400多年的栽培历史，广泛分布于世界热区，前10大生产国为巴西、中国、坦桑尼亚、肯尼亚、海地、马达加斯加、墨西哥、摩洛哥、莫桑比克和埃塞俄比亚。据联合国粮农组织（FAO）及农业农村部农垦局统计数据（图1、图2），2018年世界剑麻收获面积363.4万亩，比2017年增加0.7%，纤维产量25.8万吨，比2017年

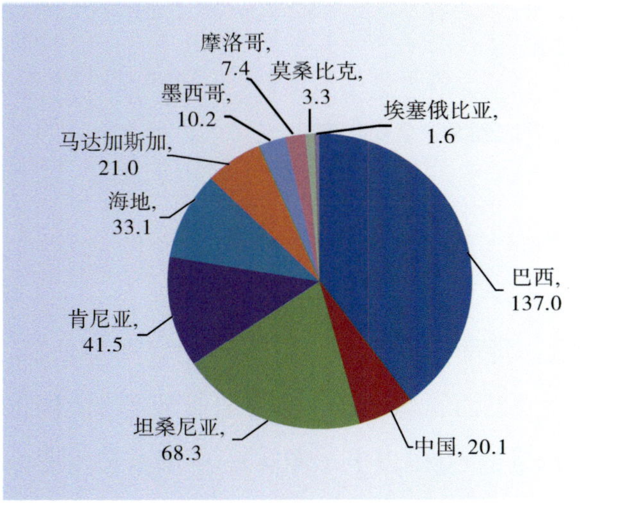

图1　2018年前10大剑麻生产国的收获面积情况

数据来源：联合国粮农组织（FAO）、国家统计局

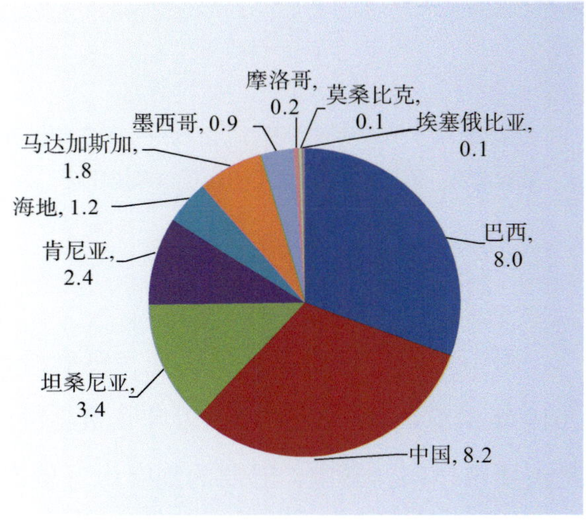

图2　2018年前10大剑麻生产国的产量情况

数据来源：联合国粮农组织（FAO）、国家统计局

减少5.4%。其中，巴西137.0万亩、8.0万吨；中国20.1万亩、8.2万吨；坦桑尼亚68.3万亩、3.4万吨；肯尼亚41.5万亩、2.4万吨；海地33.1万亩、1.2万吨；马达加斯加21.0万亩、1.8万吨；墨西哥10.2万亩、0.9万吨；摩洛哥7.4万亩、0.2万吨；莫桑比克3.3万亩、0.1万吨；埃塞俄比亚1.6万亩、0.08万吨。前十大剑麻生产国的总收获面积和纤维产量分别占世界的95.9%和97.9%，其中，巴西的收获面积和纤维产量约占世界的30%。2018年世界剑麻的平均单产为58.08千克/亩，而中国剑麻单产405.61千克/亩，是世界单产的7.23倍。

2009—2018年世界剑麻收获面积整体呈下降趋势（图3），由2009年的661.3万亩下降至2018年的358.1万亩，年均降幅为6.6%。世界剑麻纤维产量由2009年的49.7万吨下降至2018年的26.7万吨，年均降幅为6.7%，下降主要是受连续干旱、病虫害频发等自然灾害和割麻劳动力短缺等影响。

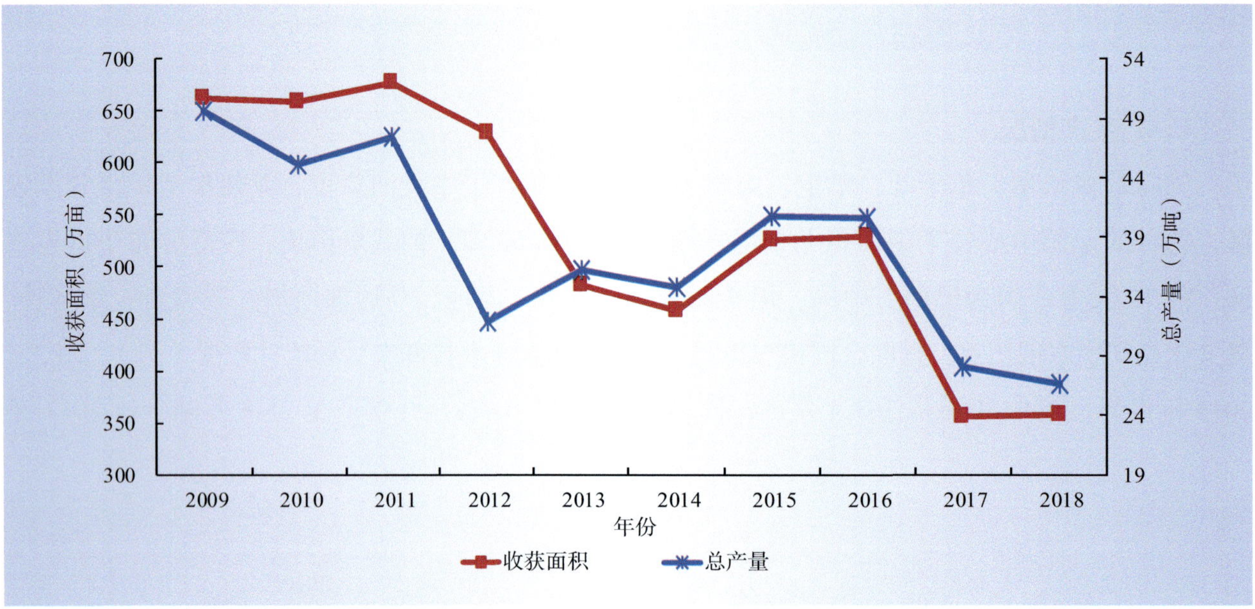

图3 2009—2018年世界剑麻收获面积和纤维总产量变化情况

数据来源：联合国粮农组织（FAO）、国家统计局

（二）贸易情况

由于人们环保意识不断提高，剑麻纤维需求旺盛，带动了剑麻贸易。据巴西农业部估算，2019年世界剑麻贸易量10.9万吨，贸易额16.5亿美元。巴西、坦桑尼亚和肯尼亚是生产大国也是主要出口国，其中，巴西的剑麻出口量占世界总出口量的50%以上（图4），中国是最主要的剑麻进口国之一。

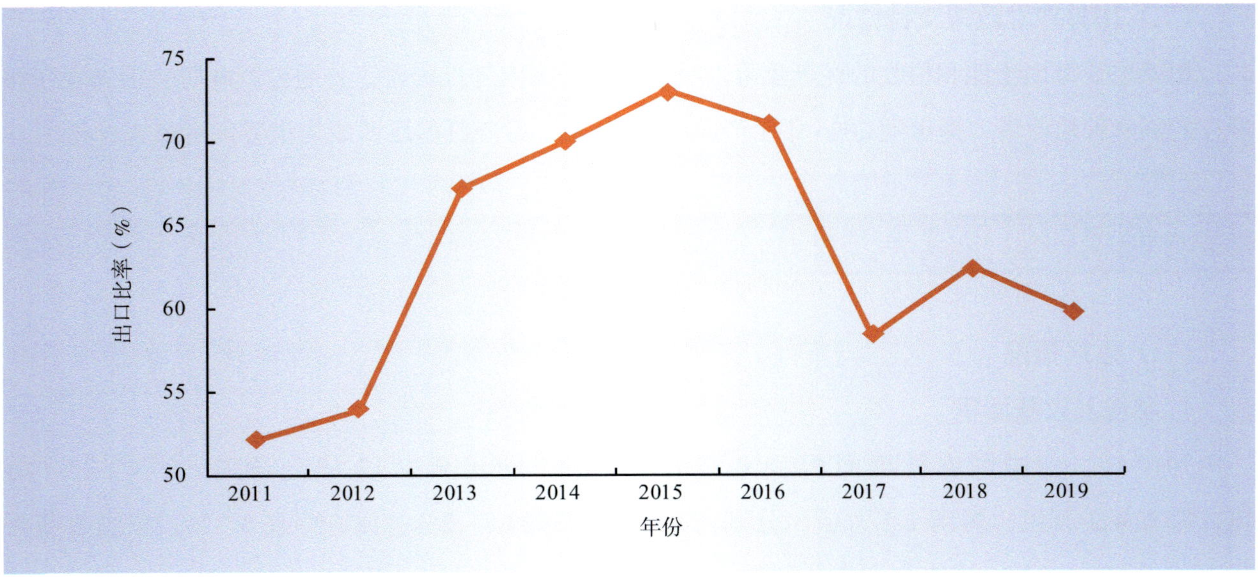

图 4　2011—2019 年巴西剑麻出口比重变动情况

数据来源：巴西农业部

由于巴西在剑麻贸易中的重要地位，巴西剑麻纤维离岸价也基本代表了世界剑麻纤维的价格（图 5）。2010—2019 年整体呈上升趋势，2010—2012 年，巴西剑麻纤维离岸价保持缓慢上升，年均增速为 11.0%；2012—2015 年离岸价增速进一步加快，年均增速达 23.2%，至 2015 年巴西纤维离岸价达 1 541.8 美元 / 吨；2016 年小幅回落至 1 471.8 美元 / 吨，同比下降 4.5%；2017 年小幅回升至 1 567.1，同比增长 6.5%。而 2019 年小幅回落至 1 520.4 美元 / 吨，年均降幅 1.5%。

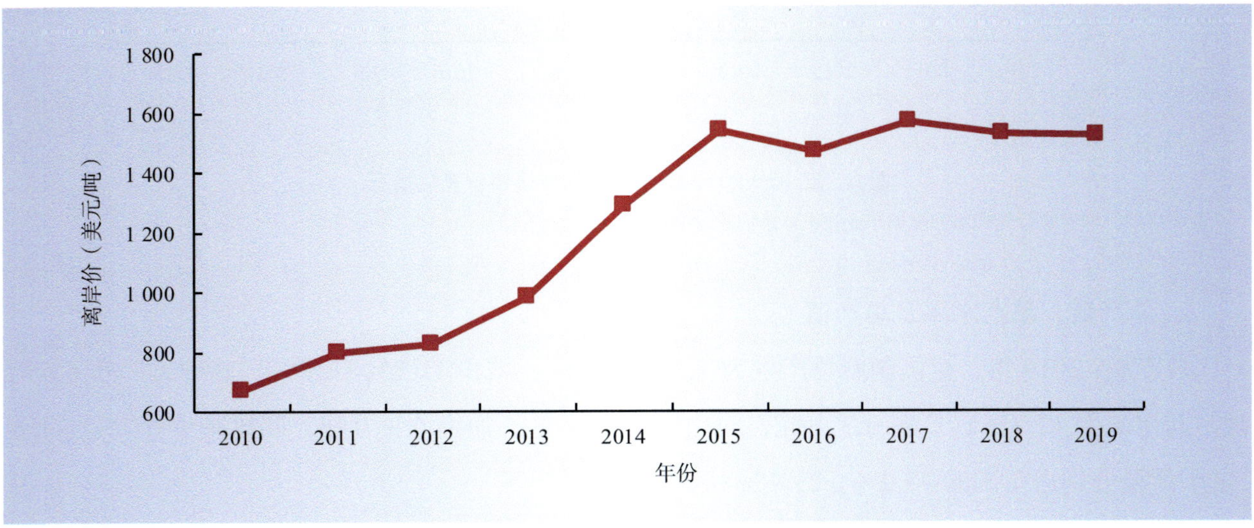

图 5　2010—2019 年巴西剑麻纤维离岸价情况

数据来源：巴西农业部

(三)国外产业政策支持情况

坦桑尼亚推出土地和税收的优惠政策以吸引更多的国内外投资者，并通过剑麻协会培训现在和潜在的剑麻种植业者，提出到2025年年产剑麻10万吨，希望赶超巴西成为世界剑麻最大种植国。

二、中国剑麻产业基本情况

(一)生产情况

1. 种植及收获面积

2019年，中国剑麻种植面积28.0万亩(图6)，同比减少12.1%。其中，广西22.7万亩，广东4.2万亩，海南1.1万亩，分别占全国总面积的81.2%、15.0%和3.8%。全国收获面积25.0万亩，广西、广东和海南分别为21.5万亩、2.4万亩和1.1万亩。

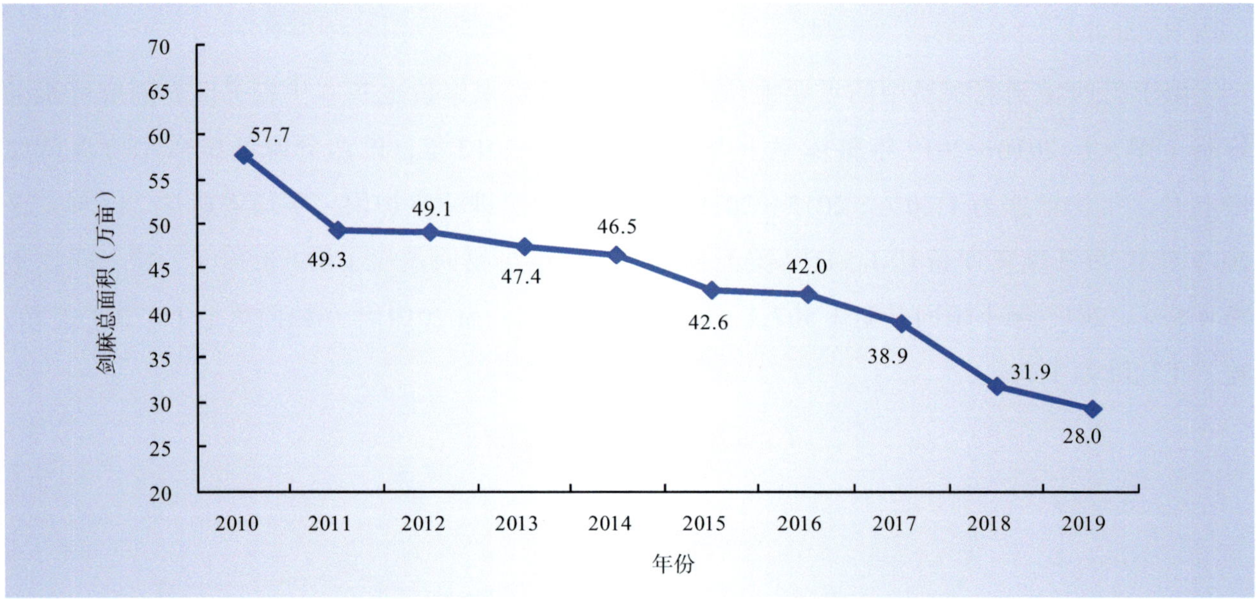

图6 2010—2019年全国剑麻种植面积变化情况

数据来源：国家统计局和国家麻类产业技术体系估算

2. 总产量、单产水平及总产值

总产量：2019年，全国剑麻总产量为7.2万吨，同比减少11.5%(图7)。其中，广西6.6万吨，同比减少12.8%；广东0.3万吨，同比增加24.4%；海南0.3万吨，同比减少6.7%。三省(区)产量分别占全国的73.2%、23.7%和3.2%。

单产：全国平均单产289.9千克/亩。其中，广西307.8千克/亩，同比减少34.6%；广东138.0千克/亩，同比增长51.3%；海南271.5千克/亩，同比减少4.9%。

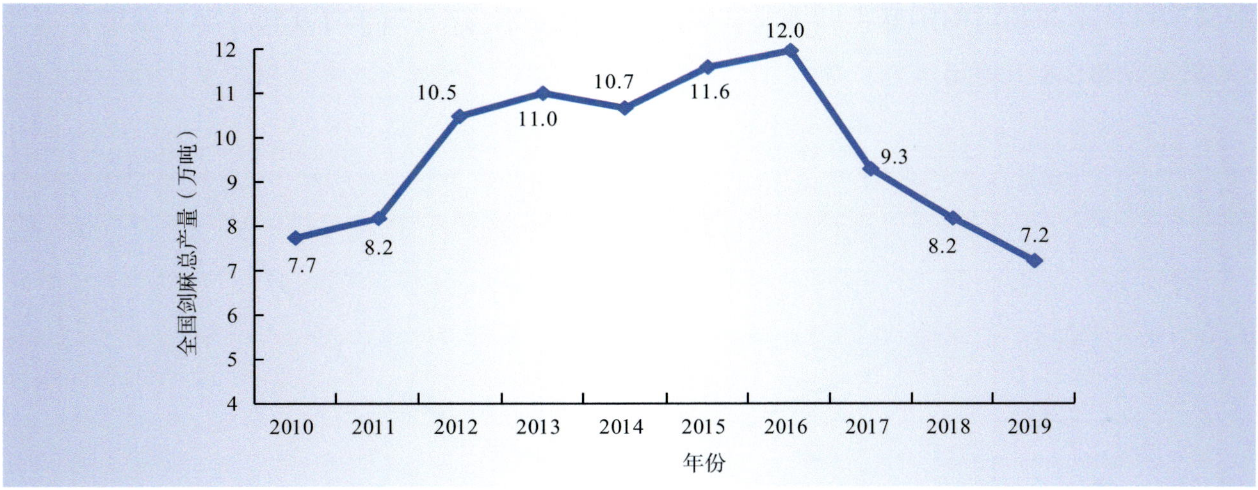

图 7　2010—2019 年全国剑麻总产量变化情况

数据来源：国家统计局和国家麻类产业技术体系估算

总产值：全国剑麻总产值为 6.5 亿元，同比减少 16.9%。其中，广西总产值为 5.9 亿元，同比减少 18.3%；广东总产值为 0.4 亿元，同比增加 7.8%；海南总产值为 0.2 亿元，同比减少 4.0%。三省（区）产值分别占全国的 90.9%、6.0% 和 3.1%。

（二）贸易情况

据海关统计（图 8、图 9），2019 年，中国进口西沙尔麻等纺织龙舌兰类纤维及其短纤和废麻 4.9 万吨，同比增长 26.8%，进口金额 7454.8 万美元，同比增长 25.6%。进口均价为 1.5 美元 / 千克，同比减少 1.3%。其中，从巴西进口 2.3 万吨、马达加斯加 0.2 万吨，坦桑尼亚 1.9 万吨、肯尼亚 0.5 万吨，分别占总进口量的 46.1%、3.7%、39.8% 和 9.4%。巴西、坦桑尼亚和肯尼亚进口量同比分别增长 43.8%、26.5% 和 38.9%，而马达加斯加同比减少 27.2%。2019 年，

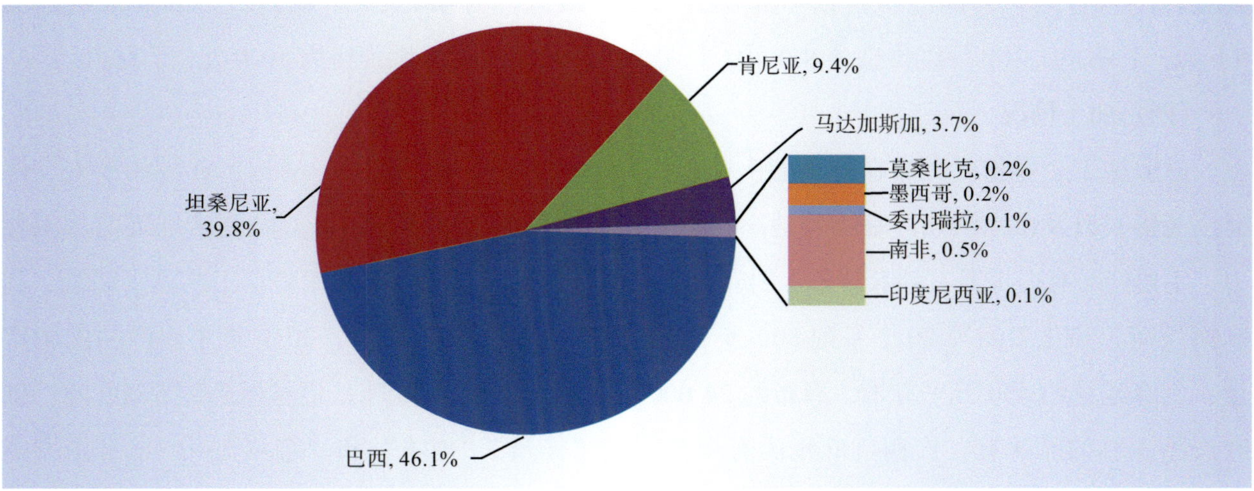

图 8　2019 年中国剑麻纤维主要进口国进口量情况

数据来源：国家海关总署

中国出口日本和越南的剑麻类纤维及其短纤和废麻分别为 1.1 吨和 1.9 吨，出口金额分别为 2.6 万美元和 3.8 万美元。

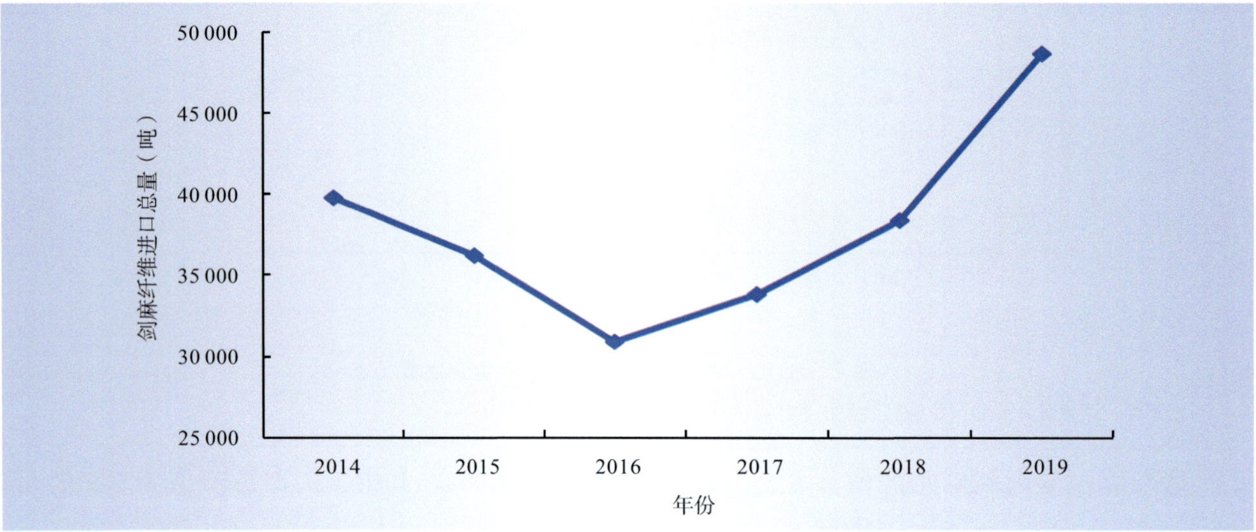

图 9　2014—2019 年我国剑麻纤维进口总量变化情况

数据来源：国家海关总署

（三）价格情况

2019 年，国际市场剑麻纤维供需缺口仍然较大，剑麻的市场需求一直保持较旺盛的态势，特别是优质的剑麻纤维。对广西区和广东省剑麻种植场进行定点跟踪调研结果显示，2019 年广东和广西地头剑麻纤维均价（鲜叶折算价，干纤维抽出率按鲜叶 4.5% 计）为 10.0 元 / 千克；广西区大机烘干的剑麻纤维价格在 13.0~14.5 元 / 千克，小机晒干的剑麻纤维价格在 7.3~8.0 元 / 千克；广东省的一刀麻纤维价格（鲜叶折算价）最低，为 4.4 元 / 千克，二刀麻纤维价格为 6.0 元 / 千克，三刀麻纤维价格为 8.0 元 / 千克，四刀及以上麻纤维价格为 10.0 元 / 千克。

（四）加工情况

剑麻加工企业主要分布在广西的南宁，广东的佛山、东莞、湛江、清远，江苏的淮安、南通、无锡，以及山东滨州、临沂等地。据调查，加工企业已形成超过 7 万吨剑麻纤维的加工能力，主要产品有白棕绳、剑麻纱条、剑麻地毯、剑麻抛光布、门口垫、絮垫、工艺品、墙纸、剑麻钢丝绳芯和化工品等 20 个系列 500 多个规格品种。据不完全统计，2019 年主要产品的生产量：剑麻地毯约 450 万平方米，麻布约 24 000 吨，纱线约 12 000 吨，钢丝绳芯约 5 000 吨。剑麻产品主要的品牌有：广西剑麻集团有限公司的“桂垦”“剑王”和“东剑”；广东省东方剑麻集团有限公司的“太阳”和“东成”；广东琅日特种纤维制品有限公司的“琅日”“琅美”和“TFC”。

（五）科研进展

2019 年主要科研进展有：在育种方面，新建抗紫色卷叶病杂交后代群体 1 个，获得剑麻紫色卷叶病外源抗虫转化植株 10 株；在病虫害研究方面，成功开发出剑麻植株内植原体特异性引物，并以此建立了高效剑麻紫色卷叶病病原鉴定检测体系；在专利方面，涉及剑麻的专利有 15 项，主要包括割麻机器人、割麻工具和育苗装置技术方法等；在标准方面，涉及剑麻的标准有 2 项农业行业标准，为《剑麻织物　单位面积质量的测定》（NY-T252—1995）和《热带作物品种试验技术规程 第 14 部分：剑麻》（NY-T2668.14—2019）。

（六）主产区产业动态

剑麻基地是产业发展的基础，也是提升核心竞争力的重要措施之一。广西剑麻集团强化自有种植基地，繁育了近 200 万剑麻种苗，提出国内外种植基地双十万亩的发展目标。广东湛江剑麻集团现已在东方红、金星、幸福 3 个农场流转近 1.5 万亩土地，种植了 5 000 亩剑麻，育苗圃 1 500 亩，计划建设剑麻产业园区；在雷州市龙门镇湛江农垦第二机械厂建设万吨剑麻制品精品加工项目，项目投资 2.5 亿元，现已开工建设。此外，计划未来 2 年内更新揭阳农垦 4 000 亩剑麻。

三、中国剑麻产业效益分析

剑麻是重要的热带纤维作物，生命周期长，一般在 12 年以上才开花，开花后死亡。剑麻非生产期为种植后前 3 年，生产期一般在 9 年以上，如果管理到位生产期可超过 12 年，甚至更长。从剑麻亩投入变动情况来看，2019 年剑麻亩投入 2 783.0 元，同比增长 10.7%，主要原因是劳动力增长过快，割麻成本占总成本比例高达 40.0%。调研数据显示，广西和广东剑麻主产区平均劳动力投入占生产成本的 75.6%。2019 年，剑麻平均亩产值 4 868.0 元，与 2018 年相比略微下降，亩投入水平达到历史新高（表 1）。

表 1　2014—2019 年剑麻投入产出情况

年份	投入（元 / 亩）	产值（元 / 亩）	投入产出比（%）
2014	2 136.0	4 210.0	197.1
2015	2 269.0	4 357.0	192.0
2016	2 474.0	4 739.0	191.6
2017	2 455.0	5 045.0	205.5
2018	2 514.0	4 879.0	194.1
2019	2 783.0	4 868.0	174.9

剑麻具有耐瘠薄和耐旱等特性，是自然条件恶劣的贫困山区产业扶贫的较好选择。广西平果县康马村正是凭借发展剑麻产业摘帽脱贫。康马村现有剑麻收获面积 10 435 亩，配备半自动刮麻机 1 台，日加工叶片能力 20 吨，小型手拉式刮麻机 598 台，年纤维收入 1 304.4 万元。剑麻种植户 559 户，年户均纤维收入 2.3 万元。其中，建档贫困户均为剑麻种植户，已脱贫 219 户 853 人，未脱贫 23 户 64 人，贫困发生率为 1.9%，低于国家要求的 3% 贫困发生率标准。

四、中国剑麻产业发展特点

（一）栽培区域集中，品种结构单一

中国剑麻栽培区域集中，主要分布在广东、广西和云南，其中，广东、广西的种植面积和纤维产量均占全国的 99%。中国剑麻主栽品种非常单一，60 多年来只有 H.11648，品种单一的种植风险逐渐凸显，早衰退化趋势明显并面临新一轮剑麻病虫害的威胁，每年因此死亡的剑麻面积达千亩，经济损失严重。2019 年，在国有东方农场和湛江麻区发生了剑麻新菠萝灰粉蚧、剑麻斑马纹病和茎腐病等剑麻病虫害，为害面积为 3 100 亩。

（二）产业发展以农垦为主，栽培技术世界领先

自 20 世纪 60 年代初引进种植以来，剑麻生产就一直以农垦系统为主，农场周边农户零散种植。得益于农垦制度的优势，中国剑麻栽培技术一直处于世界领先水平，平均亩产是世界平均的 3 倍以上，现在规模种植平均亩产干纤维达到 300 千克。

（三）产品特点突出，市场前景可期

剑麻纤维具有坚韧耐磨、质地刚柔、富有弹性、低温下不会硬化脆断、不霉变、耐腐蚀、无毒、无过敏、无污染、防静电等特点，可广泛应用于纺织、航运、电梯、工矿、物流运输、新型材料等多个领域，而剑麻渣、麻渣水等副产物则可作为生物质资源和生物制药原料，应用前景广阔。在全球性的剑麻种植规模缩减的背景下，剑麻原料和制品需求将呈增长趋势。

五、存在的主要问题和瓶颈

（一）紫色卷叶病严重威胁剑麻生产

1998 年在海南昌江麻区首次发现新菠萝灰粉蚧引起的紫色卷叶病，为害面积 1.2 万亩。2006 年 8 月该病害在广东湛江市雷州半岛麻区暴发，扩散蔓延迅速，为害面积达 8 万多亩，当地剑麻产业损失惨重，至今尚未完全恢复。2019 年 1 月在广西国有东方农场发现剑麻紫色卷叶病，经济损失严重，至此主产区均出现该病害。虽然这 2 年确定了其病原为植原体，但是植原体

病害防治复杂，目前还没有防治紫色卷叶病的特效药。

（二）割麻机械化问题亟待解决

剑麻叶每年割 1 次，割叶占用大量劳动力，尚未实现机械化，随着老龄化和城镇化的加剧，劳动力成本不断上升，割麻工人越发难找，目前割麻成本已经占种植成本的 40%，割麻也成为困扰剑麻产业持续发展的瓶颈。此外，除了纤维抽出率的 5% 外，剑麻 95% 均为废弃物，综合利用率低，产业效益亟待进一步提高。

（三）产品同质化严重

剑麻初加工设备较为陈旧，纤维含杂率高、环头麻问题突出，严重限制了其在高端产品上的应用。加之低档产品市场进入门槛低，生产厂家众多，产品繁多，低端产品同质化严重，供应市场基本饱和；而钢丝绳芯、高支纱条、高端家纺等高端产品由于对技术和设备的要求较高而导致进入门槛相对高，国内生产厂家屈指可数，产能不足，高端产品缺乏，难以满足日益增长的高档产品需求。此外，剑麻产业发展以纤维产品生产和加工为主，产业发展新亮点尚待挖掘。

（四）扶持政策缺失

剑麻种植规模相对较小，扶持力度不足。因投资回报期长，银行提供贷款积极性不高，加工企业贷款困难，剑麻制品企业难以通过银行信贷来筹措加工设备更新改造和剑麻收购资金，在一定程度上制约了产业发展。

六、中国剑麻产业发展展望

（一）剑麻消费将小幅增长

全球绿色发展理念深入人心，将推动剑麻纤维等可再生资源消费需求。目前，世界每年对剑麻的需求量约为 40 万吨，而年产量约 20 万吨，随着纤维新产品的研发，供需缺口将会越来越大。

（二）纤维平均价格稳定

国外剑麻种植规模减少，消费将小幅增长，预计 2020 年剑麻纤维平均价格将保持基本稳定。剑麻用途广泛，随着市场潜力的不断挖掘，中国剑麻产业将迎来更加广阔的市场空间和发展前景。

（三）剑麻种植面积和产量相对稳定

广西剑麻集团、广东东方剑麻集团计划采取系列措施稳定产业发展，2020 年全国种植面积总体保持相对稳定可能性较大。此外，由于大部分剑麻园主要由农场管理，生产水平比较高，预计 2020 年剑麻纤维单产稳定在 300 千克左右，剑麻总产量也将保持相对稳定。

七、中国剑麻产业发展建议

（一）加大科技投入，增强科技支撑能力

以剑麻产业升级和可持续发展为导向，加大科技投入，充分利用中国热带农业科学院的科技优势和国家麻类产业技术体系平台，加强产学研联合，针对剑麻产业升级关键技术问题开展协同创新和推广，增强科技支撑能力。一是加大高产抗病新品种的选育和推广力度；二是加快剑麻采收机械的研制；三是加大纤维新产品研发力度，深入推进麻水麻渣综合利用，开发果胶、皂素等副产品，提高剑麻产业的经济效益。

（二）聚力提质增效，推动产业可持续发展

推动剑麻生产向优势区域集中，以标准化生产示范园推进特色产业带建设，打造剑麻龙头企业，更新设备，优化产能，在每个产业带配套建设剑麻产品加工基地，推进剑麻产业供给侧结构性改革，引导产业健康持续地发展。

（三）以乡村振兴战略为契机，拓展产业发展空间

建议剑麻主产区政府以产业兴旺为抓手，推动乡村振兴建设。加大招商引资力度，大力扶持建设剑麻特色农业基地，加强剑麻农民合作社和龙头企业的培育与引进，发挥其对产业发展的组织和带动作用，与农户构建稳定紧密的利益联结机制。探索“公司＋基地（合作社）＋农户”发展模式，构建企业、合作社、农户等多元主体共同参与的发展格局，大力拓展剑麻产业发展空间。

（四）加强金融信贷政策支持，大力推动“走出去”

建议剑麻主产区政府加大对产业的扶持力度，协调金融部门，切实解决企业、农户融资贷款难问题，建立灵活多样的保险机制，设立政策性保险补贴和灾害保险补偿金，为剑麻产业健康发展保驾护航。此外，鼓励中国剑麻企业抓住机遇，实施“走出去”战略，充分利用国内外两种资源，通过多种方式拓展境外剑麻产业发展空间，推动产业发展。